3060, 만사핸통 시대의 디지털 리터러시 극복

스마트 시니어
폰맹 탈출하기

헬리오스

3060, 만사핸통 시대의 디지털 리터러시 극복

스마트 시니어
폰맹 탈출하기

초판 1쇄 인쇄 | 2021년 5월 10일
초판 1쇄 발행 | 2021년 5월 25일

지은이 | 가재산·장동익·김영희
펴낸이 | 김남석
편집 이사 | 김정옥
편집 디자인 | 최은미
기획 이사 | 김익순
기획·홍보 | 김민서

발행처 | (주)대원사
임프린트 | 헬리오스
주　　소 | 06342 서울시 강남구 양재대로 55길 37, 302
전　　화 | (02)757-6711, 6717~9
팩시밀리 | (02)775-8043
등록번호 | 제3-191호
홈페이지 | http://www.daewonsa.co.kr

ⓒ 가재산·장동익·김영희, 2021

Daewonsa Publishing Co., Ltd
Printed in Korea 2021

✤헬리오스는 (주)대원사의 임프린트사입니다.
이 책에 실린 글과 사진, 그림은 저자와 주식회사 대원사의 동의 없이는
아무도 이용할 수 없습니다.

ISBN | 978-89-369-2184-2

3060, 만사핸통 시대의 디지털 리터러시 극복

스마트 시니어
폰맹 탈출하기

가재산·장동익·김영희 지음

헬리오스

책을 펴내며

왜 천만 시니어 폰맹 탈출인가

70년대 초까지 우리나라 문맹률은 아주 높았다. 때문에 과거에 "낫 놓고 기역 자도 모른다."는 말이 유행처럼 따라다녔다. 이제 '스마트폰 옆에 두고 밥 굶을 시대'가 되고 있다. 이유는 스마트폰 활용을 제대로 할 줄 몰라서다. 대부분의 시니어들은 식당이나 식품 매장에서 QR 코드를 찍지 못하거나 터치 스크린 주문 방식인 키오스크를 사용할 줄 몰라 난처해한다. 이처럼 스마트폰을 갖고도 제대로 활용하지 못하는 사람들을 '폰맹'이라고 부른다. 즉, 스마트폰으로 카톡이나 전화밖에 할 줄 모르는 사람에게 쓰는 말이다. 더구나 코로나로 인해 시니어들의 디지털 역량 격차(Digital divide)는 더 벌어지고 있다. 그 결과 시니어들은 삶의 질과 행복에 대한 격차가 K 자형으로 극명하게 드러나고 있는 게 사실이다. 스마트폰은 하루가 다르게 똑똑해지고 있지만, 시니어들은 그리 반갑지만은 않다.

요즘 사람들은 스마트폰을 한시라도 손에서 떼어 놓으면 대부분 불안해한다. 스마트폰은 어느덧 몸의 일부인 '오장칠부(五臟七腑)'가 되었다. 게다가 '만사핸통'의 시대라고도 한다. 핸드폰 하나면 모든 게 다 해결된다는 뜻이다. 하지만 시니어들에게는 스마트폰이 오히려 두려움의 대상이다. 하루가 다르게 변화하는 내 손안의 컴퓨터 기능을 활용하지 못하고 그저 카톡이나 3만 원짜리 전화나 하는 도구로 전락해 있다. 코로나19로 인해 비대면 접속 요구가 늘어나면서 디지털 가속화로 비대면 사회가 심화되고 있다. 시니어들이 변화하는 환경에 따라가지 못하고 뒤처진다면 로빈슨 크루소처럼 외딴섬에 갇히는 신세가 되고 말 것이다.

우리나라는 스마트폰 보급률과 인터넷 이용률이 매우 높다. 문맹률은 1% 미만으로 세계 최저 수준이고, 스마트폰 보유율도 세계 1위로 최고지만 빠른 디지털화로 '디지털 문맹(Digital literacy)'은 우리 사회에서 소외와 격차를 가속화하고 있다. 안타깝게도 우리나라 청소년 문해력은 상위권인 데 비해 성인(55~65세) 문해력은 OECD 국가 중 하위권이다. 이런 현상은 고령화가 계속될수록 더욱 악화될 것이다.

대한민국은 이미 초고령화 사회로 접어들었다. 60세 이상자가 1천200만 명에 이르고, 기대 수명도 83세가 넘었다. 100세 시대를 살아야 하는 시니어들은 심한 디지털 격차를 맞고 있다. 과거에는 지식의 유무·빈부의 차이로 사람을 갈랐다면, 이제는 스마트폰 활용 유무가 인생을 좌우한다고 봐도 무방하다. 스마트폰의 이용 여부가 곧 삶의 질을 가른다. 노년을 행복하고 품위 있게 살려면 디지털의 변화를 거스를 수 없는 이유다.

코로나19의 대변혁 속에서 디지털 활용 요구가 더욱 늘어났다. 비대면으로 물건을 사고 은행 업무를 봐야 하며, 병원·음식점 등 출입에 필요한 앱, 대중교통 수단 이용, 택시 호출, 날씨 정보, 내비게이션 이용 등 스마트폰 활용도는 갈수록 커지고 있다.

디지털 문맹 탈출이야말로 건강 사회 건설의 지름길이다. 그런 의미에서 디지털 격차 해소를 위한 '천만 시니어 폰맹 탈출 새마을 운동'을 벌일 만하다. 우리나라는 세계에서 가장 빠른 속도로 고령화 사회가 되어 가고 있다. 심각한 사회 문제를 야기할 것이며, 미래의 재앙으로까지 다가오고 있다. 밝은 미래와 건강한 대한민국을 만들기 위해서는 디지털 역량 강화가 무엇보다도 중시된다. 다시 말해 스마트폰의 활용 확대로 스마트한 시민이 되어 행복한 삶을 추구하는 데 있다.

이 책은 기존의 책과 무엇이 다른가

정부는 물론 지방자치단체나 학원 등에서 시니어들의 디지털 역량 강화를 위해 스마트폰 활용 교육을 대대적으로 시행하고 있다. 그런데 나이 든 시니어들은 기억력이 떨어지고, 막상 활용하려면 기계에 서툴러 교육만으로 해결되지 않는다. 말하자면, 몸에 익허서 숙달될 때까지 누군가가 도와주지 않으면 안 되는 어려움이 있다. 더구나 계속 쓰지 않으면 열심히 교육받은 것조차 허사가 된다.

조사 결과에 따르면 60세 이상 85.4%, 70세 이상도 37.9%가 스마트폰을 갖고 있지만 정보 검색이나 인터넷 뱅킹, 인터넷 쇼핑 등 스마트폰의 주요 기능을 활용할 수 있다는 응답은 10% 초반에 그쳤다. 시니어들은 몸에 익을 때까지 요양보호사 같은 1:1 맞춤식 도우미가 필요하다. 그래서 시작한 것이 일방적으로 가르치는 교육 방식이 아닌 코치 방식으로, 스스로 스마트폰과 친해지도록 해야 하는 일이다.

최근에 스마트폰 관련 책이 많이 쏟아져 나오고 있다. 이 책의 특징은 기존의 매뉴얼식 책과는 다르게 기획했으며, 그 핵심은 다음 세 가지로 들 수 있다.

첫째, 이 책은 누구에게나 그 대상이 되겠지만 많은 부문이 시니어들의 눈높이에 맞춰졌다. 세 명의 저자 모두가 시니어들이다. 다시 말해 시니어가 시니어들의 고충을 알고 고민하며 쓴 유일한 책임을 자부한다.

둘째, 시니어들에게 필요한 스마트폰 앱은 수없이 많다. 이 책을 기획하면서 500여 명의 설문 조사를 먼저 시행했다. 수요자의 니즈 분석을 통해 시니어들에게 꼭 필요한 것이 무엇인지를 주목했고, 그에 상응한 욕구 중심으로 구성했다.

셋째, 이 책은 독자가 자기 주도적으로 공부할 수 있도록 만들었다. 스마트폰의 각 기능을 읽고 나서 QR 코드를 찍으면 나오는 동영상을 보고 따라 하도록 했다. 이론과 실습을 겸한 획기적인 책이다. 혼자서도 무한 반복으로 실습이 가능하게끔 25개의 콘텐츠를 동영상으로 첨부했다.

아울러 독학만으로 부족하다 싶으면 '폰맹 탈출 코칭 프로젝트'에 문을 두드리면 된다. 기라성 같은 스마트폰 코칭 자격을 가진 전문 지도사가 여러분을 맞을 준비가 돼 있다. 이 책의 본문과 부록에서 소개하고 있는 1:1 코칭 도우미나 주치의 제도를 통해 공부하려는 시니어는 물론, 학습 현장을 누빌 디지털 도우미들의 활용 교재로 사용해도 손색 없을 만큼 책임을 확신한다.

특히 높은 지위에 있던 분들, 비서나 조교를 두고 생활해 온 하이 클래스 골든 그레이 층의 디지털 격차는 생각보다 크다. 숨은 컴맹이고, 폰맹자임을 부인할 수 없다. 은퇴 후 아랫사람들이 처리해 주던 일을 본인이 직접 해결해야 하기 때문에 난처하기 이를 데 없다. 다시 말하자면, 이 책은 베이비부머 세대나 퇴직 교수, 퇴직 공무원, 대기업 임원 및 CEO를 향한 차별화한 스마트폰 이용 보급과 폰맹 탈출 코칭을 위한 지침서로 사용하고자 기획되었다.

시니어들은 아무리 스마트폰 교육을 받아도 금방 잊어버리기 십상이다. 게다가 스마트폰 교육을 받더라도 어느새 다른 기술이 새로 나와 기존 기술을 활용하는 데 한계가 있다. 지자체나 학원에서 가르치는 단타성 교육을 받고 돌아서면 까맣게 잊어버리는 게 노년의 속성이다. 시니어들에게 진정 필요한 것은 사용하다 모를 때 곁에서 친절하게 도와주고, 새로운 기술이나 앱이 나오면 지속적으로 도와줄 '디지털 조력자(Digital Supporter)'가 절실하다.

집필진은 시니어의 취약점을 감안한 코칭 방법은 없을까 고민하던 끝에 특효약 같은 처방전을 내렸다. 바로 시니어를 위한 '디지털 주치의' 제도와 '스마트폰 도우미' 제도다. 즉, 1:1로 케어하는 '노노케어(老老Care)' 서비스 방식이다. 이는 스마트폰 활용 기능을 완전히 익혀 적용 시까지 코칭한다. 일종의 원스톱 서비스로, 맞춤식 폰맹 탈출 코칭을 돕는 프로그램이다. 특히 노인 심리와 인격을 충분히 파악한 코치들의 쉽고 자세한 코칭이야말로 이 책이 추구하는 바다.

이 책을 통해 천만 시니어들이 보다 자신감 있고, 질 높은 삶으로 행복한 노후가 되기를 소망한다.

2021년 5월

저자 가재산

차 례

책을 펴내며 / 10

제1장 폰맹의 그림자가 드리우고 있다(WHY)

그레이네상스(Greynaissnce) 시대가 오고 있다 / 16
- 세계에서 가장 빨리 늙어 가는 대한민국 / 16
- 80만 명씩 쏟아져 나오는 베이비부머들 / 17
- 그레이네상스(Greynaissance)와 실버 서퍼(Silver Surfer) / 19
- 신중년, 시니어들의 행복은 어디서 찾아야 할까 / 21

코로나19가 불러온 언택트 시대의 빛과 그림자 / 24
- 코로나19 바이러스가 가져오는 변화들 / 24
- 혈연·학연·지연은 가고, 온연의 시대가 온다 / 26
- 바이러스가 낳은 코로나 디바이드 / 28
- 인간의 연결 욕구, 무한한 연결 본능 / 29

'만사핸통'의 시대가 왔다 / 32
- 코로나 언택트 시대의 총아로 등장한 스마트폰 / 32
- 왕초보들의 핸드폰 하나로 책과 글쓰기 도전 / 34
- 우리나라 문맹과 디지털 리터러시 / 36
- 우리나라 디지털 리터러시는 OECD 국가 중 하위권 / 37
- 디지털 혁명 시대의 필수 역량 '디지털 리터러시' / 39

스마트 시대에 소외받는 노인들 실상 / 41
- 언택트 시대, 로빈슨 크루소가 되어 가는 노인들 / 41
- 외국어나 외래어 표시도 고령자에게는 취약 / 42
- 고령자들에게는 QR 코드 찍기나 키오스크 이용도 쉽지 않아 / 43
- 모바일 앱 활용도에 따른 삶의 질과 경제적 격차 / 44

이제 3060 시대에 대비하라 / 46
- 스마트폰, 고령층에겐 아직도 무섭다 / 46
- 늘어만 가는 기대 수명과 시니어들의 행복 조건 / 47
- 디지털 격차 극복과 디지털 포용 / 49
- 디지털 조력자(Digital Supporter), 도우미 절대 필요 / 50
- 이제 2060 시대를 지나 3060 시대다 / 51

제2장 3060 시니어 폰맹 탈출을 위한 코칭(WHAT)

티칭(Teaching) 아닌 코칭(Coaching) 시대 / 56
- 티칭과 코칭 한 글자 차이, 의미는 태산보다 커 / 56
- 시니어 미디어 교육의 필요성과 활성화 / 58
- 수준별 맞춤, 찾아가는 교육 / 59
- 학생들의 고령층 교육, 세대 간 교차 교육 / 59
- 시니어에 대한 인식 변화와 '존중' 먼저 / 60

독자의 니즈를 향한 설문 통계치 활용 및 방안 / 62
- 시니어가 원하는 폰맹 탈출 코칭의 핵심 / 62
- 설문 조사를 통한 독자 니즈 파악 / 63
- 연령대별 설문 응답 현황 분석 데이터 / 64

우리나라 스마트폰 교육의 현주소 / 70
- 스마트폰 교육도 틈새 교육 필요 / 70
- 사설 학원 등에서 스마트폰 활용지도사 1~3급 발급 / 71
- 사회적 불평등을 일으키는 디지털 격차, 디지털 에이징 필요 / 72
- 우리는 어쩌다 바보가 됐을까? / 74

똑똑해진 스마트 시티 & 스마트 시티즌 / 75
  세계 계획 도시 중심에 우뚝 선 스마트 시티 / 75
  스마트 시티즌, 사람이 정보 기술 주인공 / 76
  스마트 시티, 스마트폰 활용 능력 차 더 벌려 / 77

3060 시니어 폰맹 탈출 코칭, 어떻게 가능할까? / 78
  '디지털 노노케어'로 1천만 시니어들의 폰맹 탈출 / 78
  3060 시니어 폰맹 탈출 코칭과 주치의 제도 / 79
  시니어를 위한 코칭형 교육 방식 / 85

제3장 스마트폰 기초 입문하기(HOW)

01 폰맹 탈출 들어가며 / 90
  01 실습을 위한 제3장~제5장 구성 및 활용 / 90
  02 QR 코드 스캐너 사용법 / 91
  03 말로 문자 입력하기 / 93

02 스마트폰 기본 기능 어렵지 않아요 / 95
  01 스마트폰의 생김새 / 95
  02 즐겨찾기와 앱 이동하기 / 96
  03 이전 화면과 최근 실행한 앱 / 97
  04 설치된 모든 앱 확인과 앱 검색하기 / 97
  05 전화벨 울림, 와이파이, 비행기 탑승 모드, 모바일 데이터 사용 / 98

03 언제 어디서나 스마트폰으로 인터넷하기 / 100
  01 와이파이 연결이나 모바일 데이터 / 100
  02 네이버, 다음이나 구글 검색 활용 / 100
  03 네이버, 다음 또는 구글의 이메일 활용 / 102

04 앱 깔고 지우는 법 어렵지 않아요 / 103
  01 플레이(Play) 스토어나 앱 스토어로 사용자 앱 다운로드 / 103
  02 앱 모두 닫기와 앱 삭제하기 / 104

05 스마트폰이 갑자기 안 된다구요? / 105

01 전화가 걸리지도, 걸려 오지도 않는다 / 105
02 잘 되던 인터넷이 안 돼요 / 106
03 소리가 안 들려요 / 106

06 보다 효과적인 활용이 필요해요 1 / 108

01 걸려 오는 전화에 원하는 사진과 음악 설정하기 / 108
02 화면 꺼짐 시간 조정 / 110
03 화면 글자 크기 키우기 / 110

07 보다 효과적인 활용이 필요해요 2 / 112

01 취침 시간에 스마트폰 알림 소리 제거하기 / 112
02 날씨, 미세 먼지, 헬스 등 주요 내용 화면에서 바로 보기 / 113
03 앱 깔고 회원 가입할 때 본인 인증이 너무 어려워요 / 114

제4장 이동이나 여행, 문화생활 즐기기(HOW)

01 대중교통 이용 및 예매 / 118

01 지하철 역 이름 찾기가 어려워요 / 118
02 자주 이용하는 지하철 노선을 바로 확인하고 싶어요 / 119
03 전국 시내버스 노선과 도착 시간 / 121
04 카카오택시 이용 / 123
05 코레일 어플로 열차 및 KTX 예매 / 124
06 고속버스 승차권 예매와 취소 / 127
07 항공권 예매 및 티켓 관리 / 128

02 여행사 따라다니지 않고 국내외 여행하는 법 / 131

국내 여행

01 맛집 찾기 / 131
02 내비게이션으로 걸어서 목적지까지 길 따라가기 / 131

해외여행

- 01 현지인과 한국어로 대화하기 / 133
- 02 한국어로 길 찾기 / 135
- 03 해외에서 맛집 검색하고 찾아가기 / 137
- 04 현지어 메뉴 음식 주문하기 / 137
- 05 해외 숙소 TV로 방송 등 한국어 콘텐츠 보기 / 138
- 06 해외 출국 전, 공항에서 적정 데이터만 구매 / 140
- 07 동행자와 위치 공유 / 140

03 삶의 품격 올리기 / 142

- 01 말로 명령하여 스마트폰 활용하기 / 142
- 02 대형 TV로 각 지역 손주들과 모두 함께 동영상 통화하기 / 143
- 03 항상 모자라는 스마트폰 저장 공간 확보 / 144
- 04 가족들과 필요한 일정 공유하기 / 150

04 인터넷에 있는 모든 동영상, 이미지 및 음악 다운 받기 / 152

- 01 동영상 복사/편집 / 152
- 02 각종 이미지 복사 및 활용 / 154
- 03 음악 복사하여 자동차 안에서나 스마트폰으로 듣기 / 155

05 사진과 동영상으로 자서전 만들기 / 156

- 01 사진으로 동영상 만들기 / 156
- 02 여러 개의 동영상 취합 및 편집 / 159
- 03 영화 등 동영상에 각종 언어 번역하여 자막 추가 / 163
- 04 음성 파일과 유튜브, 영화 등 음성의 자동 문자화 / 163

제5장 스마트폰 고수 되기(HOW)

01 카톡의 효율적 활용 / 168

- 01 해야 할 일들 배정하기-사다리 게임 / 168
- 02 여러 명 중 일부 선택하기-제비뽑기 게임 / 169
- 03 많은 사람 단번에 채팅방에 초대하기 / 170

04 식당 출입 시 QR 코드 찍고 바로 들어가기 / 171

05 카톡에서 즉시 번역하고 번역된 메시지 발송 / 172

02 스마트폰으로 자료 수집 및 편집 / 174

01 말로 하여 문서 작성 / 174

02 사진 찍어 문서 작성 / 176

03 무료 클라우드 저장 공간 무한대로 사용하기 / 178

04 젊은이도 잘 모르는 효과적인 자료 검색 기법 / 179

05 관심 자료 자동으로 수집하여 자료로 저장 / 180

06 문서를 디지털 음성으로 듣기 / 184

07 스마트폰과 PC 자료 자유롭게 이동하기 / 187

08 제목, 내용에서 키워드가 포함된 자료 즉시 검색하기 / 191

03 축의금, 조의금 등 주요 자료 가족이나 친지들과 공유 / 193

01 구글 주소록 작성 / 193

02 관련되는 사람들 모두의 스마트폰으로 단번에 문서 공유 / 194

03 주요 자료 홈 화면에 추가 / 195

04 고수들의 스마트폰 활용 / 197

01 손쉬운 명함 관리 / 197

02 스마트폰으로 대금 카드 결제 / 198

03 네이버 스마트보드 활용 / 199

04 스마트폰에서 팩스 보내기 / 202

05 모바일 쇼핑하기 / 203

06 비대면 화상 통화하기 / 206

부록

부록 1 나는 폰맹? 스마트폰 활용 수준은? / 214

부록 2 동영상 시청을 위한 QR 코드 모음 / 216

부록 3 폰맹 탈출 코칭 안내 및 교육 프로그램 / 218

책을 마무리하며 / 222

SMART SENIOR

WHY

제1장

폰맹의 그림자가 드리우고 있다(WHY)

그레이네상스(Greynaissnce) 시대가 오고 있다

세계에서 가장 빨리 늙어 가는 대한민국

프랑스 문명비평가 기 소르망은 지난 2013년 "한국의 단기 압축 성장사는 세계문화 유산으로 남길 만하다."고 극찬했다. 그가 지금쯤 한국에 와도 그런 칭찬을 다시 할 수 있을까? 우리나라는 1960년대 60불에 불과했던 1인당 국민소득이 60년 만에 3만 불을 달성하여 3만 달러에 인구 5천만 명을 넘는 소위 '30·50 클럽'에 가입한 세계 일곱 번째 나라가 되었다. 게다가 전쟁의 폐허 속에서 최빈국으로 원조를 받던 나라가 원조를 해 주는 최초의 국가요, 경제와 정치적 민주화를 동시에 이룬 자랑스러운 나라다.

이런 축복 속에서 불행하게도 전 세계에서 가장 빨리 늙어 가는 나라가 되었다. 소위 '에이징 쇼크(Aging shock)'를 어떻게 극복해야 할지, 그 나라가 일본이 아니라 바로 한국이 실험 대상이 된 것이다. 저벅저벅 다가오는 고령화 병세가 얼마나 빨리 깊어지고 있는지 데이터로 살펴보자.

UN은 만 65세 이상 노인 인구 비중이 7%를 넘으면 '고령화 사회', 14%를 넘으면 '고령 사회', 20%를 웃돌면 '초고령 사회'라 부른다. 우리나라는 이미 지난 2000년 고령화 사회에 진입했다. 고령 사회는 예상보다 1년 앞당겨진 2017년에 맞았다. 이런 속도라면 초고령 사회도 2025년쯤에 일찍 도달할 것으로 보인다. 고령화에서 초고령 사회로 넘어가는 시간이 겨우 25년 정도에 불과했다. 노인 장수 국가의 대명사 일본도 36년이 걸렸다. 프랑스(154년), 미국(94년), 독일(77년) 등 선진국과는 비교하기 힘들 정도로 더 빠르다. 심각한 '조로증(早老症)'에 걸린 셈이다.

65세 이상 고령 인구는 2020년 기준 813만 명으로, 전체 인구의 15.7%를 차지한다. 이러한 고령 인구는 꾸준히 증가세를 유지해 2040년에는 1천722만 명(33.9%)이 될 전망이다. 인구 3명 중 1명은 고령자가 된다는 이야기다. 실제로 2020년 우리나라 주민등록 인구가 사상 처음으로 감소했다. 행정안전부가 발표한 주민등록 인구는 5천182만 9천23명으로, 2019년 대비 2만 838명이 줄어든 것으로 집계됐다. 연간 기준으로 주민등록 인구가 감소한 것은 이번이 처음인데, 출생자 수보다 사망자 수가 많아지며 인구가 자연 감소하는 '인구 데드크로스(Dead Cross)'를 보였다. 작년 출생자는 27만 5천815명으로, 연간 출생자 수는 2017년 40만 명 아래로 떨어진 뒤 3년 만에 30만 명 선도 무너졌다. 게다가 2040년에는 총인구 중 생산 연령 인구가 절반 수준으로 쪼그라든다. 생산 연령 인구 100명이 부양해야 하는 14세 이하 유소년과 노년 인구는 2020년 39.8명에서 2040년 79.7명까지 증가한다. 아기 울음소리를 듣기 힘든 한국이 되어 가고 있다.

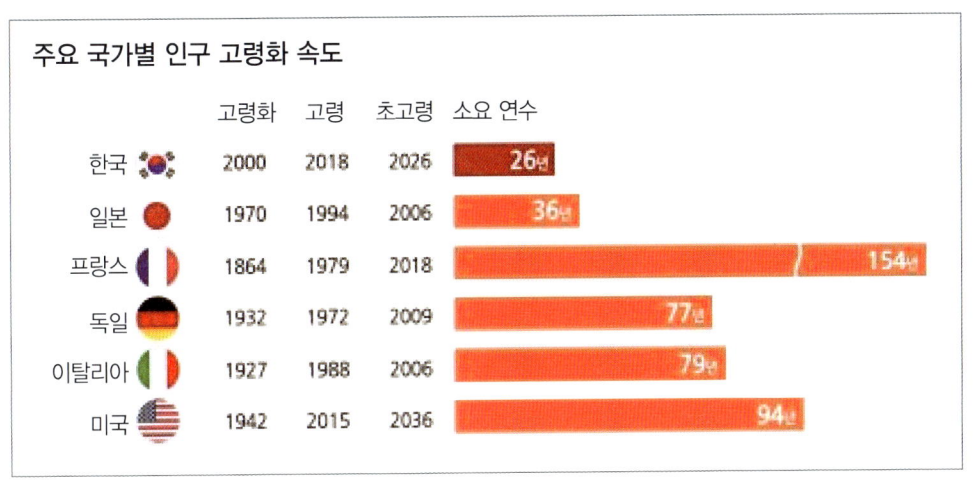

출처: 한국보건사회 연구원

80만 명씩 쏟아져 나오는 베이비부머들

　　베이비붐 시대에 태어난 이들을 '베이비부머'라고 하는데, 미국에서는 2차 세계대

전이 끝난 1946년 이후 1965년 사이에 출생한 사람들을 말한다. 전쟁 기간 동안 떨어져 있던 부부들이 전쟁이 끝나자 다시 만나고, 미혼의 경우 미뤘던 결혼이 한꺼번에 이루어지면서 생겨난 세대다. 미국 인구 2억 6천여만 명 중 29%를 차지한다. 일본에서는 1947년부터 1949년 사이에 출생한 이들을 '단카이 세대'라고 부르는데, 일본의 베이비붐 세대라 할 수 있다. 한국의 경우 한국전쟁이 끝난 이후 1955년부터 1963년 사이에 출생한 세대를 통상 베이비부머로 분류한다. 학자들에 따라서 한국의 베이비부머를 1~3차로 나누어 설명하기도 하는데, 1955~1963년생들이 1차 베이비부머에 속한다. 이들은 712만 명으로, 전체 인구의 14%를 점유하는 것으로 추정된다. 2차 베이비부머는 1968~1974년에 출생한 자들로 596만 명 정도이며, 3차 베이비부머는 1979년~1985년에 출생한 이들로, 이른바 1차 베이비부머의 자식 세대들이다.

베이비붐 세대의 문제는 '지금의 문제'이기도 하지만 바로 '미래의 문제'로 직결된다. 본격적인 은퇴가 시작되면서 이들 세대를 둘러싼 각종 사회 문제가 여기저기서 불거지고 있다. 최근 한국금융연구원 통계에 따르면 베이비부머 중 54% 이상이 노후 준비가 미흡하다고 답변했다. 심지어 그중 20.6%의 답변자는 노후 준비가 전혀 되어 있지 않다고 응답했다. 이들은 은퇴 후 여가 생활을 즐기며 노후를 보내고 싶다는 꿈을 포기하지 않고 있지만, 현실은 다르다. 건강은 '100세 시대'를 충족시키는데, 주머니 사정이나 활동 상황은 전혀 그렇지 않다.

베이비부머 세대 중 본격적으로 인구가 늘어난 1958년생 개띠는 2021년 현재 64세다. 1973년생까지 앞으로 15년 동안 1천800만 명의 사람들이 은퇴 시장에 계속 쏟아져 나온다. 기대 수명이 계속 늘어나게 되면 은퇴 후에도 자신의 꿈을 좇아 인생 2막을 멋지게 살아가야 하는데, 기대 수명 증가에 따른 비용이 늘어났다는 것 역시 피할 수 없는 현실이다.

일부 계층은 경제적으로 풍요롭다 하더라도 하루하루가 지루하고, 외롭고, 불안하다면 이는 결코 행복한 노후가 아닐 것이다. 교수·공무원 등 연금 생활자, 대기업 임원 출신 등 소위 '골든 그레이'라 불리는 이들은 경제적으로 금전적 여유가 있다. 그러나 행복한 은퇴 생활을 위한 탄탄한 재정 계획서가 있다고 해서 행복의 필요충분조건을 가진 것은 결코 아니다. 보다 더 중요한 것은 자신이 진정으로 원하는 삶의 가치를 추구하며 하루하루 충만하고도 의미 있게 살 수 있는 계획이 필요하다.

그레이네상스(Greynaissance)와 실버 서퍼(Silver Surfer)

한동안 대한민국은 미스터 트롯으로 즐거운 몸살을 앓았다. 코로나19 때문에 웃을 일 없던 때에 3개월 넘게 남녀노소를 불문하고 매주 목요일 본 방송을 지켜 보며 함께 울고 웃었다. 그리고 그들이 그 자리에 올라오기까지 겪었던 과정에 공감해 응원을 보내고 찬사를 보냈다. 방송이 끝난 이후 마지막 관문을 통과한 미스터 트롯 일곱 명의 인기는 날로 높아지고 있다.

종편의 약점을 딛고 35.7%의 시청률을 기록하며 성공한 이유를 인재 발굴·변화 추구·창조적 복제·기본 준수·패자 부활 기회 부여 등으로 분석하기도 하지만, 그 뒤에는 구매력을 가진 시니어 아줌마 부대의 열광이 있었다는 분석이다. 송가인을 배출한 미스 트롯이 트로트 열기에 포문을 열기는 했지만 임영웅, 김호중 같은 가수의 폭발적 인기가 방아쇠를 당겼다는 것이다.

이처럼 고령화 시대가 다가오면서 시장 경제의 실질적인 구매자층으로 시니어들이 부상하고 있다. 시니어들이 누구보다도 민감하게 최신 트렌드에 반응하면서 백발을 뜻하는 '그레이(Grey)'와 '르네상스(Renaissance)'를 합친 '그레이네상스(Greynaissance)'라는 신조어까지 등장했을 정도다.

'늙어서 주책'이라는 말도 이제는 옛말이 된 지 오래다. 이를 반영하듯 최근 시니어들을 위한 화장품, 패션 제품 관련 시장이 크게 성장하고 있다. 노년층이 적극적인 소비층으로 떠오른 현상을 뜻한다. 전 세계가 고령화 사회에 진입한 데다 노년층이 과거와 달리 경제권을 쥐고 구매력을 가지고 있어 주요 소비층으로 주목 받고 있다.

그레이네상스 시대의 주역인 실버 서퍼(Silver Surfer)의 존재도 빼놓을 수 없다. 실버 서퍼는 노년층을 뜻하는 '실버(Silver)'와 인터넷 서핑을 즐기는 사람을 뜻하는 '서퍼(Surfer)'의 합성어다. 실버 서퍼는, 인터넷은 물론 스마트폰과 태블릿 등 각종 스마트 기기 조작에도 능숙하다. 이들은 아날로그 세상에서 태어나고 자랐지만 빠르게 발전하는 디지털 기술에 도태되지 않고 적응했으며, 그레이네상스 시대의 당당한 주역이 되는 일에 주저하지 않는다. 실버 서퍼는 충분한 경제력과 인터넷 활용 능력을 바탕으로 IT 기기를 활용해 인터넷과 모바일을 통해 정보를 얻고, 세상과 소통하며, 아날로그 감성을 디지털 세상에 덧입힐 줄 아는 액티브 시니어들이다.

그레이네상스의 주역인 실버 서퍼의 등장으로 시니어에 대한 인식을 바꾸는 반전의 기회가 왔다. 사회의 트렌드를 선도하는 실버 서퍼의 활동으로 시니어가 꼭 필요한 존재로 인식되고 있기 때문이다. 그레이네상스 시대를 맞이해 시니어는 과거의 존경받는 사람에서 사회에 가치를 부여하는 사람으로 진화하고 있다. 시니어라 외면 받는 것

나이를 잊고 적극적으로 활약하는 실버 서퍼들

시니어를 위한 교육 콘텐츠를 생산하고 전달하는 실버 서퍼도 있다. 인터넷과 모바일 활용 능력을 적극 활용해 자신을 표현할 뿐 아니라 실버 세대의 인생 이모작을 위해 고군분투하고 있는 두 명의 실버 서퍼의 사례를 살펴보자.

60대 후반인 맥아더스쿨의 정은상 교장은 청년을 능가하는 인터넷 역량을 갖고 있다. 그는 새로운 직종을 만드는 창직(創職) 활동으로 시니어의 인생 이모작을 돕는 한편, 시니어 대상의 인터넷 활용에 대한 '1:1' 또는 '맞춤식' 코칭을 하고 있다.

『핸드폰 하나로 책과 글쓰기』 저자인 피플스그룹 가재산 대표는 "스마트폰은 더 이상 통화와 문자 보내기만을 위한 도구가 아니다."라고 말하며 '액티브 시니어를 위한 왕초보 책과 글쓰기' 수업을 진행하고 있다. 이 수업에서는 말로 하여 책 쓰기, 책·잡지 등 이미지 자료를 사진으로 찍어 문서 자료로 변환하기, 외국어 자료 한글로 번역하기, 해외여행 시 안내문 이해 및 외국어로 의사소통하기 등 액티브 시니어를 위한 교육이 마련되어 진행되고 있다.
-〈아름다운 은퇴〉, 기업은행 가을호 Vol 29

이 아니라 은퇴 후 고령화 시대의 주인공으로 주목 받는 그 중심에 실버 서퍼가 있다.

그러나 전체적으로 보면 스마트폰이나 인터넷을 이용해 적극적으로 금융 거래를 하거나 쇼핑을 하는 고령자의 비중은 인터넷 이용률에 비해 그리 높지 않다. 전체 인구의 56%가 인터넷으로 물품을 구입하거나 예약·예매 서비스를 이용하고 있지만, 60대와 70대 이상의 인터넷 쇼핑 이용률은 각각 19%와 6.7%에 머물러 있다. 이는 시니어 세대의 인터넷 활용과 익숙하지 않은 전자 상거래에 대한 조심스럽고 과도기적인 모습이라고 할 수 있다.

요즘 방송을 통해 소비자가 궁금한 부분을 즉각적으로 보여 주면서 제품의 이모저모를 알리며, 시청자와 판매자 간의 쌍방향 소통으로 인기 있는 '라이브 커머스'가 뜨고 있다. 아무리 실버 서퍼라도 스마트폰 활용 능력이 따라가지 못하면 언감생심, 그림의 떡이다.

신중년, 시니어들의 행복은 어디서 찾아야 할까

2018년 한국보건사회연구원이 발표한 행복지수 개발에 관한 연구에 따르면 행복지수 10점 만점 기준에 30대가 6.56으로 가장 높았고, 20대는 6.36, 40대는 6.34, 50대는 6.25로 나타났다. 60대는 6.05로 가장 낮았다. 시니어의 행복지수는 왜 낮은 걸까? 그 이유를 '행복의 조건'에서 찾아봤다.

시니어가 행복의 조건으로 꼽은 것은 첫째 건강(96.4%), 둘째 일(89.1%), 셋째 관계(87.3%) 순으로 나타났다. 노후의 행복을 '건강, 일, 관계'에서 찾고 있는 것이다. 그러나 나이가 들면서 건강은 점점 나빠지고, 일자리도 부족해지고, 관계의 폭도 좁아진다. 특히 노후 생활의 4대 고통(돈이 없다, 외롭다, 아프다, 무료하다) 중 하나인 외로움은 건강이 나빠질수록 더 크게 느낀다고 한다. 부부 관계와 자녀와의 소통도 행복지수에 영향을 주고 있지만 대부분 만족스러운 형편이 아니다. 게다가 일거리 찾기는 하늘의 별 따기가 되어 버린 현실, 시니어가 행복의 조건으로 생각하는 것들이 제대로 충족되지 않는 상황이니 당연히 행복할 리 없다.

시니어가 일을 중요하게 여기는 이유는 노후 생활비 마련과 시간을 무료하지 않게 보내기 위해서다. 평생을 생업에 매달리며 살아왔으면서도 정작 자신의 노후 생활비를 제대로 준비하지 못한 60대 이후의 세대는 기초노령연금, 국민연금을 합해도 생활비가 턱없이 부족하다. 경제적 여유가 없다 보니 행복한 노후를 기획하고 즐길 겨를이 없다. 걱정과 스트레스에 시달리는 사람은 건강을 잃기도 한다. 생활 형편이 어려워 가족 관계에 금이 가는 경우도 있다. 행복한 노후를 위한 시니어의 고민이 점점 깊어질 수밖에 없다. 어떻게 하면 건강도 지키고, 일자리도 찾고, 주위 사람들과 관계를 잘 하며 지낼 수 있을까?

요즘 체력, 지력, 사회적 측면에서 왕성하게 활동하는 '신중년'이 새로운 화두가 되고 있다. 신중년층은 격동의 시대를 거쳐 오면서 다양한 경험을 한 세대로, 노인 세대와 거리를 두는 경향도 나타난다. 2020년 9월 발표된 한국보건사회연구원의 〈신중년의 노후 인식 실태와 시사점〉 보고서를 보면, 신중년층의 52.6%는 노인의 연령 기준을 70~74살로 생각한다고 답했고, 75~79살이라는 응답도 20.8%나 되었다. 그리고 또 다른 조사에서는 1938~1953년에 출생한 60~70대 신중년들에게 "스스로 몇 살로 생각하느냐"고 묻고 응답자의 실제 나이와 비교해 봤다. 그 결과 10명 중 9명이 "나는 실제 나이보다 어리게 느껴진다."고 답했다. 자신의 나이가 실제보다 6~10세 적게 느껴진다고 답한 사람이 38.4%였고, 1~5세 적다고 생각하는 사람도 27.6%에 달했다. 18.2%는 자신의 나이를 무려 11~15세 어리다고 보고 있었다. 조사 대상 500명 전체를 놓고 보면 평균적으로 스스로를 7.3세 젊다고 인식했다. 유엔이 새로 개정한 세대별 명칭도 0~17세 = 미성년, 18~65세 = 청년, 66~79세 = 중년, 80~99세 = 노년으로 재정립했다. 일본에서는 실제 나이에 70%를 곱한 나이가 통용되고 있는데, 이를 적용해 본다면 70세는 49세에 불과하고, 80이 되어도 50대 중반에 해당된다.

우리 사회에서 시니어들의 행복에 대한 관심이 높아지는 이유는 개인의 행복 증진이라는 실존적 차원에 더해 국민의 행복감이 더 좋은 사회를 위한 동력으로 작용한다는 데 있다. 행복 수준이 높은 사회일수록 실패에 대한 두려움이 낮아 혁신이 가능하며, 경제 활력도 높아진다. 불평등과 격차가 적고 신뢰가 뒷받침되어 사회의 질은 물론, 개인 삶의 질도 좋아진다.

베이비붐 세대가 주축이 된 신중년층은 민주화와 정보화 등 사회 변동을 이끌어 온 세대다. 이들이 노인이 되면 가족 관계·여가 활동·노동에 대한 태도도 바뀌고, 사회 전체도 변화할 것이다. 저출산 고령화 시대 신중년층의 삶의 질과 행복을 높이는 것이 우리 사회 고령화 문제 해결의 최대 관건일 것이다.

코로나19가 불러온 언택트 시대의 빛과 그림자

코로나19 바이러스가 가져오는 변화들

전염병은 줄곧 인류와 함께 진화하며 역사의 물줄기를 바꿨다. 14세기 유럽을 침략한 몽골군에서 유래했다는 흑사병은 유럽 전역을 휩쓸며 유럽 인구의 3분의 1에 해당하는 많은 목숨을 불과 6년 만에 죽음의 길로 내몰았다. 그러나 흑사병은 당시 유럽의 크고 작은 전쟁을 종식시키며 중세 유럽의 붕괴를 가져온 동시에 인본주의와 르네상스를 잉태했고, 자본주의를 낳는 산파 역할을 하며 문명의 패러다임까지 바꿔 놓았다.

또한 바이러스는 세상을 엉뚱하게 바꾸어 놓기도 한다. 중세에 튤립 꽃은 신흥 부국 네덜란드와 그 중심축인 상인 계층의 찬란한 번영을 상징하는 기념물로 떠올라 부와 권력의 상징이었다. 이때 역사상 가장 비싼 튤립으로 기록된 것은 '영원한 황제'라는 뜻을 가진 '셈페르 아우구스투스(Semper Augustus)'다. 흰 바탕에 진한 빨강의 무늬가 화려했던 이 품종은 1630년대 '튤립 광시대'를 이끌며 투기 바람을 일으켰던 명품 중의 명품이었는데, 튤립 꽃 한 송이가 집 한 채 값에 이르기도 했다. 사실 이런 무늬는 '튤립 브레이크 바이러스'라고 불리는 바이러스에 알뿌리가 감염되어 발생하는 것이었다.

코로나19는 우리 삶을 완전히 바꾸어 나가고 있다. 정치, 경제, 사회, 문화를 비롯해 거의 모든 부문에서 오프라인 대면이 크게 줄었다. '접촉'을 뜻하는 '콘택트'에

'언(un)'을 붙여 '접촉하지 않는다'는 의미를 뜻하는 '언콘택트' 활동이 곳곳에서 이어진다. 재택근무, 재택수업 등 20년 명성의 정보기술(IT) 강국답게 온라인 활동이 활발하다. 특히 온라인 쇼핑에 이어 문화·체육 분야에서도 언콘택트 활동이 단연 눈에 띈다.

코로나19 확산으로 영화 관람과 같은 외부 문화 생활이 위축되면서 시청자들은 온라인 동영상 서비스(OTT)로 발길을 옮겼다. 미국 경제지 《마켓워치》에 따르면, 넷플릭스 전 세계 신규 가입자가 2020년 1분기에만 1천577만 명 늘어 전년 대비 23% 증가했다. 넷플릭스는 〈킹덤〉과 같은 한국 오리지널 시리즈로 국내 구독자 모으기에도 적극적이다. 지상파 3사가 합작해서 만든 스트리밍 서비스 토종 OTT 웨이브도 유·무료 구독자가 지난 3월 기준 800만 명을 넘었다. 웨이브는 전주국제영화제 상영작을 온라인에 공개하기도 했다. 토종인 왓챠(Watcha) 역시 부천 국제판타스틱 영화제 초청작을 동시 상영하는 등 경쟁에 뛰어들었다. 지난 2월부터 직격탄을 맞은 가요계는 비대면 콘서트에서 대안을 찾고 있다. 해외 투어가 줄줄이 취소된 케이팝 아이돌 그룹이 유료 공연으로 활로를 모색했다. 물류업체인 쿠팡도 OTT 사업에 뛰어들었다.

코로나19는 팬이 생명과도 같은 프로 스포츠의 풍경도 바꿔 놨다. 개막을 미룬 프로 야구와 프로 축구는 무관중 경기가 치러졌고, 경기장 출입 통제도 엄격하다. 경기장을 찾지 못하는 팬들을 위해 각 구단은 새로운 '집관(집에서 관람)' 문화를 만들어 냈다. 프로 스포츠 구단들은 '랜선 응원'으로 팬들과 함께했다. 응원단이 단상에서 응원하는 장면을 구단에서 유튜브 등의 채널을 통해 실시간으로 방송하는 방식으로, 팬들은 랜선을 통해 경기장에 접속해 응원단과 함께한다. 응원단 역시 실시간으로 팬들과 소통하며 이벤트를 진행한다.

문화·체육 분야 언콘택트 활동은 더 활발해질 전망이다. 『언택트 비즈니스』 저자인 박경수 컨설턴트는 "전통적인 일이나 교육에 비해 문화, 체육처럼 즐기는 분야의 대응 속도가 더 빠른 편이라며, 코로나19 사태 이후에 과거로 완벽하게 돌아갈 수 없는, 이른바 '뉴노멀'의 시대에 두드러지는 특성"이라고 분석했다. 그는 이와 관련, "과거로 돌아갈 수는 없지만 코로나19 추세에 따라 오프라인 활동이 다시 늘어날 수 있다. 문화·체육 분야의 언컨택트 활동 역시 코로나19 확산 속도에 맞춰 오프라인 연계책을 적절히 이어 가야 한다."고 강조한다.

혈연·학연·지연은 가고, 온연의 시대가 온다

인간은 아리스토텔레스가 이야기한 사회적 동물이요, 누구나 강한 연결 욕구가 있다. 그런데 앞으로는 "얼굴 봐야 친해지지."라는 말이 옛말이 될지도 모른다. 코로나19로 사회적 거리 두기가 일상화되면서 사람 간 대면 접촉이 힘들어지다 보니 가족 간의 관계, 친구와의 만남이나 지인들과의 모임, 특히 회사에서 근무하는 모습도 크게 달라지고 있다. 코로나19는 분명 우리에게 만남에 대한 불편함을 가져다 주고 불안과 공포감을 갖게 하지만, 디지털 혁명 시대 초연결의 방아쇠 역할을 톡톡히 하고 있다.

소셜 미디어에 익숙한 밀레니얼 MZ세대(1980년대 초~2000년대 초반에 출생한 세대)들은 사회 생활도 오프라인보다 온라인을 선호한다. 온라인 활동을 통해 각종 회사 행사는 물론, 인맥 관리나 동호회 활동, 그리고 연애 사업까지 이른바 '온택트'의 일상화다. 회사 업무는 당연하고, 미팅이나 인맥 관리도 디지털로 속속 전환 중이다. 신입 사원 교육 등을 모두 줌·유튜브로 하고, 그 흔했던 단체 회식도 '랜선 회식'으로 한다. 대면 모임의 왁자지껄한 분위기가 가끔 그리워지는 건 어쩔 수 없다. 평소에 자주 모이던 동호회 '산악회'를 온택트로 전환하고, 다 함께 등산을 가는 대신 각자 산에 다녀온 사진을 단톡방에 올리는 방식으로 운영한다. 이들은 어려서부터 네이트온, 싸이월드, 페이스북 등 SNS로 친구를 만나 왔기 때문에 동호회 활동도 온라인으로 하지 못

할 이유가 없다.

　이런 온라인을 통해서 가장 재미를 보고 있는 젊은이들이 있다면 단연 BTS다. 방탄소년단이 2020년 10월 10~11일 서울 올림픽공원 체조경기장에서 연 〈BTS 맵 오브 더 솔원〉을 191개국에서 총 99만 명 이상이 시청했고, 500억대의 매출을 기록했다. 이번 공연은 당초 현장 콘서트와 온라인으로 병행할 예정이었으나 온라인으로만 진행됐다. 방탄소년단의 7년간 성장이 오롯이 담긴 최고의 공연이라는 찬사를 받았고, 한국인 최초 빌보드 더블에 이어 싱글 차트 1위에 올라서는 기염을 토했다.

　이제 학연과 지연, 혈연이 아니라 '온연(On-line, 因緣) 시대'가 성큼 다가오고 있다. 문제는 어느 때는 개인주의가, 어느 때는 집단주의가 발동되는데 이 연결 고리는 '인연(因緣)'이다. 이러한 인연의 연결 고리의 끈은 단연 학연, 지연, 그리고 혈연이다. 이러한 연이 연결되면 흩어져 있던 개인들도 순식간에 똘똘 뭉친다. 그런데 이러한 연에 의한 대면 소통 방식이 크게 달라지고 있다.

　코로나19 이후에 몰락한 기업들도 많지만, 크게 히트를 치고 있는 기업 중에는 화상 회의 시스템인 줌(Zoom)이 있다. 이 회사는 2011년 시스코 부사장 출신 에릭 유안(Eric Yuan)이 설립한 회사다. 그는 중국의 미국 이민자인데, 대학교 시절 장거리 연애를 하던 중 불편함을 해결하려고 화상 연애를 생각하여 화상 회의 시스템을 개발해냈다. 그야말로 온연이 인연이 되어 탄생한 것이다. 코로나19로 인해 출장 및 미팅을 할 수 없게 되면서 화상 회의는 옵션이 아닌 필수가 되어 3억 명 이상이 쓰고 있는데, 시가 총액이 IBM도 누르며 회의 시장을 이끌어 나가고 있다.

　이러한 온연은 SNS의 폭발적 증가로 확산되면서 우리나라에서는 카톡이 대세를 이루고 있지만 페이스북 이용자가 16억 명이고, 트위터만 해도 3억 명, 인스타그램도 4억 명이다. 중국판 카톡인 위챗 인구만도 11억 명이다. 비대면 초연결 시대가 되면서 이제 SNS나 스마트폰이 불편한 사람들은 세상과 단절되고 격리될 수밖에 없다. 갈수록 외로운 외딴 삶이 되는 것이다.

이제 온연의 대상도 가까운 친인척이나 친구만이 아니라 국경을 초월해서 더 많은 사람을 누구든지 만날 수 있다.

바이러스가 낳은 코로나 디바이드

코로나 백신과 치료제 개발로 코로나 터널이 끝나게 되면 그동안 어둠에 감춰졌던 크고 작은 상흔이 적나라하게 드러날 것이다. 그중에서도 가장 아픈 것은 '코로나 디바이드(Corona Divide, 코로나19 사태로 사회의 양극화가 심해지는 현상)'다.

먼저, IT 관련 사업은 물론 기업가들의 디바이드가 일어날 것이다. 코로나는 어차피 가야 할 길이었던 디지털 혁명의 속도를 급격하게 높이다 보니 대기업이나 IT 중심의 디지털 기반 비대면 비즈니스 모델은 코로나 이후에도 더욱 발전한다. 반면 이러한 변화에 신속하게 변신하지 못한 상당수 중소기업과 대부분 영세 자영업자들은 아날로그 생존에 매달려 결국 몰락하거나 디지털로 무장한 기업들의 하청 업체 혹은 여기에 종속되어 하부 구조로 편입될 것이다.

또한, 가뜩이나 심각한 일자리에 대한 디바이드가 확대될 것이다. 코로나 디바이드의 승자들은 IT 기술이나 디지털 관련 고학력, 고숙련, 유경험자 중심으로 제한된 정예 인원만을 채용하게 된다. 이렇게 기회를 얻은 소수는 높은 임금과 고용 안정성을 보장받을 확률이 높다. 반면에 생존조차 불투명한 대다수의 아날로그 기업들은 인력을 채용할 여력조차 없을뿐더러, 제대로 훈련된 핵심 인력을 구하기도 어려울 것이다.

더욱 심각해지는 디바이드는 소득 격차 문제로 귀결된다. 우리나라의 가구 소득은 상위 10%가 약 40%를 차지한다고 알려져 있다. 코로나19 이후의 경제 성장률이 2~3% 정도가 된다고 하더라도 상위 고소득층 소득 증가가 더 커질 가능성이 크다. 코로나 디바이드는, 우리 경제의 혈맥을 강타하게 되면 우리 몸의 혈액이 몸 전체가 아니라 제한된 신체 부분에만 돌게 되어 그렇지 않은 부분은 기능이 저하되고, 장기적으로는 기능을 상실할 수밖에 없다. 결국 취약 계층은 더욱 어려움을 겪게 되는 양극화가 커지게 되고, 사회적 문제가 된다.

특히 코로나19 바이러스는 디지털 K 격차를 불러온다. 취약 계층인 노인들을 더욱 고립시킨다. 경제 구조가 K 자 형태로 양극화되는 것처럼 노인들이나 취약 계층의 디지털 격차도 K 자 형태로 그 간극이 더욱 커지고 있다. 노인들은 외출하기도 무섭고 거동도 불편해지니 인터넷 쇼핑이 더 필요한데, 스마트폰에 익숙지 않은 노인들은 이러지도 저러지도 못하는 상태다. 젊은 세대는 집 안에서도 인터넷 게임이나 넷플릭스·웨이브·왓챠 같은 영화 앱을 활용하지만, 노인들은 TV 외엔 시간 보낼 방법이 없는 경우도 많다.

코로나 디바이드는 독일 사회학자 울리히 베크(Ulrich Beck)가 저서 『위험 사회』에서 예견한 대로다. 그는 앞으로 '위험'은 특정 지역이나 집단에 한정되지 않고 국경을 넘어 지구화할 것이며, 사회적 계층과 지위에 따라 다른 영향을 받게 될 것이라고 했다. 코로나19 사태 이후에도 소득과 생활이 크게 달라지지 않는 사람과 자가 격리만으로도 치명적 타격을 입는 사람 사이의 디지털 격차를 줄이는 것이 중요한 사회적 과제로 부각된 셈이다.

인간의 연결 욕구, 무한한 연결 본능

인간의 욕구를 가장 잘 정리한 사람은 심리학자 매슬로우(Maslow)다. 그가 제시한 '5대 욕구 이론'은 인간의 욕구를 5단계로 분류해 낮은 단계의 욕구가 충족돼야 다음 단계의 욕구가 발생한다고 주장한다. 그런데 요즘에는 1단계 생리적 욕구보다 더 밑에 '와이파이와 마스크 욕구'가 있다고 한다. 모든 욕구에 앞서 와이파이에 연결돼 있지 않거나 마스크가 없을 때 느끼는 불안감이 더 크다는 것을 과장해서 표현한 것이다. 사회학자들은 2020년을 보내며 '호모 마스쿠스(Homo maskus, 마스크를 쓴 인간)의 해'라고 부른다. 인류가 "얼굴의 절반을 잃었다"는 표현도 등장했다. 마스크는 얼굴의 60~70%를 가린다. 언어와 표정을 통한 감정 표현을 방해한다. 자연히 대화가 막히고, 소통이 단절된다.

앞에서 이야기한 5대 욕구를 크게 나누면 1단계 생리적 욕구, 2단계 안전, 3단계 소속감 등의 욕구는 부족한 것을 채워 주는 '결핍의 욕구'에 해당된다. 그런데 4단계 인정의 욕구나 5단계 자아실현의 욕구는 '성장의 욕구'에 해당한다. 여기에서 경제적 여유나 사회적 지위에 오르게 된 많은 계층에 속하는 액티브 시니어들은 4~5단계의 상위 욕구에 목말라한다. 소속감은 물론이고, 타인으로부터의 인정 욕구나 자아실현 욕구는 결국 더 많은 사람과의 관계 속에서 이루어질 수 있기 때문에 새로운 세계에 대한 더 많은 연결 본능이 요구된다.

2020년 코로나19로 인해 직접적인 인적 교류나 만남은 물론, 물리적인 연결이 끊겼다. 하지만 사람들은 유튜브 라이브로 함께 랜선 여행을 하고, 줌을 통해 온라인 밴드 합주로 음악을 즐기며, 그 어느 때보다 더욱 적극적으로 연결되길 갈망한다. 즉 인간은 누구나 연결되고 싶고, 더 나아가 사랑하고 싶은 욕구가 절실하다. 사회적 동물인 인간에게 '연결'은 절대적인 욕구다. 연결이 없으면 사람은 죽음과 같다. 나이가 적건 많건, 여자건 남자건, 싱글이건 커플이건 간에 누구나 연결의 욕구를 가지고 있다. 코로나19 때문에 사람들의 물리적 거리는 멀어졌지만, 연결되고 싶은 욕망은 더 강해진 듯하다.

코로나19가 불러올 시대를 두고 어차피 가야 할 디지털 혁명을 앞당겼다. 적응하지 못하면 살아 남을 수 없기 때문에 시대를 빠르게 읽고 따라갈 줄 알아야 한다는 강한 경고등이 들어오고 있다. 결국 이런 변화와 어려운 상황에서는 정신을 똑바로 차릴 수밖에 없다. 코로나19는 인간이 방심한 틈새를 절대 놓치지 않는다. 높게 날아오는 변화구를 놓치지 않는 야구 선수처럼 말이다. 그러니 안심해서는 안 된다. 결코 육체적인 면역 체계나 건강만으로 끝나지 않는다. 코로나19는 육체만 공격하지 않는다. 우리의 마음도 공격한다. 지식도, 애정도, 사랑도, 욕구도 편리한 감시 체제에 맞바꿀 수 있는 세상이다. 감시 체제를 갖춘 그 가상의 세계를 우리가 인간보다 더 친밀한 친구로 여기기 시작하면 인간과 인간 간의 연결의 무한한 욕구는 퇴화되어 사라질 수밖에 없다. 그러나 인간의 연결 욕구는 어떤 장애물이 있어도 그치지 않는다. 연결이 단절된 인간은 제대로 살아갈 수 없다.

'만사핸통'의 시대가 왔다

코로나 언택트 시대의 총아로 등장한 스마트폰

이제 '낫 놓고 기역 자도 모르는 시대'가 아니라 '스마트폰 옆에 놓고 밥 굶을 시대'가 되어 가고 있다. 식당에 갈 때 QR 코드를 찍어야 함은 물론 음식 주문도 핸드폰으로 하고, 집 앞에 있는 동네 구멍가게조차도 무인 점포로 바뀌어 키오스크가 점원을 대신한다. 그러다 보니 스마트폰 없이는 아무것도 할 수 없다. 인간은 원래 오장육부(五臟六腑)를 가진 존재인데, 스마트폰이 하나 더 추가되어 '오장칠부'가 되었다. 몸에서 스마트폰이 분리되면 장기 하나가 사라진듯 안절부절못한다. 그만큼 휴대폰이 중요해졌다.

앞으로 모바일의 역할은 상상을 초월하게 된다. 주민등록증도 모바일에 내장된다. 운전면허증과 교통법규 위반 딱지 뗀 영수증, 의료보험 카드나 가족 관계·각종 주거 및 호적 서류, 학교 졸업증명서 및 성적표, 은행 통장과 인감증명서, 사업자등록증, 소속 회사의 등기부 내용, 각종 소득 내역 및 납세증명서 등 기록할 수 있는 내용은 모두 모바일로 내장된다. 앞으로는 병원에 도착하면 앱이 알아서 해야 할 행동을 일러 주며, 식당에 가면 최근 일주일 동안 먹은 음식 종류를 분석해서 오늘은 무엇을 먹어야 한다고 추천해 준다. 공항에 가서 출국할 때는 비행기 티켓과 출국 수속을 모바일 터치 한 번으로 해결한다. 모든 인생이 핸드폰 속에 다 들어 있는 셈이다.

코로나19라는 재앙을 겪고 있는 인류는 경험해 보지 못한 사회와 분리된 고독한 독거를 해야 하고, 사람 만나기가 겁나 외출도 어렵다. 세상의 가장 가까운 벗은 TV, 전자 기기다. 그중에도 핸드폰이 최고의 상대가 되었다. 사실 핸드폰의 성능은 날로 좋아져 아폴로호가 달에 착륙할 때 사용했다는 슈퍼컴 이상의 기능을 하고 있다 보니, 웬만한 일은 다 할 수가 있다. 언택트 생활로 사람이 그립고, 바깥 세계와 단절되었다. 이 꽉 막힌 공허함과 극간을 채워 주는 가장 가까운 벗은 핸드폰이다.

은행 업무도 일대 변화가 일어나고 있다. 금융감독원에 의하면 창구를 통한 송금 비율은 2015년 2.12%에서 계속 떨어지더니 2019년 상반기에는 급기야 1% 밑으로 떨어졌다. 같은 기간 비대면 거래 비중은 꾸준히 늘어 2020년 상반기에는 99.24%까지 올랐다. 다만 비대면 거래 중에서도 모바일뱅킹만 이용이 늘었을 뿐, 인터넷·텔레뱅킹·ATM 등 고전적 형태의 비대면 거래는 줄어드는 추세다.

코로나19로 인해 핸드폰의 이용과 활용이 급증하면서 관련 기술도 비약적으로 발전하게 되고, 핀테크를 중심으로 하는 금융 관련 IT 산업도 급팽창하다 보니 디지털 혁명은 오히려 가속도가 붙어 진행되고 있다.

포노 사피엔스, 그게 뭔가요?

휴대폰을 뜻하는 '포노(Phono)'와 생각, 지성을 뜻하는 '사피엔스(Sapiens)'의 합성어인 '포노 사피엔스(Phono Sapiens)'란, '생각하는 사람'이라는 의미의 호모 사피엔스(Homo Sapiens)를 빗댄 말로, '스마트폰 없이 살아가기 힘들어하는 세대'를 뜻한다. 이는 시·공간의 제약 없이 자유로운 소통이 가능하고, 빠른 정보 전달로 정보 격차가 해소되는 등 사람들이 스마트폰을 통해 점차 편리한 생활을 누리게 되면서 생겨난 신조어로, 영국의 경제 주간지 《이코노미스트(The Economist)》에 처음 소개되었다.

포노 사피엔스 세대는 소셜 네트워크 서비스(SNS)를 통한 대인 관계 형성은 물론이고 금융과 학습, 여가와 취미 생활에 이르기까지 삶의 광범위한 영역을 변화시켜 나가고 있는데, 비단 개인의 삶뿐만 아니라 비즈니스 구조에도 강력한 영향력을 발휘하고 있다. 모바일 전자 상거래의 유통 규모가 대형 마트도 제쳐 버릴 만큼 월등히 커졌으며, 주요 광고 매체였던 TV나 라디오가 이젠 그 자리를 모바일에게 속속 넘겨 주고 있다.

왕초보들의 핸드폰 하나로 책과 글쓰기 도전

"내가 살아온 인생을 소설로 쓰면 책 몇 권이 나온다."

예전에 반평생을 훌쩍 넘긴 어머니나 할머니 들이 입버릇처럼 하는 말이었다. 그만큼 모진 가난과 호된 시집살이로 어렵게 사신 삶이 한이 되어 한 말이다. 그러나 소설 한 권 낸다는 것이 그리 쉬운 일인가. 사실 전문 작가 외에는 불가능했다. 그런데 이제는 좀 가능한 시대가 되었다. 핸드폰에 대고 줄줄이 이야기만 하면 글이 되어 화면에 즉시 뜨기 때문에, 전문 작가가 아닌 왕초보들도 마음만 먹으면 얼마든지 '핸드폰 하나로 글쓰기'가 가능하다.

그렇다면 스마트폰이 시니어들에게 글을 쓰는 데 왜 유용할까? 나이가 들면 시니어들은 눈이 침침해지고 타이핑 속도는 점점 떨어진다. 게다가 기억력까지 자꾸만 떨어져 메모하지 않으면 금방 잊어버린다. 그래서 시니어들이 책 내기에 도전했다가 포기하거나 아예 엄두를 내지 못하는 경우가 대부분이다.

글을 쓸 때 시니어들에게 가장 큰 어려움은 자판을 치는 일이다. 그러나 걱정할 필요 없다. 이제는 스마트폰에 말로 하면 즉시 문서화되고, 스마트폰으로 책이나 잡지의 글도 찍기만 하면 문서화되는 시대가 되었다. 더구나 녹음을 하여 일일이 다시 딕테이션을 해야 하는 번거로움도 없다. 녹음과 동시에 바로 문서화되는 기능이 생겼기 때문이다. 이런 기술은 2007년도에 스마트폰이 처음 소개되어 이 세상을 바꾸어 놓았듯이 책 글쓰기 세상을 완전히 바꾸어 놓았다. 그것도 공짜로 제공되는 각종 앱의 활용으로 가능하다. 그렇게 문서로 작성된 것을 아름다운 디지털 목소리로 들을 수도 있다. 스마트폰은 화면이 작지만 그 화면을 그대로 PC 모니터보다 훨씬 큰 TV로 보면서 교정도 가능하다. 일일이 원고를 보면서 고치는 것보다 몇 배 더 빠르고 훨씬 정확하기 때문에 눈이 나쁘거나 침침해서 어려움을 겪던 시니어들에게는 큰 도움이 된다.

이제는 외국어에 대한 두려움을 가질 필요도, 별도의 어학 공부도 필요치 않다.

300쪽에 달하는 책 한 권의 번역 초벌도 몇 시간이면 끝난다. 게다가 스마트폰으로 찍기만 해도 외국어가 문서로 저장되고, 이를 번역기에 돌리면 몇 초 만에 끝난다. 104가지 종류의 언어로 짧은 글은 순식간에 번역해 준다.

필자는 그동안 30여 권의 책을 냈는데, 점점 느려지는 독수리 타법에다가 근시는 물론, 난시와 노안이 겹쳐 글쓰기를 포기해야 할 위기에서 스마트폰이 구세주와 같은 존재가 되었다. 스마트폰 기술을 적극 활용하여 글 쓰는 고통이나 기간을 대폭 줄일 수 있다.

이러한 직접 경험을 살려 5년 전에 『핸드폰 하나로 책과 글쓰기 도전』이라는 책을 내고 이를 직접 활용할 수 있도록 4천여 명의 교육을 했고, 정기 세미나도 30차수를 진행했다. 수강생들은 조교나 비서 같이 남의 도움에 의존했다가 홀로서기를 해야 하는 퇴직 교수와 대기업 임원들 같은 시니어들에게 아주 인기가 높았다. 2020년부터는 시인·수필가·소설가 등 전문 작가, 그리고 2021년 초 출판사까지 50여 명이 참여하여 '핸드폰책쓰기코칭협회'를 출범, 왕초보 시니어들이 직접 글을 쓰도록 코칭하며 활발하게 활동하고 있다.

코로나19 사태라는 어려움에도 불구하고 2020년 하반기 동안 협회 주관으로 핸드폰 기술을 활용하여 10여 권의 책을 냈는데, 실제로 핸드폰 하나만 활용하여 책을 낸 사람도 있다. 『총각네 야채 가게』, 『스타벅스 감성 마케팅』, 『펭귄을 날게 하라』 등 약 70권의 책을 저술하고, 지금은 커피나무를 심어 수목원을 운영하며 세계 최초로 커피 와인을 개발하는 등 왕성하게 활동하고 있는 72세 김명한 대표는 제주에 산다. 김 대표는 3개월 만에 핸드폰 녹음만으로 『N 잡러로 살기로 했습니다』 책을 발간했다. 70살이 넘다 보니 컴퓨터를 제대로 활용할 수 없어서 스마트폰 자동 녹취 기술을 빌려 초안을 만들고, 철저하게 비대면으로 원거리에서도 한두 번만 만나고도 작가들의 도움을 받아 책을 출간했다.

우리나라 문맹과 디지털 리터러시

김구 선생의 『백범 일지』에 이런 말이 나온다. "내가 감옥 생활에서 뼈저리게 깨달은 것은 민중의 무지였다. 낫 놓고 기역 자 모르는 사람이 거의 다였다. 그러니 그런 사람들에게 애국심을 설파하는 것 자체가 무리였다." 김구 선생은 현실을 목도하면서 '연상(蓮上)'이었던 자신의 호를 '백범(白凡)'으로 바꾼다. 독립을 위해서는 가장 천하다는 백정과 무식한 범부까지 모두가 적어도 자신 정도의 학식과 애국심을 가진 사람이 되고자 하는 염원에서였다.

그렇다면 구한말 한국인의 문자 해독률은 얼마나 됐을까? 공식적 통계가 없어 알 수 없다. 1945년 해방 직후 미 군정청 조사에 따르면, 한국인의 문맹률은 78%로 나타났다. 이는 비슷한 시기의 말레이시아(62%), 짐바브웨(64%)보다도 훨씬 높은 수준이었다. 이로 미루어 볼 때, 그보다 훨씬 전인 구한말의 문맹률은 90%가 넘지 않았을까 추측만이 가능하다. 한국인 특유의 엄청난 교육열 때문일까, 해방 이후 문맹률은 급격히 떨어진다. 1958년 조사에서는 문맹률이 4.1%까지 떨어졌다. 1966년에는 1%로 집계되면서 공식적인 문맹률 조사는 더 이상 의미가 없어졌다.

진화하는 문해력의 개념

세상이 웹 1.0(Web 1.0) 시대에서 웹 2.0(Web 2.0) 시대로 변화하면서 과거에 그랬던 것처럼 문해력의 개념 또한 진화하고 있다. '문자 언어를 능숙하게 부릴 수 있는 능력'으로 정의되었던 일반적인 문해력의 개념에 컴퓨터 혹은 매체 문해력, 즉 정보화 시대를 살아가는 데 필수 불가결한 인터넷을 통해 정보를 탐색하고, 조직하고, 평가하고, 생산할 수 있는 능력이 덧붙여졌다. 더 나아가 아주 최근에는 언어를 기반으로 하는 전통적인 단수 형태의 문해력보다는 다양한 상징 체계(문자 언어, 음악, 음향 효과, 이미지, 몸짓 언어 등)를 융합하여 의미를 구성하려는 인간의 문해 행위를 복수 형태의 '문해력들(Literacies)'이라는 개념으로 포착하려는 노력이 있다. 이것은 자아와 세계를 변화시키기 위해 다양한 시각적·청각적·공간적 매체 및 전자 텍스트를 사용하여 의미를 구성하고, 생산하고, 비판할 수 있는 종합적인 능력으로 문해력을 재개념화하려는 하나의 시도라고 할 수 있다. 또한 이것은 전통적인 단수 형태의 문해력 개념으로는 그 현실태 및 가능태를 포괄할 수 없음을 단적으로 드러내는 징표이기도 하다. ―윤준채, 대구교육대학교 교수 문맹률은 분명히 이처럼 최저 수준이다. 그러나 실질 문맹률은 최고 수준이다. 이것이 한류를 자랑하는 한국의 현주소다. 지금까지는 글을 통해서만 지식을 얻을 수 있었기 때문에 전 세계 모든 국가들이 문맹률을 낮추기 위해 노력했다. 그러나 이제는 글을 읽고 쓸 줄 아는 것만으로는 부족하다. 미래는 디지털 리터러시, 즉 디지털을 읽고 분석하고 쓸 줄 아는 능력이 중요하다. 이제 인류의 모든 지식은 디지털로 저장되어 누구나 자유롭게 이용할 수 있다. 굳이 비싼 학비를 내고 대학을 가지 않아도 지식을 얻을 수 있다. 디지털을 활용하지 못한다는 것은 그런 지식을 이용하지 못한다는 의미다. 무엇보다 과거와는 비교할 수 없을 정도로 지식이 빠르게 발전하기 때문에 평생 지식을 키워 나가야 한다. 따라서 디지털 리터러시는 생존 능력에 해당한다고 봐도 무방하다.

과거 자신의 능력을 키우기 위해 책·신문·전문 잡지 등과의 친숙함이 중요했다면, 이젠 이와 더불어 디지털 리터러시가 중요해지고 있다. 자신의 능력을 키우고 원하는 결과물을 창출하기 위한 필수적 역량이기 때문이다. 디지털 세상에서 콘텐츠를 찾아내고, 평가하고, 공유하고, 창조하는 것을 스스로 습관화하는 것이 4차 산업혁명 시대의 필수 역량이 되어 가고 있는 것이다.

우리나라 디지털 리터러시는 OECD 국가 중 하위권

인터넷과 디지털 기술 기반으로 일반인이 엄청난 정보를 접할 수 있는 시대가 되었다. 과거엔 중요 논문 자료가 필요하면 그 대학에 입학하거나 그 대학에 다니는 친구에게 부탁해 어렵게 얻을 수 있었다. 하지만 요즘은 이동 중에도 스마트폰으로 고급 논문 자료에 접근할 수 있고, 이를 바로 다른 친구들과 공유해 함께 토론하며, 다양한 아이디어는 공유 문서를 통해 함께 창조해 나갈 수 있다.

경제협력개발기구(OECD) 지표에 따르면 한국인의 실질 문맹률은 75%로 OECD

회원 국가 중 최하위다. 새로운 정보나 기술을 배울 수 없을 만큼 독해 능력이 떨어진다는 이야기다. 특히 전문적인 정보 기술(IT)이나 새로운 기술을 자유자재로 적용할 수 있는 고도의 문서 독해 능력을 지닌 사람은 2.4%로, 노르웨이(29.4%)·덴마크(25.4%)·핀란드(25.1%)·미국(19%) 등에 비해 형편없이 낮은 수준이다.

분명 읽을 수는 있다. 그런데 읽어도 뜻은 모른다. 해독(解讀)은 되는데, 독해(讀解)가 되지 않는다. 한국인 네 사람 중 세 사람이 글을 읽을 수는 있지만 뜻을 제대로 이해하지 못한다는 의미다. 어디서 비롯된 현상인가? 한국의 성인들은 1년에 책 한 권도 채 읽지 않는다. 한국의 실질 문맹률이 이처럼 높은 이유는 책을 읽지 않는 습관 때문이기도 하다. 열심히 일하다 보니 야근과 주말 근무가 일상일 정도인데, 이로 인해 독서 시간을 빼앗긴다. 또한 영상 문화와 인터넷의 급격한 발달은 책을 멀리하게 하는 요인이다. 한 마디로 정보 시대에 민주 사회 구성원으로서 그 기능을 제대로 발휘할 수 있을지 우려할 정도로 한국인의 실질 문맹률이 높다.

100세 시대를 살아가야 하는 시니어들이 디지털 리터러시 역량을 키우기 위해서라도 스마트폰 관련 활용 능력을 키우는 일은 기본 중의 기본이다. 그 역량을 갖춘 시니어와 그렇지 않은 시니어는 하늘과 땅 차이일 것이다. 특히나 시간과 돈, 지혜라는 3유(有)를 갖춘 골든 그레이(Golden grey)들은 평소 호기심과 소망을 이뤄 나갈 기회이기도 하다. 서로 공유하고 협업해서 집단 지성을 발휘한다면 노벨상도 가능할 일이 아니겠는가? 따라서 디지털 리터러시의 한 지류인 스마트폰 활용 지식과 숙달은 필수 조건이 되고 있다.

2015년 유엔에서 말하는 중년이란 66세에서 79세까지임을 명심하자. 아직도 시니어의 할 일은 태산이라는 사실도 잊지 말자. 베이비부머 세대인 우리나라 시니어들의 방대한 에너지를 모아 멋진 성과물을 만든다면 자랑스런 대한민국이 될 것이다. "노인이라서 안 돼!"라는 식의 자포자기만 없다면 얼마든지 가능할 일이다.

디지털 혁명 시대의 필수 역량 '디지털 리터러시'

산업화 시대가 되면서 책·신문·잡지 등의 매체가 보편화되고, 문서로 업무를 처리하기 시작하면서 읽고 쓰는 문해력은 현대인들의 중요한 능력이 되었다. 즉 말하고 듣는 능력뿐만 아니라, 읽고 쓰는 능력이 사회 생활을 영위함에 있어서 필수 요소로 자리매김했다. 4차 산업혁명 시대에는 이런 역량에 더하여 새로운 역량을 필요로 하고 있다. 바로 '디지털 리터러시(디지털 문해력)'라는 역량인데, 췌장암 진단 키트를 발명한 소년 잭 안드라카의 사례는 이를 잘 보여 주고 있다.

잭 안드라카가 13세 때, 가족처럼 지내던 아저씨가 췌장암으로 세상을 떠나게 되었다. 그때부터 소년 잭 안드라카는 췌장암에 관심을 가지게 된다. 인터넷으로 조사를 하던 중 췌장암은 85% 이상이 말기에 발견되고, 생존 확률은 2%밖에 되지 않는다는 사실을 알게 된다. 또한 췌장암 진단 키트가 80만 원이나 해 비싸고, 성공 확률은 30%, 진단 시간은 14시간이나 걸린다는 것을 알게 된다.

잭 안드라카는 이런 부분을 획기적으로 개선할 진단 키트를 만들기로 결심한다. 인터넷을 통해 꾸준히 질문을 던지며 답을 구해 나갔으며, 4천 번의 실패에도 좌절하지 않았던 그는 16세에 불과한 어린 나이에 혁신적인 췌장암 진단 키트를 발명하게 된다. 그가 이룬 업적은 비용은 80만 원에서 100원도 안 되는 30원으로, 14시간 걸리던 것이 단 5분 만에, 성공 확률을 30%에서 90%까지 끌어올리는 등 그야말로 획기적이었다. 그는 다음과 같이 말했다.

"이 나이에 이걸 어떻게 했냐구요? 그간 제가 배운 최고의 교훈은 바로 인터넷에 모든 것이 있다는 것이었죠. 개발에 필요한 논문들은 인터넷에서 쉽게 구할 수 있었어요. 또 대부분의 아이디어 역시 인터넷에서 습득했습니다. 인터넷을 심심풀이로 이용하지만 말고 세상을 바꿀 수 있는 도구라고 생각해 보세요. 정보는 인터넷에 얼마든지 있어요. 뭔가를 만들어 내겠다는 생각만 있으면 할 수 있는 일이 얼마든지 있다고 생각합니다."

이처럼 잭 안드라카가 췌장암 진단 키트를 발명하는 데 활용한 역량을 '디지털 리터러시'라고 한다. 디지털 리터러시는 디지털 시대를 살아가는 데 필수 능력이다. 이 역량을 가진 사람은 그렇지 못한 사람보다 수백에서 수천 배의 정보력과 업무 처리 속도를 보여 줄 수 있다. 그렇다면 이 능력을 키우기 위해 어떻게 해야 할까?

우선 첫째로, 디지털 기기와 서비스에 친해지고 익숙하도록 노력하는 것이 중요하다. 스마트폰, 노트북, 태블릿 등 디지털 기기와 각종 어플리케이션 서비스나 웹 사이트에 익숙해지고 활용하는 것이 매우 중요하다. 더구나 아는 것만으로는 부족하다. 직접 써보고 숙달해야만 한다. 이 부분은 디지털 리터러시 역량을 키우는 데 너무나 당연한 일이다.

둘째, 호기심을 가지고 질문 능력을 키워야 한다. 디지털 콘텐츠 소비의 경우 대부분 검색을 통해 이루어진다. 검색은 질문을 통해 이루어진다. 어느 분야에 호기심을 가지고 질문을 하는 것이 습관이 될 때 디지털 리터러시 능력은 향상된다. 질문하는 습관은 디지털 리터러시 능력뿐만 아니라 4차 산업혁명 시대에 반드시 필요한 역량 중 하나다.

셋째, 글로벌 수준에서 접근하면 더 큰 결과를 낳을 수 있다. 디지털 리터러시 역량을 국내에 국한하지 않고 글로벌화하면 더 큰 결과를 얻을 수 있다. 국내에서 콘텐츠를 찾아내고 공유하는 데는 한계가 있다. 글로벌 사이트까지 함께 찾아보고 해외에 있는 사람들과 관심 주제에 대해 함께 얘기할 수 있다면 성과를 더 크게 만들 수 있을 것이다. 그렇게 하려면 어학은 물론, 해외에서의 직간접 경험과 다양한 글로벌 인맥도 필요하다.

스마트 시대에 소외받는 노인들 실상

언택트 시대, 로빈슨 크루소가 되어 가는 노인들

고령화가 심화되고 있는 우리나라에 노인들의 정보 격차가 사회 문제로 떠오르고 있다. 특히 코로나19 이후 언택트 사회로의 전환이 가속화되고, 오프라인 경제가 쇠퇴하면서 노인들의 정보 소외는 물론, 스마트폰 활용 격차는 더욱 심화하고 있다. 이미 2020년 봄, 코로나19 대유행 시 마스크 구입 대란에서 스마트폰을 잘 활용하는 젊은 사람들과 그렇지 못한 노인들의 격차는 확연하게 드러났다.

아무리 기능이 좋은 스마트폰을 가지고 있어도 그 안의 기능들을 활용할 수 없다면 사실상 무용지물이다. 실제로 아들딸들이 비싸게 사 준 100만 원짜리 스마트폰을 3만 원짜리 전화기로 쓰며, 카톡을 하는 경우가 고작이다. 고령층의 경우 스마트폰 보유율은 해마다 높아지고 있지만, 모바일 기기 활용 능력은 여전히 낮은 수준이다.

지금은 돈이 있어도 마음대로 사용할 수 없고, 먹고 싶은 게 있어도 마음 편히 사 먹을 수 없는 세대요, 살아가면서 당연히 누릴 수 있는 다양한 이득을 포기할 수밖에 없는 세대다. IT 강국 대한민국에서 간편 결제로 물건을 사고, 커피 한 잔도 키오스크로 주문하는 시대지만 디지털 역량이 낮은 고령층은 IT 기술의 그림자에 가려 설 자리가 점점 좁아지고 있다. 심지어 동네 구멍가게조차도 무인 매장으로 바뀌고 있다. 나이 어린 애들도 척척 물건을 사는데, 카드나 스마트폰으로만 결제가 이루어지다 보니 노인들은 겁이 나서 들어가지도 못한다.

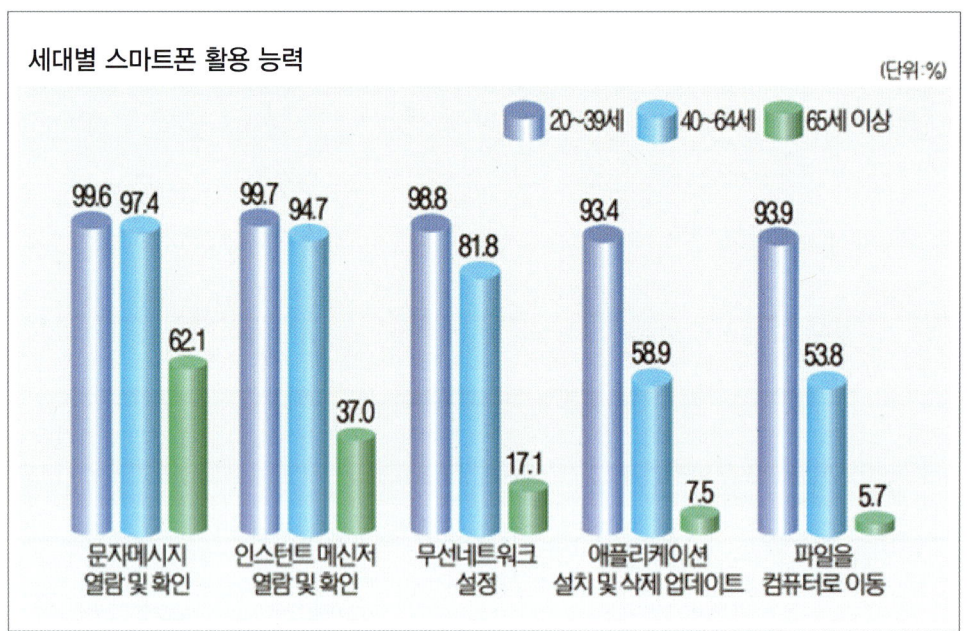

출처 : 한국 보건사회 연구원(2019년)

교육이나 취미 생활도 큰 차이가 난다. 구청이나 동사무소 그리고 노인정 같은 시설이 동네마다 있어서 자주 참여해 왔던 곳들도 코로나19로 인해서 대부분 온라인으로 전환해 시니어들은 쉽게 참여하지 못한다. 급격하게 고령화가 진행되고 있으나 국내에서는 이에 발맞춘 선진적 정보화 교육과 노인들을 배려한 환경 부재로 고령층들의 사회 속 상대적 박탈감과 소외감은 더욱 확대될 것으로 보인다.

외국어나 외래어 표시도 고령자에게는 취약

스마트폰을 사용하며 자주 입에 올리는 말은 '클릭', '와이파이', '터치' 등 모두 외국어다. 하다못해 공용 와이파이를 사용할 때조차 영어로 된 이름을 찾아 알파벳으로 된 비밀번호를 적어야 한다. 국내에서 영어교육이 초등학교 정규 교육 과정에 포함된 시기는 1997년도다. 국내 노인복지법에 따라 우대하는 기준인 만 65세는 1956년생으로, 고령층들이 영어에 취약할 수밖에 없는 구조다. 심지어 아이디나 비밀번호 입력도 대부분 영어나 특수 문자를 포함하도록 되어 있다. 실제 시니어들 교육 현장에서 할머니 할아버지 들은 "온통 영어로 돼 있어 설명을 듣거나 설명서를 봐도 '클릭'이 뭔지, '터치'가 뭔지 처음에는 하나도 알아들을 수가 없다."고 하소연한다.

스마트폰 내 기호 역시 시니어들에게는 해석해야 할 또 하나의 암호다. 톱니바퀴 모양, 혹은 작대기 3줄이 의미하는 것은 무엇일까? 젊은이들은 메뉴, 환경 설정을 눌러 보라고 요청했을 때 한 번에 해당 아이콘을 누를 수 있겠지만 시니어들에게는 해석 못 할, 새로 배우고 익혀야 할 그림일 뿐이다.

고령자들에게는 QR 코드 찍기나 키오스크 이용도 쉽지 않아

코로나19 여파 이후 맞이한 뉴노멀 시대는 젊은이들 역시 적응하기 힘들 만큼 빠르게 변해 가고 있다. 공공기관이나 식당 출입 시 전자 출입 명부를 등록하고, 대면 만남이 줄어듦에 따라 화상 서비스가 늘어나는 등 전 세대가 새로 적응해야 할 기술들이 부지불식간에 늘어났다. 최근, 사람이 모이는 장소에 입장할 때마다 필요한 전자 출입 명부는 크게 카카오톡과 네이버 QR 코드 등 두 가지 방법으로 이용이 가능하다.

로그인된 채 사용하고 있는 카카오톡 QR 코드 입력 방식은 고령층에게는 그나마 간단한 방식이다. 반면 네이버로 넘어가게 되면 로그인과 회원 가입이라는 문턱이 이들을 가로막는다. 본인 인증을 위한 통신사 선택부터 난항이다. 의외로 고령층들은 본인들이 이용하고 있는 통신사 정보를 알지 못한다. 해당 고비를 넘어가면 아이디와 패스워드 설정이 또 한번의 벽으로 다가온다. 이에 최근에는 방문자가 QR 코드를 찾아 인식하는 방법이 아닌 매장의 QR 코드를 고객이 스캔해 신상을 적는 방식도 제공되고 있다.

일부 노인들은 스마트폰을 만지기가 무섭다고 한다. 스마트폰의 이점을 누리기는 커녕 스마트폰을 잘못 조작해 오히려 사진, 연락처 등의 정보가 사라질까 봐 겁이 난다는 것이다. 또 혹여나 실수로 전화 요금이나 인터넷 요금이 과하게 부과되는 것을 걱정하는 노인들도 많다.

"카드를 넣어 주세요.", "카드를 제거해 주세요." 요즘 패스트푸드점이나 카페 등 음식점에서 결제할 때, 이 같은 말을 자주 듣는다. 비대면 무인 계산대 '키오스크'가 등장하면서 주인이나 젊은이들에게는 반가운 일이다. 그러나 일부 취약 계층에게는 달갑지 않다. 현재 키오스크는 패스트푸드점, 카페, 대형 마트, 대형 서점, PC방, 공항 등 여러 장소에서 널리 사용되고 있다.

우리 사회에서 키오스크가 널리 확산된 이유 중 하나로 '짧은 대기 시간'을 꼽는다. 게다가 키오스크는 직원과 손님이 대면하지 않고 주문할 수 있다는 장점이 있다. 키오스크가 등장하면서 매장 점주들은 인건비를 줄일 수 있어 환호한다. 최근 코로나19로 인해 언택트 서비스가 확산되면서 대표적으로 적용된 사례가 바로 키오스크다.

키오스크의 사용이 모두에게 반가운 것은 아니다. 디지털 기기 사용에 익숙지 않은 노인들에게는 거대한 벽이자 낯선 기계로, 주문에 큰 어려움을 겪는다. 직원을 불러도 소용없다 보니 결국 다른 손님에게 부탁하여 겨우 주문하는 경우가 많다.

다행이라고 해야 할까? 키오스크의 확산으로 디지털 소외 현상이 더욱 심해지자 정부도 장애인, 노인 등 정보 취약 계층의 이용 불편 해소를 위해 대책 마련 중이다. 앞으로 공항이나 공공기관 등에 설치되는 무인 단말기는 터치스크린 글씨를 키우고, 위치를 낮추는 등 고령자와 장애인이 키오스크 이용에 불편함을 겪지 않도록 제작해야 한다.

모바일 앱 활용도에 따른 삶의 질과 경제적 격차

스마트폰의 무료 앱을 잘 사용하느냐, 못 하느냐는 시니어 삶의 질에 엄청난 차이가 난다. 예를 들어 보자.

얼마 전 해외에서 박사학위도 받고, 미국 CPA 자격도 가진 모 대학 교수가 사무실로 오기로 약속했다. 양재 전철역에서 사무실까지는 불과 300미터 정도니 통상 6~7분 정도면 찾아올 수 있는 거리다. 30분이 지나도 안 왔다. 엉뚱한 골목에서 찾지 못하고 있다길래 나가 보니, 바로 건물 근처에서 헤매고 있었다. 네이버나 다음 지도 앱을 이용하면 단번에 찾을 수 있는데 말이다. 두려움이 남아 있어서인지 그 다음 약속 시에는 택시를 타고 오기로 했다. 그 약속한 날, 모 교수는 약속 시간 20분이 지나도 통 연락이 없었다. 집이 교대역이니 택시로 채 10분도 걸리지 않는 거리였다. 기다리다 못해 전화를 해 보니, 대로변에서 택시가 잡히지 않아 아직도 기다리고 있다고 했다. 카카오택시를 부르면 금방 택시를 잡을 수 있는데도 한없이 택시를 기다리고 있으니 얼마나 답답한 일인가. 택시 잡기가 힘들어 다음에 올 때는 아예 집에 있는 차를 몰고 오겠다고 했다. 그분은 퇴임 후 5년 정도 지나 70줄에 들어섰는데, 그동안 조교들이 일 처리를 해 주다 보니 스마트폰 활용은 거의 백지 상태였다. 스마트폰 활용을 못 하는 한 화려하게 잘 나가던 그분의 삶의 질은 계속 하락할 수밖에 없다. 앱을 사용해 보라고 설명해 주었지만 여전히 자기는 폰맹이라는 한탄만 하고 해 보려는 시도조차 하지 않았다.

일상 생활에서 사용하는 스마트폰의 활용도에 따라 또 어떠한 차이가 있을까? 최근에는 가방이나 지갑 없이 스마트폰 하나만 있어도 생활이 가능해졌을 정도로 기술이 발전했다. 스마트폰으로 모든 것을 할 수 있는 시대다. 이 시대는 현금 없이도 생활할 수 있다. 음식을 주문하거나 세탁물을 맡길 때도 스마트폰을 활용하는 경우와 그렇지 않았을 때, 비용과 시간에 있어서 그 차이가 적지 않다. 더구나 스마트폰을 잘 쓰는 액티브 시니어들은 스마트폰을 활용해서 각종 이벤트에 참여하여 할인을 받거나 선물로 주는 쿠폰을 모아 쓰기도 하고, 사용 금액에 따라 주어지는 적립 포인트를 적극 활용하여 경제적 효과를 누리는 경우가 많다.

이제 3060 시대에 대비하라

스마트폰, 고령층에겐 아직도 무섭다

스마트폰의 모바일 앱을 통해 누릴 수 있는 혜택은 무궁무진하다. 기차표, 버스표, 영화 티켓, 음식 배달, 통신사 앱 할인, 카페 적립 등 일상 생활에서 우리가 당연하게 사용하고 받는 혜택들이 누구에게는 어렵고 복잡하게 느껴질 수 있는 것이다. 사실 모바일 앱을 통해 주문하거나 쿠폰을 적립하는 것은 시작 단계에서만 복잡하고 어려운 부분이 있다. 처음에 회원 가입과 결제 방법 등을 등록해 놓기만 하면 그 이후에는 간편하게 이용할 수 있는 기능이 대부분이다. 하지만 고령층 등 디지털 소외 계층의 경우 그 초반의 어려운 단계를 넘지 못해 누릴 수 있는 혜택들을 포기하는 상황이다.

한국정보화진흥원의 '2019 디지털 정보 격차 실태 조사'에 따르면 인터넷 이용자 기준 고령층의 생활 서비스 이용률은 73.8%로 나타났다. 구체적 항목별로 들어가면 생활 정보 서비스 이용률은 70.4%로 비교적 높았지만, 전자 상거래 서비스 이용률은 33.8%, 금융 거래 서비스 이용률은 37.4%, 공공 서비스 이용률은 15.3%로 굉장히 낮았다. 고령층이 스마트폰을 보유하고 있더라도 그 안의 기능을 활용해 얻는 경제적 이익은 사실상 적다는 의미다. 실제 스마트폰을 사용하고 있는 시니어들은 스마트폰을 들고는 있지만 사실상 사용하는 기능은 전화, 문자, 손주들 사진, 동영상을 받기 위한 카톡밖에 없다. 다른 앱들의 경우 처음 가입하는 과정이 어렵고, 혹시라도 문제가 생길 수도 있다는 불안감 때문에 사용하지 못하고 있다.

노인들의 디지털 소외 현상는 우리나라뿐 아니라 IT 강국일수록 더 심각하게 나타나고 있다. 빗속을 뚫고 어렵게 의료보험료를 현금으로 내러 왔다가 거절당한 노인의 동영상이 중국 온라인을 뜨겁게 달궜던 적이 있다. 현금은 받지 않으니 스마트폰으로 결제하거나 가족에게라도 도움을 청하라는 것이었다. 또 은행에서 94세 할머니가 아들에게 안겨 힘겹게 안면 인식 인증을 받는 동영상이 퍼져 큰 논란이 일자 해당 은행이 공개 사과하는 경우도 있었다. 중국은 '현금'에서 '신용카드'를 건너뛰고 바로 '모바일 결제'로 넘어간 경우로, 스마트폰 지불이 일상적이다. 현금만 받는 일부 관광지 등을 제외하면 스마트폰 결제가 대부분이다.

이와 같은 사회적 갈등과 문제는 중국만의 문제가 아니다. 65세 이상의 인구가 15%가 넘어 초고령화 사회가 되고 있는 우리나라의 경우도 빈번하게 일어나고 있다. 게다가 기대 수명도 상대적으로 같이 길어지고 있다.

늘어만 가는 기대 수명과 시니어들의 행복 조건

"60세에 저세상에서 날 데리러 오거든 / 아직은 젊어서 못 간다고 전해라~100세에 저세상에서 날 데리러 오거든 / 좋은 날 좋은 시에 간다고 전해라."

가수 이애란 씨가 부른 〈백세 인생〉의 가사가 현실로 다가왔다. 의료 기술 발달과 생활 환경 개선 등의 이유로 기대 수명이 늘어나면서 이제는 60세를 노인으로 분류하기는 애매하다고 할 정도가 됐다. 불과 30~40년 전만 해도 만 60세 나이를 '환갑'이라고 부르며 가족, 친지는 물론 이웃까지 불러 큰 잔치를 벌였다. 태어나서 60년을 산다는 것이 쉽지 않은 일이기 때문에 환갑은 많은 사람의 축복을 받을 일이었다.

통계청에서 발표한 '2019년 생명표'에 따르면 1970년에 태어난 남녀 기대 수명은 각각 58.7세와 65.8세고, 2019년에 태어난 남녀 아이의 기대 수명은 각각 80.3세와 86.3세다. 반세기 만에 남녀 모두 80세를 넘어섰다. 우리나라의 기대 수명이 장수 국가 일본 다음으로 길어졌다. 지금 같은 추세와 과학 기술의 발달을 고려한다면 100세 시대가 되는 것은 시간 문제다. 이 때문에 120·150세 시대를 이야기하는 사람들이 나오는가 하면, 몇 년 전 구글은 인공 지능(AI)과 헬스케어 기술을 결합시켜 500세 시대를 현실화시키겠다고 공언하기도 했다.

'호모 헌드레드'를 넘어 신과 같은 초인간이라 불리는 '호모 데우스'를 꿈꾸는 시대가 됐다. 문제는 이러한 기대 수명은 자꾸만 늘어나는데, 이 많은 시간을 어떻게 행복하게 보낼 것인지 심각하다는 것이다. 실제로 공무원이나 공기관 같이 정년이 보장되지 않은 일반 회사원들은 퇴직 나이가 53세 정도라고 하니, 평균만으로 보더라도 퇴직 후 30년 이상을 더 살아야만 한다.

반면에 우리나라 노인들은 빈곤과 질병에 시달리고 존경받지 못하고 있다. 행복지수는 OECD 국가 중 최하위다. 경기개발연구원의 〈한국 노인의 4중고, 원인과 대책〉 보고서에서 병고(病苦), 빈고(貧苦), 고독고(孤獨苦), 무위고(無爲苦)로 100세 시대에 걸맞은 노인 복지 방안이 필요하다고 했다. 가난으로 고통받는 노인은 45.1%로 OECD 국가 평균보다 3배 이상 높아 세계 최고 수준이다. 노후 대책이 부족하다 보니 근로를 통해 생활비를 버는 일하는 노인 비율이 세계 최고 수준으로, 청년보다 많이 일하는 유일한 나라다. 시니어가 일을 중요하게 생각하는 이유는 노후 생활비 마련과 시간을 무료하지 않게 보내기 위해서다.

한편, 우리나라는 정보 인프라의 보급률과 사용률이 세계 최고 수준이고, 휴대폰·컴퓨터 등 정보 기기 사용 또한 일상화가 되어 있다. 정보화 사회로의 변화에도 불구하고 노인에게 있어 정보 격차와 같은 정보의 불균형을 야기하여 노년층이 정보화 사회에 편성되지 못하고, 각종 정보 서비스는 물론 복지 서비스·경제 활동·사회 활동 등 생활 전반에서 소외되는 문제가 발생하게 되었다.

특히 많은 보고서에서 정보 기기를 잘 다루는 고령층일수록 삶의 질에 대한 행복감을 더 느끼는 것으로 나타났으며, 정보 기기 활용 수준이 향상되면 정보 검색 활동 수준이 높아지지만 정보 검색 활동이 삶의 질에 대한 행복감까지 크게 영향을 미치지 않는 것으로 나타났다. 정보화 사회에서 노인의 원활한 정보 활용은 노인의 사회 적응과 참여를 지원하고, 노후 삶의 질을 향상시킬 수 있는 가장 효과적인 방법으로 논의되고 있다. 뿐만 아니라 정보통신기술의 발달이 전반적인 사회복지 전달 체계, 특히 노인 복지 서비스의 전달에 획기적인 변화의 가능성을 넓히고 있다.

더불어 노인의 정보화 사회의 참여와 활동은 스마트폰 사용에 대한 기술 향상뿐만 아니라 가족, 친구 및 다른 젊은 세대와 소식을 주고받으며 세상과 소통의 폭을 넓혀 갈 수 있다. 또한 더 넓은 사회로의 참여를 가능하게 하는 네트워크를 통하여 관계를 강화시키는 등 궁극적으로 노년층의 생활 만족에 기여하게 된다.

이러한 점들을 고려할 때, 노인의 스마트폰 적극 활용은 사회적 소외 계층으로의 전락을 방지할 뿐만 아니라 세대 간의 통합을 가져올 수 있다. 따라서 장기간 노년기를 보내야 하는 노인들의 삶의 만족도를 향상시킬 수 있는 효과적인 방안이라는 측면에서 매우 중요한 의미가 있다.

디지털 격차 극복과 디지털 포용

지금은 마스크를 구하는 일이 전혀 어렵지 않지만, 코로나19 사태 초기에 매우 힘들었을 때가 있었다. 젊은 세대는 마스크 판매 사이트 정보를 SNS로 공유하며 쉽게 구할 수 있었지만, 스마트폰을 활용할 줄 모르는 사람들은 몇 시간씩 줄을 서서 구매하거나 아예 구매하지 못하는 경우도 많았다.

은행 거래도 이와 비슷한 양상이다. 은행을 직접 방문하지 않고 온라인이나 모바일로 은행 일을 보는 경우가 급속히 늘어나는 추세다. 이러다 보니 디지털 소외 계층은 온라인이나 모바일 거래에서 제공되는 수수료 면제나 우대 금리 혜택을 못 받는 경우가 많다. 온라인 수업 또한 학생만의 문제가 아니다. 교수 중에도 온라인으로 수업을 쉽게 진행할 수 있는 교수와 그렇지 못한 교수 간에 격차가 생기게 된다. 그런가 하면 대면 수업을 할 때는 쉽게 알아보기 힘든 교수들 간의 실력 차이가 온라인 수업에서는 적나라하게 드러나기도 한다. 이런 현상을 놓고 보면 코로나19 사태가 '디지털 격차(Digital divide)'를 더욱 심화시키고 있는 사실을 실감하게 된다.

디지털 기술을 제대로 활용하지 못해 정보화 사회로부터 소외되는 디지털 격차를 줄이고, 가급적 많은 사람이 디지털 기술을 활용하고 그 혜택을 누릴 수 있도록 '디지털 포용(Digital inclusion)' 사회를 구축하는 일이 절실한 시점이다. 인간의 편의를 위해 개발한 기술이 일부에게는 도움되지만 누군가에게는 오히려 장벽이 되는 게 현실이다.

코로나19 1차 유행 때 마스크 구매 사례에서 보듯이 디지털 격차가 경제적·사회적 격차를 넘어 생존의 문제로까지 이어지기도 한다. 디지털 격차 현상을 방치하게 되면 사회적 약자 계층의 박탈감은 더욱 심각해질 수 있다. 디지털 기술에 대한 학습이 제대로 이루어지지 못해 '디지털 소외 계층'이 늘지 않도록 디지털 포용으로 나아가야 하는 이유다.

디지털 기술의 활용도 제고를 위해 가장 필요한 것은 교육이다. 청소년에서 노년층에 이르기까지 계층별로 수준을 고려하여 다양한 교육 프로그램을 운영해야 한다. 그래야만 국민 대다수가 급속하게 발전하는 디지털 기술을 익혀 소득 증가는 물론, 삶의 질을 높이는 수단으로 활용할 수 있게 될 것이다.

디지털 조력자(Digital Supporter), 도우미 절대 필요

만약 장노년층에게 '디지털 조력자(Digital Supporter)'가 함께한다면 이 문제는 좀 더 쉽게 해결될 것이다. 노인들이 새로운 디지털 기술을 습득해야 할 필요가 있을 때마다 알려 주고 도와주는 동거 자녀 같은 존재가 '조력자'다. 보건복지부의 '2017년 노인 실태 조사'를 보면, 노인 부부나 혼자 사는 노인 단독 가구는 전체 노인 인구의 72%에 달했다. 대다수의 노인들이 자녀의 도움을 곧바로 받기 어려운 상황에서 빠르게 발전하는 디지털 기술은 생소하고 낯선 것일 수밖에 없다.

전문가들은 지금까지 대다수 정보화 교육이 여럿이 한자리에서 일괄적인 커리큘럼으로 교육을 받는 집합 교육으로 이뤄졌다는 점을 지적한다. 그래서 여기서 제안하는 것은 디지털 조력자를 만드는 것이다. 디지털 소외 계층에게는 디지털 기술에 대해 반복적으로 물어보거나 아예 대신 기술을 알려 줄 조력자가 필요한데, 노인 일자리를 창출하는 측면에서 '노노케어'의 일환으로 동년배 노인들이 강사가 되어도 좋고, 청소년 봉사활동 시간을 활용해 세대 간의 단절을 메울 수 있는 청소년 조력자를 만들어도 좋다. 종종 디지털 소외 계층이 스마트폰 같은 기기를 들고 주민센터에 찾아가 가르쳐 달라고 부탁하는 경우도 있다고 하는데, 그만큼 디지털 기술에 대해 조언을 받을 곳이 없다는 뜻이다.

디지털 조력자를 통해 디지털 소외 계층의 정보 격차가 줄어든다면 어떤 일이 벌어질까? 힘들게 줄을 서서 KTX 표를 예매하는 노인들이 줄어들 것이고, 적은 돈을 이체하려 일일이 은행을 찾는 소외 계층도 없어질 것이다. 국가적 재난 상황에서 식자재를 구하지 못해 불안감을 안고 집 밖으로 나서는 일도 없을지 모른다. 숨겨져 있던 디지털 정보 격차 문제를 시급한 사회 문제로 인식하고 해결해 나가야 하는 것이 우리 모두의 숙제다.

이제 2060 시대를 지나 3060 시대다

20여 년 전 '2050'이란 말을 처음 들었다. 여러 가지 해석이 있을 수 있지만 20대부터 50년을 일해야 한다는 의미도 되고, 50대도 추가로 20년을 더 일해야 한다는 의미도 있다. 즉 경제 수명을 50년은 유지해야만 고령화 시대에 건강하게 대응할 수 있다.

필자는 10년 전에 경제 수명이 60년이 되어야 한다고 하여 '2060'으로 수정해서 처음으로 사용했다. '2060'이라는 시니어 트레킹 클럽도 만들어 500여 명의 회원으로 운영한 일도 있었다. 이제는 '3060 시대'가 절실하게 되었다. 요즘은 취업이 힘들다 보니 30세나 되어서야 취업하는 젊은이들도 90세까지 60년 동안 일하지 않으면 안 되며, 60대도 돈을 번다기보다 무언가를 하면서 30년은 활동을 더 해야 된다는 의미다.

고령화 100세 시대에 나이 들어서도 전문성을 가지고 돈을 버는 직업이 있다면 최고지만, 수입에 관계없이 할 일이 있다면 고령화 사회를 겁낼 필요가 없다. 100세 시대에 최상의 보장은 현역으로 사는 것이 가장 강력한 대응법이다. 여기엔 체면을 집어던지는 지혜와 용기가 우선 필요하다.

우리나라는 스마트폰 보급률과 인터넷 이용률이 매우 높다. 2019년 기준 스마트폰 보유율은 60대는 85.4%, 70세 이상은 39.7%을 자랑한다. 시니어들의 디지털 정보에 대한 접근성은 좋지만 그 활용성이 매우 취약하다는 점이 문제다. 디지털 문맹들은 자신이 원하는 것을 쉽게 찾지도 못하고, 활용도 못 한다. 디지털 환경에 익숙치 않아 일상 생활의 커다란 걸림돌이 되고 있다. 디지털 문맹 문제는 초고령화와 함께 심화되지만 그 대책은 미비하다.

현실은 코로나19의 대변혁 속에서 디지털 활용 요구가 더욱 강해졌다. 비대면으로 물건을 사고 은행 업무를 봐야 하며, 마스크 구매나 코로나19 환자 발생률 확인, 병원·음식점 등 출입에 필요한 앱, 교통수단 이용, 택시 호출, 날씨 정보, 내비게이션 이용 등 스마트폰 활용이 갈수록 늘어가고 있다. 스마트폰은 이제 내 몸의 오장칠부다.

스마트폰 이용 여부는 삶의 질을 가른다. 노년을 행복하고 품위 있게 살려면 디지털 변화를 거스를 수 없다. 앞으로 더 많은 사회 환경의 변화, 질병, 기후 변화 등으로 디지털 환경의 필요성이 더 긴요해질 것이다. 그러한 때 스마트폰 기능을 모른다며 손놓고 있다간 밥 굶기 십상이고, 바쁜 자녀들에게 묻는 것도 한두 번이다. 과거에 우스갯소리로 하던 "머리가 둔하면 발이 고생한다."는 말처럼 이제 손가락 이 우둔하면 그 꼴이 되기 쉽다. 특히 높은 지위에 있던 분들, 비서나 조교를 두고 생활해 온 하이 클래스인 골든 그레이의 비애는 생각보다 크다. 아랫사람이 처리해 주던 일을 본인이 직접 해결해야 하기 때문이다. 내 몸의 분신과도 같은 스마트폰을 손수 다뤄야 하는 절박함에 놓여 있다.

끝은 시작을 동반한다. 코로나가 물러가 끝이 나더라도 디지털 비대면 혁명은 분명히 더 가속화한다. 이때 시니어라고 해서 포기한다면 K 자형 디지털 격차라는 나락으로 떨어져 허우적대는 삶이 기다릴 것이다. 해 볼 것인가, 아니면 포기할 것인가에 3060 삶의 질은 크게 차이가 난다.

SMART
SENIOR

WHAT

제2장

3060 시니어 폰맹 탈출을 위한 코칭(WHAT)

티칭(Teaching) 아닌 코칭(Coaching) 시대

티칭과 코칭 한 글자 차이, 의미는 태산보다 커

핸드폰코칭협회에서는 4년여 동안 30회에 걸쳐 3천500여 명에게 스마트폰 교육을 해 왔다. 주로 기업체, 학교, 민간 단체, 일반 대상 교육이었다. 그중에서 시니어 대상 교육에서는 각별한 유의가 필요하다. 시니어들은 수업 내용을 이해하는 것부터 실제 적용까지 여러 어려움을 겪는다. 패스트 시대(Fast Age)와는 다르게 티칭 아닌 느린 코칭(Slow coaching)으로 시니어들의 스마트폰 교육을 도와야 할 형편에 이르렀다.

요즘 디지털 문맹 해소를 위해 각국에서는 여러 형태의 디지털 교육에 주력하고 있다. 우리나라도 예외는 아니다. 하지만 개인의 각기 다른 디지털 능력을 무시한 채 수박 겉 핥기식 교육만으로는 높은 성취가 어렵다. 수강자의 능력과 용도를 간파하지 않은 채 마구잡이식 교육을 한다면 여러 면에서 오히려 낭비다. 게다가 소위 지속력 없는 티칭, 단타적 코칭과 강사 중심 교육으로 인해 시니어들이 어려움을 호소하곤 한다. 한두 번 받는 교육으로는 금방 까먹고, 별 효과를 낼 수 없다는 것이다.

시니어들은 디지털 자유인이 되기를 원한다. 교단에서 일방적 주입식 교육 방식의 티칭으로는 미미한 성과를 낼 수밖에 없다. 왜냐하면 자기 주도적 학습이 되지 않기 때문이다. 따라서 그와 정반대 가르침 방식인 코칭은 성과 면에서도 크게 다르다. 해답은 수요자의 니즈를 파악해 케이스 바이 케이스로 코칭하는 것이다. 그런 면에서 시니어를 위한 친절하고 쉬우며, 지속적인 코칭이 절실하다. 따라서 이 책에서는 수

요자 중심 코칭으로 3060 시니어 폰맹 탈출을 극복하고자 한다.

우선 '티칭'과 '코칭'의 의미를 짚어 보자. '티칭(Teaching)'은 교사에 의한 수업 또는 교사가 교육적 의도를 가지고 하는 일체의 활동을 의미한다. 그에 비해 '코칭(Coaching)'은 수강자가 목표를 성취할 수 있도록 자신감과 의욕을 고취시키고, 실력과 잠재력을 최대한 발휘할 수 있도록 돕는 일을 뜻한다. 즉 개인이 지닌 능력을 최대한 발휘하여 목표를 이루게 하는 것이다. 이렇듯 '티칭'과 '코칭'은 누군가를 교육적으로 돕는다는 면에서 같지만 가장 큰 차이점은 바로 '주체'다. 가르쳐 주는 사람이 주체가 되어 교육이 이루어지면 그것은 '티칭'이고, 가르침을 받는 사람이 주체가 되면 '코칭'이 된다 코칭은 학습자의 성향, 환경, 진로, 공부 방법 등의 정보를 가지고 학습자에게 맞는 교육법을 적용한다. 스스로 성장할 수 있도록 돕는 것이 코칭의 역할이다. 한 글자 차이이지만 그 뜻은 확연히 다르다.

따라서 '3060 시니어 폰맹 탈출'이 추구하는 것은 티칭이 아닌 코칭이다. 수강자가

'핸드폰책쓰기코칭협회' 문해력 극복 코칭 사례

2020년 초 발족한 '핸드폰책쓰기코칭협회'는 티칭이 아닌 코칭의 전례가 되고 있다. 산하에 충분한 인프라를 구축하고 책 내기를 원하는 사람에게 스스로 글을 쓰도록 돕는 데 목적이 있다. 즉 코칭에 필요한 수십 명 작가와 출판사 10여 군데 등을 기반으로 하되, 글 쓰는 이가 직접 스마트폰 여러 앱을 활용해 책을 완성하도록 유도한다. 물론 그 바탕에는 스마트폰 활용 능력이 큰 역할을 한다. 그렇게 해서 한 해 동안 10여 명의 왕초보 작가가 탄생했다. 비대면 시대에 거의 만나지 않고 구글 문서 등을 활용한 코칭 방식은 시대가 요구하는 원스톱 서비스 방식이기도 하다.

과거 대필 작가를 이용해 책 한 권을 내려면 막대한 돈과 시간이 필요했고, 출간 후에도 영혼 없는 책이 되곤 했다. 하지만 위의 사례는 그와 정반대로 돈과 시간을 대폭 줄이되 자부심은 가일층 높이는 현상을 낳고 있다. 그렇게 탄생한 작가들은 자신감과 자부심으로 다음 책 출간을 계획하고 있다. 굳이 구분하자면 대필은 남에 의해 질질 끌려가는 것으로, 티칭에 해당한다.

'코칭'이란, 코치가 스마트폰 교육이나 글 쓰기를 옆에서 도움으로써 스스로 성과물을 내게 하는 서비스라 할 수 있다. 이는 서로가 윈윈하는 하브루타 교육 방식이기도 하다. 특히 토의와 질의, 개선점을 보완해 가는 과정에서 그렇다고 볼 수 있다. 때문에 '핸드폰책쓰기코칭협회'는 문해력 극복 코칭의 모범 전형이라 할 수 있다.

자기 주도적으로 배우고 깨달아 실생활에 적용하는 단계에 도달하는 것이다. 배우는 사람이 주체가 되고, 가르치는 사람의 도우미 역할이 매우 중요한 때다.

시니어 미디어 교육의 필요성과 활성화

일반적으로 시니어를 60세 이상, 또는 65세 이상의 국민으로 구분한다. 그런데 같은 연령이라도 개인차가 심하다. 여러 연구에서 시니어, 즉 노인이란 '신체적·정신적 측면에서의 상실 현상을 겪고 있는 65세 이상인 사람'으로 정의했고, '고령화 과정에서 생리적·육체적·심리적·정서적·환경적 및 행동의 변화가 상호 작용하는 복합 형태의 과정에 있는 65세 이상의 사람'을 일컫는다.

2020년 통계청 조사에 따르면 65세 이상 고령 인구는 우리나라 인구의 15.7%로, 향후에도 계속 증가하여 2025년에는 20.3%에 이르러 우리나라가 초고령 사회로 진입할 것으로 전망한다. 지역별로는 2020년 고령 인구 비중이 가장 높은 지역은 전남(23.1%)이고, 가장 낮은 지역은 세종(9.3%)이다. 2020년 가구주 연령이 65세 이상인 고령자 가구는 전체 가구의 22.8%이며, 2047년에는 전체 가구의 약 절반(49.6%)이 고령자 가구가 될 것으로 전망되었다. 노인 인구의 비율은 전 세계적으로 확산 추세이며, 우리나라는 고령 인구 비율이 빠르게 늘고 있다.

빠른 고령화 사회로의 진입은 모든 분야에서 노인 세대와 관련된 문제를 정확히 인식하고 준비가 필요함을 알려 주고 있다. 또한 미디어 환경은 매우 빠르게 변화하고 있으며, 환경 변화에 적응하는 집단과 그렇지 못한 집단의 격차는 더욱 벌어지고 있다. 특히 시니어의 미디어 격차는 다른 집단에 비해 매우 심각한 수준이라고 한다. 이러한 관점에서 제2장에서는 시니어 대상 미디어 교육의 필요성과 현실적 활성화 방안까지 제시하며, 폰맹 탈출을 위한 '시니어 미디어 교육 활성 방안'을 소개한다. 이는 노년 삶의 질을 높이고, 사회 통합에도 기여한다.

수준별 맞춤, 찾아가는 교육

시니어의 디지털 격차는 천차만별이다. 그 차이를 고려해 수준별 교육이 필요하다. 유튜브 영상 제작에 능숙한 시니어가 있는 반면, 스마트폰 앱 설치부터 안내해야 하는 시니어 또한 많다. 따라서 시니어가 원하는 바를 지속적으로 체크하고, 수업 참여자의 수준을 정확히 파악한 '수준별 맞춤 교육'이 절실하다. 그렇지 않을 경우 수업 진행이 더디고, 수업에 대한 불만 또한 높아진다.

시니어 중에는 미디어 교육을 원하지만 장애나 질환으로 거동이 불편하거나 시간이 여의치 않아 교육장을 찾지 못하는 경우도 흔하다. 그런 시니어를 대상으로 찾아가는 교육, 혹은 비대면 화상 교육을 고려할 만하다. 시간상, 신체적 혹은 정신적 건강의 문제 등으로 미디어 교육을 받을 기회조차 잃은 시니어를 찾아가는 교육은 사회적 약자에 대한 배려이기도 하다.

최근 발표한 한국정보화진흥원의 〈2019 디지털 정보 격차 실태 조사〉 보고서를 보면 노인들이 스마트 기술 발전으로부터 얼마나 혜택을 받지 못하는지 알 수 있다. 70대 이상 노인들의 디지털 정보화 활용 수준은 일반 국민 대비 26%로, 각 연령 계층 중 유일하게 20%대를 기록하며 최하위를 차지했다. 또 모바일 기기에 필요한 앱을 설치하고 이용할 수 있느냐는 질문에 '그렇다'고 대답한 노령층은 겨우 8.2%인 것으로 나타났다. 디지털의 다변화를 쫓아가지 못하는 시니어에게 필요한 교육은 바로 곁에서 '1:1 교육'이나 '노노케어 방식'이다. (시간제 교육과 무한 리필 교육안에 대해서는 〈부록 3〉 참고)

학생들의 고령층 교육, 세대 간 교차 교육

해외에서는 초중고생, 혹은 대학생이 자발적으로 고령층을 대상으로 스마트폰과 컴퓨터를 가르쳐 드리는 운동이 매우 활발하게 전개되고 있다. 고령층은 디지털 기술에 대한 이용 방법을 배우게 되고, 학생들은 자신들이 잘 아는 분야인 디지털 기술에 대한 지식을 나눔으로써 진정한 봉사와 사랑을 배우게 된다. 나아가 이 과정에서 학생들과 고령층은 서로 다른 연령대를 이해하고 소통함으로써 이 시대의 중요한 사회 문제인 세대 갈등과 연령차별주의(Ageism)을 완화하고, 세대 간 소통과 통합으로 나아갈 수 있는 기회를 마련할 수 있다. 우리나라도 젊은 세대와의 교차 교육을 통해 세대 간 갈등 해소 방안으로 적극 추천한다.

시니어 미디어 교육 목적 중 하나는 세대 간 갈등 해소다. 이를 위한 방안으로 '세대 간 교육'을 진행할 가치가 있다. 디지털 미디어에 익숙한 젊은 세대가 시니어에게 미디어 활용법을 가르치는 과정에서 세대 간 소통과 공감이 가능하다. 손자녀뻘인 그들에게는 배품과 헌신의 기회도 되며, 어른한테 따스한 정을 느낄 계기가 되기도 하다. 세대 간의 간극을 좁히고, 서로를 이해하는 장이기에 사회에서는 적극 지원할 필요가 있다. 상생의 연대가 만들어져 보다 밝고 맑은 사회로 이어진다면 이 또한 일거양득이다.

시니어에 대한 인식 변화와 '존중' 먼저

문화적 토대의 핵심은 미디어 교육과 더불어 시니어에 대한 재인식이 필요하다. 단순히 미디어 활용을 위한 지식 전달만이 아니라 미디어 교육을 통해 능동적 노인(Active senior)으로 재탄생할 기회다. 시니어에게 미디어 교육이 왜 필수적인지를 알림으로써 문화적 토대를 마련할 수 있다.

시니어 대상 미디어 교육을 진행할 때 가장 고려할 점은 시니어에 대한 '존중'이다. 특히 오랜 세월 쌓인 이념과 사상적 신념에 대해 존중할 필요가 있다. 수업을 이끄는 강사는 수업 시간 중에 이념적으로 편향된 발언을 삼가고, 수업을 지나치게 통제하는 것 또한 주의할 점이다. 또한 아둔해진 시니어 수강생의 손동작이나 행동에 답답해하거나 비난조의 눈길로 대하는 것도 금물이다. 즉 슬로우 티칭이 시니어에게 필요하다. 그것을 위해 별도의 코치를 위한 육성 과정도 필요하다.

이런 면에서 시니어 수강생에 대해 존중이 지켜지지 않을 경우 수강생과 강사 간의 갈등이 발생하기 쉽다. 시니어들의 학습 능력과 속도를 고려해 수업 내용을 쉽고, 재미있고, 또한 반복적으로 설명할 필요가 있다. 시니어의 인지 및 학습 능력과 집중력은 신체적 노화로 감소할 수밖에 없다. 때문에 사소한 것이라도 반복 설명하고, 재미있게 전달해야 한다.

마지막으로 교육 효과 면에서 볼 때, 기본적으로 노년층을 위한 미디어 교육은 시니어의 삶의 질을 향상시키는 데 일조한다. 고도로 디지털화된 한국 사회에서 디지털 미디어의 이용은 필요가 아닌 필수다. 따라서 심각한 격차를 겪는 시니어에 대한 미디어 교육은 일상 생활의 질을 향상시키는 데 필수적이다. 따라서 미디어 교육을 통해 미디어 활용에 대한 지식을 전달함과 동시에 다양한 배경을 가진 사람들과의 적극적인 소통을 유도함으로써 사회 갈등 해소와 정의 실현에 일조할 것이다. 또한 시니어들은 100세 시대를 향한 준비에 게을리하지 말고 변화에 용감무쌍하게 도전해야 한다.

독자의 니즈를 향한 설문 통계치 활용 및 방안

시니어가 원하는 폰맹 탈출 코칭의 핵심

시니어의 폭발적 증가와 스마트폰 시대에 스마트폰 리터러시는 문맹률만큼 중요해졌다. 이에 개개인의 스마트폰 활용 능력이 어느 정도 수준인지 파악하는 것은 시급한 과제가 되었다. 특히 스마트폰 사용에서 다른 연령대에 비해 상대적으로 소외돼 왔던 시니어층을 대상으로 '디지털 리터러시'라는 관점에서 설문을 진행, 그 점에서 시사점이 크다.

실증적 연구 결과를 얻기 위해 첫째, 설문을 통해 디지털 리터러시를 측정한 뒤 디지털 레벨에 따라 사용자를 분류했다. 둘째, 시니어 사용자의 스마트폰 앱을 분석해 분류하고 사용 행태에 차이가 나타나는 요인을 분석했다. 설문 연구 결과, 시니어 역량 강화를 위한 책 출간과 함께 향후 폰맹 탈출 코칭에 힘을 쏟기로 했다.

스마트폰 활용에 어려움을 겪는 분들의 초점을 맞춰 '맞춤 교육', '1:1 교육' 등이 핵심이다. 독자가 실생활에 적용할 수 있는지가 관건이므로 기존에 해 오던 스마트폰 활용 교육을 좀 더 구체적이며, 체계적이고, 알기 쉽게 접근하는 데 주력할 것이다. 접근 방법으로 노노케어 서비스, 스마트폰 활용지도사를 통한 도우미 코칭, 스마트폰 주치의 제도 등이 있다. 이 제도는 교육 후 코칭 받은 수혜자가 단순히 스마트폰 익히기를 뛰어넘어 디지털 역량 강화로 질 높은 노년을 사는 데 목표가 있다. 본인이 필요성을 느껴 열심히 한다면 자유로운 디지털인이 되어 자신이 꿈꾸던 성과물을 만드는 계기가 될 것이다. 예를 들면 스마트폰과 컴퓨터를 연계해 책을 쓰고 논문을 작성한다든가, 각자 소망하던 유튜브나 아름다운 사진첩 등을 만드는 생산적인 디지털 광인이 될 수 있다.

이 책은 일반인뿐만 아니라 전문가들에게도 도움이 되도록 심혈을 기울여 심도 있게 만들었다. 어떤 상황이든 누구나 SNS를 이용해 서로 소통하고 공감한다면 훨씬 더 즐겁고 행복한 삶이 될 것이다. 이제는 디지털 활용에 따라 삶의 질이 달라질 뿐만 아니라 일자리도 얻을 기회를 얻게 된다.

유엔이 정한 신중년으로 살아갈 준비는 곧 스마트폰 정복자가 되는 길이다. 왜냐하면 스마트 시티 등 미래를 주도할 환경이 모두 다 스마트해지기 때문이다. 재취업 등에서도 스마트 워킹(Smart Working)은 기본이기에 더욱 그렇다. 따라서 '전 국민 폰맹 탈출 운동'은 우리나라 새마을 운동에 버금가는 역동적인 운동이 될 것이다. 시니어의 유휴 자원을 활용할 수 있다면, 개인의 행복과 국가 경쟁력은 저절로 향상된다.

설문 조사를 통한 독자 니즈 파악

이 책의 집필에 앞서 "내 스마트폰 활용 수준은 어떤가?"라는 제목으로 설문 조사를 실시했다. 따라서 이 책은 500여 응답자의 연구 분석을 토대로 쓰여졌고, 설문 조사 데이터는 독자의 스마트폰 활용 수준과 니즈 파악의 길잡이가 되었다.

설문 조사 결과, 수요자 니즈에 따른 폰맹 탈출 교육을 여러 단계로 나눠 실시할 것이며, 이를 통해 시니어들의 자기 효능감 증진, 행복감과 삶의 질을 향상시킬 것으로 본다. 또한 급변하는 디지털 시대에 긍정적인 삶의 유지와 정보화 교육의 필요성을 재인식시키고, 시니어들의 보다 나은 삶을 위해 다양한 코칭이 꾸준히 진행되어야 함이 확실해졌다.

필진은 각 세대(10대~80대 이상) 독자층의 스마트폰 활용 수준이 궁금했다. 특히나

이 책의 주요 타깃이 될 시니어층의 수준과 관심도에 깊은 관심을 가졌다. 설문 조사는 2020년 11월 4일~2020년 11월 30일까지 3주간 진행했다. 총 51개 항목의 설문서로, 답신자들은 성의껏 응답해 주었다. 설문 보답으로 답신자가 자신의 점수를 바로 확인할 수 있게 설정해 서비스했다. 참고 51개 항목으로 구성된 설문 분석 데이터는 〈부록 1〉에 첨부하여 공유하므로 독자 여러분의 스마트폰 활용 수준을 체크해 보세요.

총 472명이 답신한 분석 결과는 이 책 집필의 귀한 자료로 쓰였다. 설문 통계치를 통해 시니어들의 스마트폰 활용 능력과 한계를 명확히 파악할 수 있었다. 또 이 설문의 결과는 영역별 스마트폰 앱 사용법을 실생활에 직접 적용해 시니어의 불편함을 해소하고, 보다 행복한 노년을 보내는 가교 역할을 하는 데 많은 도움이 될 것이다.

연령대별 설문 응답 현황 분석 데이터

각 세대 현황, 나이 들수록 스마트폰 활용 점수 평균보다 낮아

2020년 3월, 과학기술정보통신부가 발표한 '2019년 디지털 정보 격차 실태 조사'에 따르면, 고령층의 디지털 정보화 수준은 일반 국민 대비 64.3%로 나타났다. 스마트폰과 같은 디지털 기기에 대한 접근성에서는 격차가 크지 않았으나 이를 이용하는 능력과 활용 정도의 격차는 컸다. 고령자는 스마트폰을 활용할 동기 부여가 되어 있지 않거나 활용에 어려움을 겪는다. 이 책을 쓰기 위해 필진이 조사한 설문 조사 결과에서도 연령대별 개인차가 심하다는 것을 알 수 있다.

이 책의 설문 답신자 중 시니어 대부분은 사회 지도층 인사로, 평균 점수가 전 국민 평균치보다 높은 편이다. 그런 배경을 잠깐 언급하자면 핸드폰책쓰기코칭협회에서 그동안 배출한 수강생만도 수천 명인데 주로 장차관 출신, 대학 총장 및 교수들, 기업의 CEO 등 사회 지도층 인사가 주류다. 따라서 설문 모집단이 하이 클래스였기 때문에 실제 노년층의 디지털 격차와 다르게 나왔다는 점을 감안할 필요가 있다. 아마도 전 국민 대상의 전수 조사였다면 연령대가 높을수록 평균 점수는 급격하게 하락했을 것으로 추정된다.

 이 책이 주로 시니어를 대상으로 기획된 데다가 설문서 배포 또한 저자의 지인 중심이었기에 50대 이상이 73.8%를 차지한다. 60대 답신자가 35.0%로, 3분의 1이 넘었다. 70대도 19.5%를 차지하고 있다. 비중이 높지는 않지만 40대 이하도 26.2%로, 설문에 참여했다. 연령대별 응답 인원 구성비는 다음 원그래프를 통해 한눈에 볼 수 있다.

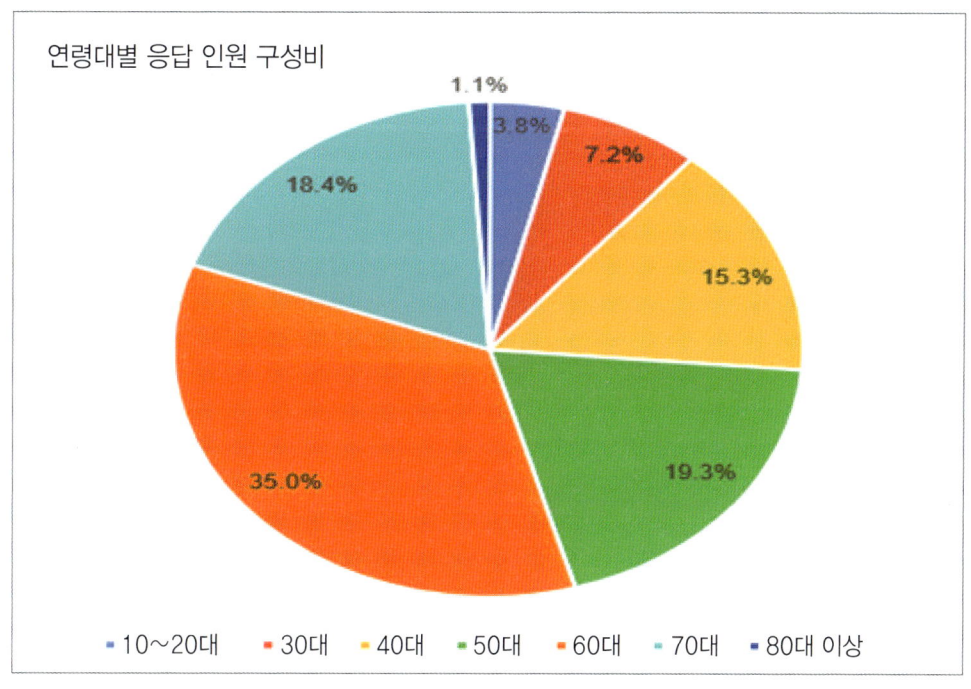

 "현재 나이 60~80대는 대한민국이 현대화되는 과정 속에서 가장 변화가 극심한 세대다. 시대 변화에 대한 적응 과정은 상당히 늦어 디지털 수준 격차가 클 수밖에 없다."고 허창덕 영남대 사회학과 교수는 말한다. 그래서 집필진은 이를 극복하기 위해 설문 조사를 했고, 이를 바탕으로 본서를 출간, 필요에 따라 코칭도 계획하게 되었다. 이는 개인 삶과 직접 연결되는 일로, 시니어들이 해결해야 할 과제이기도 하다. 스마트폰 활용의 급부상으로 시니어들도 죽을 때까지 배우지 않고는 배겨 낼 수 없는 형편이 되었다.

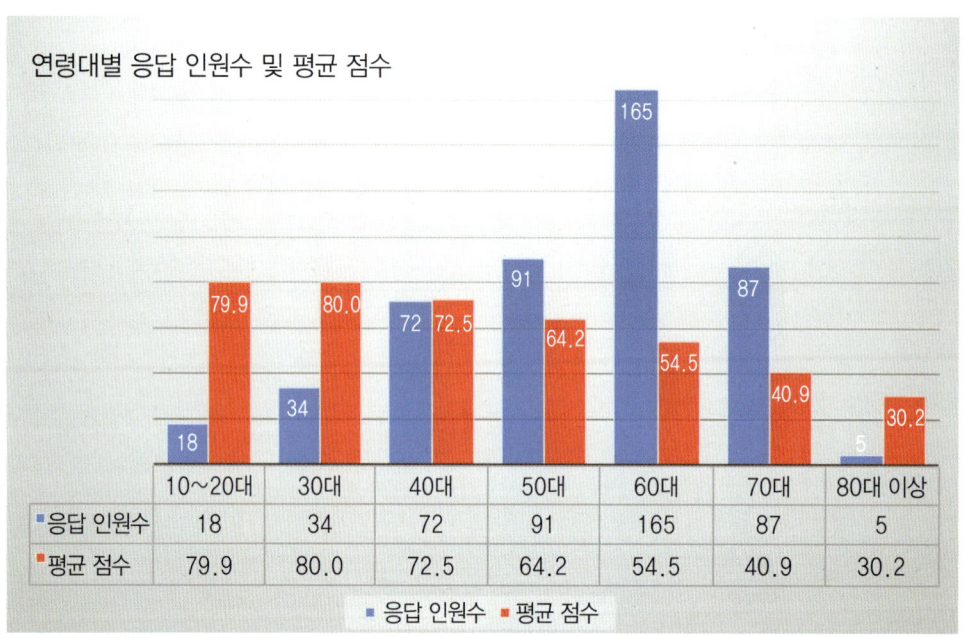

연령대별 응답 인원수 및 평균 점수

	10~20대	30대	40대	50대	60대	70대	80대 이상
응답 인원수	18	34	72	91	165	87	5
평균 점수	79.9	80.0	72.5	64.2	54.5	40.9	30.2

설문 51개 항목, 기본·기초·중급으로 분류 코칭

설문 결과, 이 책에 소개할 스마트폰 관련 항목을 크게 대분류한 후 세세하게 소재들을 쪼개기했다. 스마트폰 기본 기능, 카카오톡 활용, 사진 동영상 관련 앱, 이동 및 여행 관련 앱, 스마트 워킹 관련 앱, 자료 관리에 관한 건, 기타 앱 활용 등이다. 이를 이 책의 제3장~제5장에 수록하며, 독자의 이해와 실행을 친절히 돕기 위한 QR 코드와 함께 동영상을 첨부했다. 이처럼 독자들에게 흥미롭고도 유익한 독서 환경을 마련코자 획기적으로 노력했다는 점이 이 책의 특징이다.

앞에서 말했듯이 설문 조사 표본 집단의 편중이 좀 있었지만 각 설문 항목의 결과 데이터는 매우 소중했다. 이를 세세히 분석해 스마트폰 활용 수준을 기초·초급·중급·고급 과정으로 분류했다. 51개 항목 중 우선 대부분의 답신자들이 '잘 활용하고 있는 기능'이거나 '모른다'고 답한 기능 중에서 배울 의사가 별로 없는 항목과 고급 기능은 이번 책의 대상에서 제외했다. 마지막으로 설문 시 '모른다'고 답한 기능 중에서도 실생활에 별 도움이 되지 않는 기능을 다시 뺐다. 일부 중급과 고급 기능의 경우, 이 책 발간 후 배우기를 원하는 수강자 대상으로 전문가 과정(코치 양성 과정)을 별도로 개설해 가르치고자 한다. 참고로 "내 스마트폰 활용 수준은 어떤가?" 설문 항목의 관심도를 기초, 초급, 중·고급으로 분류해 정리했다. 등급별 누계치를 보면 수요자의 니즈 파악에 도움이 된다. 따라서 폰맹 탈출 코칭에서도 이를 근거로 기초 단계, 초급 단계, 중·고급 단계로 나눠 등급별 코칭을 할 것이다. 설문 항목에 따른 등급별 누계치는 다음과 같다.

설문 항목과 등급별 활용 수준

	설문 항목	응답자 계	기초	초급	중·고급
스마트폰 기본 기능	13	8	2	6	
카카오톡 활용	5	2		2	
사진 동영상 관련 앱	4	1		1	
이동 및 여행 관련 앱	9	8	1	6	1
스마트 워킹 관련 앱	7	4		1	3
자료 관리에 관한 건	8	8		2	6
기타 앱 활용	5	2		1	1
계	51	33	7	15	11

폰맹 탈출 운동은 '디지털 새마을 운동'

우리나라 스마트폰 보급률은 세계 최고다. 그러나 각 세대별로 실제 적용률이 다르고, 개인차도 매우 크다. 디지털 원주민인 20대 이하라고 해서 모두 다 스마트폰을 자유롭게 이용하는 것은 아니다. 세대별로 주로 쓰는 영역도 천차만별이다. 세대별 스마트폰 이용 실태와 파악은 이 책의 구성에 도움이 되었으며, 더 나아가 폰맹 탈출 코칭 프로그램의 지침이 되었다. 또한 각 세대별 폰맹 탈출을 향한 콘텐츠 개발과 코칭 계획이 그 무엇보다 중요함을 깨닫게 되었다. 주로 이 책에서는 시니어들의 가장 시급한 문제인 폰맹 탈출을 위한 코칭은 어떻게 할 것인가를 고민하며 집필했다.

천만 시니어 시대에 개인의 삶이 행복하려면 지금 여기에서 내가 행복해야 한다. 행복은 내가 처한 곳에서 자유로워야 한다. 돈, 시간, 지식, 경험에서 자유롭다는 것은 행복의 원천이기도 하다. 베이비부머 세대들이 대거 은퇴하는 시대에 그들은 평생을 산업의 역군으로 열심히 살며, 부와 경험과 지혜를 축적해 왔다. 딱 하나 걸리는 문제는 디지털 활용에서 자유롭지 못하다는 점이다.

과거와 달리 세상은 급변하고 있다. 앞으로는 지식의 양이 폭발적으로 늘어 개인의 능력으로는 도저히 그 차이를 극복할 수 없다. 쓰나미처럼 변화하는 환경에서 시니어의 삶이 편안한 노후만은 아니라는 사실이다. 게다가 코로나가 가져온 온택트는 초연결을 요구한다. 연결의 시대인 공유 세상에서 독불장군식 삶을 지탱하기는 어렵다. 따라서 평생 공부로 자신을 갈고 닦아야만 100세 시대를 안온하게 보낼 수 있다. 그런 의미에서도 폰맹 탈출 코칭의 필요성은 자명하다. 천만 시니어에게 갈급한 것은 바로 '폰맹 탈출'이다.

과거 우리나라의 경제 발전을 이룬 새마을 운동처럼 2021년은 디지털 새마을 운동으로 디지털 문맹 극복의 원년이 되도록 노력해야 한다. 스마트한 세상의 주인공이 될 "나도 디지털인이다."라는 구호로 폰맹 탈출의 기적을 만들어 보자. 스마트폰 기능을 배워 익힌 시니어가 또 다른 시니어의 선생님이 되어야 하며, 노노케어로 인한 일자리 창출과 교육 릴레이 품앗이의 전형이 되길 소망한다. 이는 곧 앎의 기쁨과 나눔이 된다.

'폰맹 탈출'이란, 스마트 기기 활용 능력 향상을 위한 '스마트폰 활용 교육'을 말한다. 스마트폰을 통한 인터넷 환경이 늘어나고 있지만 시니어들은 스마트폰 활용법을 잘 몰라 어려움을 겪고 있다. 설문 집단의 한계에도 불구하고 우리는 연구 처방을 이렇게 내렸다. 시니어도 스마트폰 기능을 잘 활용할 수 있다면 보다 밝고, 행복하고, 유용한 삶을 살 수 있을 것이다. 즉, 폰맹 탈출 코칭을 통해 다양한 기능을 습득한다면 시니어들의 정보화 능력 향상에 큰 도움이 됨은 자명하다. 평생 교육 시대에 일상 생활에 유용하게 쓰일 수 있는 맞춤형 SNS 교육 등은 필수로 자리 잡게 되었다. 게다가 시니어들의 생활 편의를 돕는 것은 물론, 추후 앙코르 커리어까지 이어질 수 있는 일자리 모델이기도 하다.

  이는 스마트폰 활용 교육으로 세대 간 정보 격차를 줄이고 스마트 소외감을 해소하는 한편, 보다 유연하게 디지털 시대에 적응할 수 있도록 돕는 데 가치가 있다. 따라서 기본적인 스마트폰 기능에 대한 이해, 애플리케이션(앱) 설치 및 관리, 사진 촬영 및 보정, 영상 편집 및 앨범 만들기 등의 콘텐츠로 이 책을 구성했다.

우리나라 스마트폰 교육의 현주소

스마트폰 교육도 틈새 교육 필요

　스치듯 지나치는 스마트폰 교육으로는 까막눈 신세 못 면한다고 시니어들은 하소연한다. 나이가 들면 행동은 우둔해진다. 게다가 "이걸 뭐하러 배워?", "배워도 배울 때뿐이지 말짱 도루묵이여." 하며 부정적 사고로 배우기를 기피하는 경향이 있다. 이것이 스마트폰 교육의 한계요, 현실이다. 따라서 시군구 지자체에서 실시하는 교육이 취지는 좋지만 효과 면에서 과연 성과를 내고 있는지는 미지수다. 시니어의 특성과 개별적 능력을 고려해 틈새 교육이 필요한 이유다.

　지자체나 여러 기관에서 디지털 격차를 해소하기 위해 우후죽순 스마트폰 교육을 시행하지만, 돌아서면 까먹는 시니어들에게는 멀기만 한 일이다. 학습자가 직접 활용할 수준까지 끌어올리는 국지전적인 게릴라전이 필요하다.

　특별히 스마트폰 교육이 중요해지는 이유로 스마트폰의 성능 진화를 빼놓을 수 없다. 스마트폰 앱이 인공 지능화해 컴퓨터보다 스마트폰으로 일하는 시대가 되었다. 스마트폰은 24시간 휴대하기 편하며, 때와 장소를 가리지 않고 스마트 워킹할 수 있는 장점이 있다. 학교의 온라인 수업에서도 학생 대부분이 스마트폰으로 수업을 듣고, 재택근무·원격 회의 등도 거의 스마트폰으로 한다. 이처럼 스마트폰의 활용도는 점점 확산 추세에 있다.

　이제 스마트폰을 활용할 줄 모르면 폰맹 신세가 된다. 때문에 스마트폰 교육은 시니어의 밝은 미래와 행복 조건의 필수 불가결한 과제가 되었다. 한 번 배웠다고 끝나는 게 아니라 계속 사용함으로써 내 몸의 수족처럼 자유로워져야만이 활용 가능하다. 그러려면 장시간 투자와 1:1 교육, 주치의 교육 등이 필요하다.

스마트폰은 나날이 진화 발전하고 있다. 구글 문서와 구글 드라이브를 활용하여 여러 명이 공동으로 문서 작업이 가능하다. 핸드폰책쓰기코칭협회와 책글쓰기대학에서 출간한 『코로나 이후의 삶, 그리고 행복』, 『잊지 못할 내 삶의 한 순간』은 구글 드라이브를 활용한 집단 지성의 사례다.

사설 학원 등에서 스마트폰 활용지도사 1~3급 발급

스마트폰의 활용 범위는 무궁무진하다. 스마트폰은 알면 편리하지만, 모르면 눈뜬장님과도 같다. 편리한 기기를 모르쇠로 일관하며 산다는 것은 너무나 안타까운 일이다. 실수나 실패를 두려워하지 말고 도전해야 한다. 아기가 처음 걸음마를 배울 때 수천 번 넘어져야 걸을 수 있듯이 스마트폰 익히기도 마찬가지다.

요즘 스마트폰 활용지도사 교육 과정이 학원은 물론 공공기관과 대학교 평생교육원 등에서 개설되고 있다. 스마트폰 활용지도사 양성 목적은 스마트폰 'SNS 활용법'을 지도할 전문가 육성에 있다. 또한 스마트폰을 활용한 비지니스 사업자의 마케팅 역량 강화에도 한몫한다.

스마트폰 활용지도사 자격증이 각광받는 이유는 수강생의 수준이 전보다 점점 높아져 스마트폰 교육의 필요성과 하루가 멀다 하고 달라지는 스마트폰 활용법에 대한 관심 때문이다. 다시 말해 단순 기능 활용부터 스마트폰 마케팅까지 수강자들의 관심 폭이 넓어졌다. 강사 또한 그에 맞춰 지속적인 공부가 필요하다. 자격증 발급 전문 기관으로 중앙자격전문교육원, 서울여성직업능력개발원, 비전큐, 여성발전센터, 50플러스센터 등이 있다.

시니어가 시니어를 가르치는 디지털 노노케어 시대가 도래했다. 이는 노인 일자리 창출에도 좋고, 시니어의 삶을 활발하고도 윤택하게 하는 기회가 된다. 장수 국가인 우리나라 시니어들의 건강이 곧 국민 건강을 대변한다 해도 과언이 아니다. 노인이 좀 더 밝고 건강해진다면 의료비 지출도 줄고, 건강 사회를 만드는 기반이 된다.

세계 각국 정부나 기관에서도 시민들의 디지털 교육을 위해 많은 계획과 노력을 하고 있다. 하지만 시니어들의 생각은 그에 미치지 못하고 있음이 여러 연구에서 제시되고 있다. 그렇다면 민관이 협력하여 그 방법을 모색하고, 수요자 중심의 방향으로 나아가는 길을 탐색해야 할 것이다. 따라서 폰맹 탈출 코칭 프로젝트에서 그 고민을 해결하기 위한 길을 제시하고 실행하고자 한다.

사회적 불평등을 일으키는 디지털 격차, 디지털 에이징 필요

디지털을 이용한 경제 활동과 디지털화된 네트워크가 늘면서 장노년층 삶의 질은 더 낮아지는 경향이 있다. 실제로 패스트푸드 매장의 절반은 키오스크로 운영되고, 은행 등 기업에서 대면 서비스 대신 온라인 서비스를 늘림에 따라 장노년층은 경제적 기회를 잃고 있다. 또한 인간관계 형성, 예약·예매 등 사회 문화 활동이 온라인으로 확대됨에 따라 정보 소외 계층이 현실 세계에서도 소외될 가능성까지 있다. 이처럼 디지털 격차는 사회적 불평등을 일으킨다.

장노년층의 정보 격차를 해소하기 위해 공공 차원에서 디지털 역량을 높이는 '디지털 에이징(Digital Aging)'이 주목 받고 있다. 디지털 에이징은 삶의 질을 높이는 편리한 디지털 일상을 구현해 고령화로 인한 디지털 소외와 같은 사회 문제를 해결하는 것이다. 디지털 에이징은 '디지털 기술(Digital Technology)'과 '노화(Aging)'의 합성어로, 디지털 정보 통신 기술을 활용하여 노화 문제를 극복하고자 하는 차원에서 제안된 개념이다. 2013년 '제20차 세계노년학, 노인의학대회'에서 '디지털 에이징, 건강 노화와 활동적 노년을 위한 새로운 지평'이라는 주제로 처음 사용했다.

디지털 에이징은 디지털 기술을 활용해 노화로 인한 신체적·정신적 장애를 극복하여 건강하게 살거나 살 수 있도록 한다. 즉 일상 생활의 안전·독립·사회 참여가 가능하도록 스스로 노력하거나 지원함으로써 공동체의 고령화로 인한 사회 문제를 해결하고, 새로운 기회를 창출하는 전략이라고 할 수 있다. 예를 들면 길 찾기, 교통편 예약, 영화·연극 예매, 병원, 뱅킹, 각종 페이 등 일상 생활에서 디지털 기술을 스스로 활

디지털 에이징의 산증인 박막례 할머니와 일본의 코딩 할머니

박막례 할머니

100만 명의 구독자를 가진 시니어 유튜버 박막례 할머니는 최근 '막례는 가고 싶어도 못 가는 식당'이라는 제목의 영상을 업로드해 화제가 되었다. 그녀는 사람 대신 디지털 기계인 키오스크 등장으로 당혹스러워한다. 주문 자체부터 장애물이다. 그녀가 키오스크 주문을 낯설어하는 광경이 영상에 비친다.

노년층이 식당에 가고 싶어도 못 가는 이유는 바로 무인 판매기, 일명 '키오스크' 때문이다. 간편한 주문을 위해 만들어진 기계지만 오히려 노년층에겐 불편하다. 키오스크는 성인의 키에 맞추어 스크린을 설치한 기계다. 사람과 직접 대면하지 않아도 큰 화면을 통해 여러 메뉴를 확인해 결제까지 한 번에 끝낼 수 있다. 이렇게 생소한 것에 노인도 부딪혀 해결해야만 하는 현실이다.

그녀는 74세 나이에도 디지털 대명사 유튜버로 무한도전하며 디지털 에이징의 산증인이 되고 있다.

일본의 코딩 할머니, 82세 프로그래머 와카미야 마사코

일본의 '코딩 할머니'로 유명한 와카미야 마사코 씨는 올해로 82세가 된 비공인 세계 최고령 프로그래머다. 그녀는 은퇴 후 컴퓨터 켜기부터 배우고 익힌 결과, 급기야는 노인을 위한 스마트폰용 모바일 게임을 직접 만들기에 이르렀다. 6개월간 독학으로 아이폰용 프로그래밍 언어를 공부한 그녀는 이렇게 노년학을 설파하기에 이른다.

"노년이란 즐거운 거예요. 60세가 지나면 점점 재미있어집니다. 일에서도 벗어나고, 자녀 교육도 끝나 지금까지와는 완전히 다른 삶을 살게 되죠."

디지털, 배제에서 포용으로 시대적 변화의 중심에 우뚝 선 박막례 할머니와 마사코 할머니의 무엇이 액티브 시니어로 살게 하는 걸까?

용하도록 도와 시니어층의 사회 참여를 늘리는 것이다.

우리는 어쩌다 바보가 됐을까?

현대인은 스마트폰을 신체의 일부처럼 사용하는 인류라는 '포노 사피엔스'의 시대에 살고 있다. 스마트폰 없이 한시도 살 수 없는 노모포비아(Nomophobia)로 전락했다. 노모포비아는 영어 'No mobile-phone phobia'의 줄임말이다. 포비아(Phobia)는 '공포증'을 뜻하는데, 휴대폰을 가지고 있지 않으면 불안해하는 현상을 말한다. 만약 스마트폰을 잃어버린다면 당장 생활이 불편해질 것이다. 게다가 '몇 사람의 연락처나 기억할까?' 하는 의문이 든다. '제2의 뇌'라는 스마트폰에 막연히 의지한다는 증거다.

한국정보화진흥원 관계자는 "다른 연령층과 비교해 60대의 스마트폰 과의존 위험군은 비율이 낮지만 증가폭은 큰 편"이라고 한다. 스스로를 통제하지 못하고 정신질환까지 일으키는 '스마트폰 중독'에 빠질 경우 얘기는 달라진다. 오히려 스마트폰이 노인의 사회적 고립을 심화시킬 가능성이 높다. 건전한 스마트폰 활용이 무엇인지를 고민해야 한다. 하지만 스마트폰 중독이 생산적인 것이라면 오히려 권장해야 하지 않을까?

석재은 한림대 사회복지학과 교수는 "신체 활동이 줄어들어 어르신에게는 스마트폰이 세상과 이어 주는 수단이 될 수 있다."며 "노인들이 모바일 공간에만 갇히는 것이 아니라 스마트폰의 다양한 기능을 통해 외부 활동에도 적극적으로 나설 수 있도록 유도해야 한다."고 강조한다.

위와 같은 맥락에서 시니어들의 스마트폰 활용이 생산적이고도 유익한 쪽으로 나아가려면 제대로 된 교육이 꼭 필요하다.

똑똑해진 스마트 시티 & 스마트 시티즌

세계 계획 도시 중심에 우뚝 선 스마트 시티

요즘 스마트 시티가 도시 집중화로 많은 각광을 받고, 정부에서도 각고의 노력을 하고 있다. 효율적이고 편리한 삶의 터전을 마련코자 하는 데 비해 시니어들은 스마트한 생활과는 많은 괴리감이 있다. 인구의 5분의 1이 시니어인데, 그들이 행복하지 않다면 스마트 시티인들 무슨 소용이 있을까?

우리는 알게 모르게 스마트 시티와 연결된 세상에 살고 있다. 현대인으로 살아간다는 것은 곧 스마트 세상인 스마트 국가, 스마트 도시, 스마트 가정 등 스마트한 환경에서 살아간다는 뜻이기도 하다. 내가 속한 스마트 시티는 이제 중요한 내 삶의 그라운드이며, 보다 편리하고 쾌적한 터를 만들 공간이 되고 있다.

스마트 시티는 1990년대 중반 디지털 시티의 등장과 함께 태동했다. AOL(America On-line)에 의해 미국에서 처음 시작되었다. 그 이후 1993년 암스테르담, 1996년 헬싱키, 1998년 교토 등 전 세계로 퍼졌다. 주로 통신사가 주도하는 시범 사업 형태로 추진되었고, 도시 전반을 연결하는 네트워크를 구축하여 시민이 활동하는 가상 공간을 조성한 것이었다. 실제로 디지털 시티는 상징적 의미였고, 주로 에코 시티 등의 프로젝트가 주도되었다.

2003년, 한국은 유시티(U-City)를 계기로 본격적인 기술 주도형 스마트 시티가 등장했다. 1단계의 디지털 시티가 온라인상에서 부분적인 도시 정보화였다면, 2단계는 가상과 현실 공간을 융합하는 전면적 도시 정보화로 전환된다는 것이 차이점이다.

스마트 시티즌, 사람이 정보 기술 주인공

글로벌 데이터 인플루언서 플랫폼 데이터로 집계한 결과, 미래 인프라와 관련돼 2020년 11월 중 트위터에 게시된 글 가운데 '스마트 시티' 언급이 가장 많았던 것으로 나타났다. 과거 산업화 시대에는 고속도로가 경제의 통로였다면 스마트 시대에는 초고속 대용량의 차세대 초연결 통신 인프라가 스마트 도시의 대동맥이 될 것이다. 우리 모두는 이제 스마트한 사람으로 재탄생할 시기다. 그 기술의 변방인이 아닌 주체자가 바로 스마트 시티즌인 '사람'이다.

우리나라 서울의 스마트 시티 서비스는 다양하다. 예를 들면, 수도와 전기 누출 센서와 CCTV 등은 스마트 도시의 중요한 센서 역할을 한다. 온라인으로 공유 경제를 많이 활용하며 스마트 디바이스를 시민들에게 빌려 주는 사업도 번성 중이다.

우리나라는 특히 서울이 정보 통신 쪽에서 많은 발전을 이루었다. 외국에서는 우리나라 버스 정류장 시스템을 부러워하는 경우가 많다고 한다. 버스가 언제 오는지 알리는 알림판과 스마트폰 충전 공간 등 스마트 도시화의 노력을 알 수 있다. 또한 S넷을 포함한 스마트 도시 인프라 구축으로 포스트 코로나 시대에 걸맞은 언택트 라이프 스타일이 곧 실현 가능하리라고 본다. 태국의 행정 서비스도 온라인으로 제공 중이다. 이런 서비스가 제일 잘 된 나라가 우리나라다. 실제로 행정 업무를 집에서 컴퓨터 혹은 스마트폰으로 이용 가능하다.

그에 따라 스마트 시티의 구성원인 스마트 시티즌 역할과 구성 또한 매우 중요하다. 보다 편리하고 쾌적한 삶을 누리기 위한 방편의 하나이기도 한 스마트 시티, 그 안에 스마트 시티즌이 살고 있다. 스마트 시티는 결국 스마트 시티즌을 위해 존재한다.

하지만 5G 초연결 시대에 우려되는 성장의 그늘은 디지털 정보 격차(Digital Divide)의 문제다. 편리를 위한 스마트 시티에 반해 스마트 시티즌 중 한 부류인 만 65세 이상의 고령층에서 디지털 격차가 커지고 있다. 연구에 따르면 고령층의 디지털 이용과 활용 수준은 일반 국민의 절반 수준에도 미치지 못하고 있으며, 코로나 이후 디지털 격차는 더욱 커지고 있다. 이에 따라 도시가 디지털 역량을 높일 수 있는 환경을 만들어 나가야 할 시점에 있다.

정부는 정보 격차, 미디어 리터러시를 해소하기 위한 여러 이용자 보호 정책을 시행하는 것과 더불어 시민들이 자발적으로 스마트 시티즌으로 성장할 수 있도록 역량을 강화하는 데 힘을 기울여야 한다. 깨어 있는 시민의 힘이 디지털 사회를 변화시킨다.

스마트 시티, 스마트폰 활용 능력 차 더 벌려

스마트 도시가 스마트해지듯 구성원인 개인의 삶 또한 스마트해지는 데 목적이 있다. 그러려면 자연히 내 몸의 수족과 같은 스마트폰의 자유로운 활용은 필수다. 또한 질 좋은 스마트 교육을 통해 스마트하고도 행복한 삶을 살려는 욕구는 갈수록 커질 수밖에 없다. 따라서 스마트폰은 이제 우리의 아바타, 바로 분신과도 같다. 똑똑하고 영리한 스마트폰을 잘 활용해야 노후가 즐겁고 행복해지는 지름길이 된다. 그게 바로 스마트 시티의 시티즌의 소임이기도 하다. 다시 말해 '스마트 시티'란, 첨단 IT 기술과 도시 기반 시설을 융복합해 도시의 효율적 관리 및 시민이 필요한 정보를 언제 어디서나 제공할 기반을 갖춘 도시를 의미한다.

이미 스마트 기술은 우리 삶 깊숙이 들어와 엄청난 편리를 제공하고 있다. 스마트폰 없는 세상을 상상할 수 없듯이 스마트 기술 없는 미래와 도시, 국가는 상상할 수 없다. 프로스트 앤 설리반(Frost & Sulivan) 등의 연구기관들도 스마트 시티 시장이 매우 빠른 속도로 성장할 것으로 기대하고 있다. 세계 스마트 시티 프로젝트의 약 70%는 에너지, 교통, 안전의 3요소에 집중될 것이라고 한다. 또한 전 세계 약 70억 명의 인구 중 35억 명이 도시에 거주한다. 인구 증가율보다 도시 거주율이 더 빠르게 증가하므로 도심 재생의 필요성으로 인해 스마트 시티는 더욱 관심받을 것이다.

3060 시니어 폰맹 탈출 코칭, 어떻게 가능할까?

'디지털 노노케어'로 1천만 시니어들의 폰맹 탈출

스마트폰 등장으로 손가락 신이 다스리는 세상이 되었다. 스마트폰 활용이 어렵다고 기피만 하다가는 점점 더 현실 세계와 멀어진다는 것을 알아야 한다.

스마트폰은 과거의 단순한 전화기가 아니라 만능 헬퍼다. 활용만 잘 하면 개인 비서 역할을 톡톡히 해내고, 내가 모르는 것을 척척 알려 주는 지식 창고다. 궁금한 게 있으면 무엇이든 해결해 주는 스마트폰은 학교요, 선생님이요, 친구다. 스마트폰을 사용하다 보면 스마트폰 예찬론자가 됨을 부인할 수 없다. 유용한 그 기능들을 다 사용할 수 없다는 게 한이다.

우선 시니어의 아날로그적 사고를 디지털화하는 마인드 체인지가 필요하다. 이제 스마트폰 활용 지도사 자격을 가진 젊은이도 많고, 시니어도 많다. 그런 자격증을 가진 사람들이 그렇지 못한 어른을 가르치는 경우를 '디지털 노노케어'라 칭하겠다. 의료계에서나 노인 돌봄 시설에서 노노케어 방식으로서 65세 노인이 더 늙은 노인을 돌본다. 스마트폰 교육에서도 젊은 시니어 강사가 나이 든 시니어를 가르치는 '디지털 노노케어' 방식의 기본 교육이나 스마트폰에 대한 돌봄 서비스가 매우 필요한 실정이다. 이것을 잘 활용한다면 앞에서 지적한 시니어의 스마트폰 활용 문제도 해결할 수 있다. 따라서 시니어의 심적 체증을 한순간에 뚫을 수 있다.

보통, 노인 대상 교육에 아주 젊은 강사들이 제격이다 싶겠지만 사실은 그렇지 않다. 젊은 강사들은 실력도 좋고, 손놀림도 빠르며, 이해도도 좋다. 그렇다고 해서 좋은 강사라는 판단은 큰 오산이다. 대개 그들은 노인의 심리를 파악하지 못하니 그저 답답할 뿐 역지사지가 되지 않는다. 노인의 답답한 마음을 알아차리고 잘 가르칠 수 있는 사람은 결국 나이가 어느 정도 든 강사들이다. 따라서 시니어도 누구든 스마트폰 강사가 될 수 있다. 이는 서로가 윈윈하는 일자리 창출로 이어질 수 있다. 단순히 배움으로 그치는 게 아니라 다른 누군가의 선생님이 된다는 것은 참 매력적인 일이다. 이는 곧 디딤돌형 사회 공헌 일자리 모델이 될 것이다. 100세 시대에 그것이야말로 디지털 노노케어가 지향할 바다.

노년층과 60세 미만 성인들의 디지털 활용 격차가 크고, 시대 변화에 적응하지 못해 고충을 토로하는 노인의 수가 많다. 그러나 그들을 대상으로 이뤄지는 디지털 교육이나 관련 지자체의 지원은 미미한 실정이다. 일부 복지관에서 운영되고 있는 디지털 교육은 대개 한국정보화진흥원 등 관계 기관에서 강사를 데려오거나 SNS 등에서 유명한 강사들을 초빙해 짧게 진행하는 '특강' 형식이 대부분이다. 시니어를 직접 교육해 온 필진은 노인 대상의 디지털 교육의 애로점이 많음을 익히 알고 있다.

노인들의 디지털 격차도 크지만, 노년층 안에서 개개인의 관심도에 따른 디지털 차도 천차만별이다. 교육 시에 보다 많은 인력과 지원비가 필요한 이유다. 한두 번의 강의로는 이해에 그칠 뿐이다. 즉 손에 익혀 자유롭게 사용하는 데에는 한계가 있다.

3060 시니어 폰맹 탈출 코칭과 주치의 제도

'3060'이란 용어는 유일한 브랜드이기도 하다. 호모 헌드레드 시대에 경제 수명으로 볼 때 90살까지를 뜻한다. 요즘, 대개 30대 초반에 직장을 얻어 60여 년간 여러 일을 하며 90살까지 활동한다는 의미다. 따라서 60대에 퇴직한 사람도 30년을 더 활동해야 한다. 게다가 노년의 준비는 퇴직 이후가 아니라 30대부터 차곡차곡 계획적으로 대비해야 함을 일컫는다. "90세에도 자기계발을 멈추지 않아야 한다."는 유발 하라리의 주장처럼 진정한 변화는 지름길로부터 오지 않는다. 거기에 빠질 수 없는 신개념으로는 스마트폰 제대로 활용하기가 있다.

그에 따른 스마트폰 활용의 효율적인 방법으로 '노노케어 서비스'를 꼽을 수 있다. 이는 폰맹 탈출 코칭에서 정수가 될 것이다. 노노케어 서비스는 원래 의료 분야에서 나온 말로, 노인이 노인을 케어하는 것을 일컫는다. 그럼으로써 시니어의 자긍심과 충만함을 고취시키며 일자리 창출에도 기여할 수 있다. 이런 맥락에서 노노케어를 비롯하여 노인 일자리를 통해 노인이 노인 돌봄 서비스 영역에서 일정한 역할을 담당하는 것은 노년의 의미 있는 삶에 기여하고, 지속 가능한 돌봄 생태계 구축에도 도움될 것이다.

노인 일자리는 경제 활동에 기여할 뿐 아니라 노년의 의미 있는 삶에 기여하고, 더 나아가 사회적 공헌 혁신은 초고령 사회에 대비한 중요한 과제다. 따라서 폰맹 탈출 코칭은 노노케어 서비스 방식으로 이어 갈 것이다. 이는 1:1 코칭, 즉 개인 코칭 혹은 집단 코칭을 주로 한다. 다변화하는 세상에 평생교육 차원에서도 큰 의미가 있다.

1:1 도우미로 개인별 맞춤 깨알 코칭

폰맹 탈출 코칭의 도우미 자격은 스마트폰 활용지도사 자격 소지자(1·2·3급)로 한다. 무엇보다 지도사의 인품이 중요하다. 주로 시니어를 상대해야 하므로 학습자를 너그럽게 품어 줄 아량이 필요하다. 넉넉한 기품의 스마트폰 포용자만이 가능한 일이다. '스마트폰 포용자'란, 스마트폰 미숙련자도 포용하듯 따스히 품어 줄 인격자를 말한다.

학생이 공부할 때 선생님이 마음에 들면 더 열심히 공부한다. 그렇듯 학습 도우미는 수강자의 심리를 잘 파악하고 예절을 갖춤으로써 학습 효과를 상승시킬 수 있다. 교사 준비 단계로 예비 선생님들이 교육학을 배우고, 교사 임용고시를 거치는 것이 통과의례다. 즉 교사로서의 품격과 태도를 익혀야 한다. 제대로 된 스마트폰 지도사가 되기 위해서도 그런 자격을 연마할 필요가 있다. 지도사의 실력과 인품이 잘 배합될 때 비로소 질 높은 리더가 될 수 있다. 그것이 바로 좋은 코칭자로서의 갖출 덕목이요, 기본이다. 단지 스마트폰 자격을 가졌다고 훌륭한 스승이 될 수 없다. 때문에 폰맹 탈출 코칭 프로젝트에서는 스마트폰 지도사를 위한 심리와 노인 심리 파악 및 교양 쌓기 등을 배제할 수 없다.

시니어 폰맹 탈출 유형별 코칭 과정

유형	코칭 기간	특징	주요 코칭 방법
A형 (전문가 과정)	3개월	기본과 고급 과정을 이수한 과정. 자서전이나 전문 서적을 출간, 유튜브 등을 제작하기 위해 전문성 있고, 사전 준비가 되어 있어 약간의 도움만 필요한 경우	앱은 물론 PC까지 활용하여 책과 글쓰기, 유튜브 코칭에 필요한 전반적인 수준의 종합적 실습, 유튜버 크리에이티브 과정, 온라인 마케터 과정 등의 경우 전문가의 집중 교육과 지도가 필요
B형 (고급 과정)	3개월	일상 생활 및 취미 생활에 필요한 스마트폰을 적극적으로 활용하여 삶의 질을 높이기를 원하는 시니어들이 기술 보완이 필요하여 외부의 도움이 필요한 경우	기초 보완+실전 중심 코칭 • 스마트폰과 PC 자료 이동—구글 드라이브, 구글 문서 • 온라인 Live 화상 채팅—Zoom, Meet 등 • 말로 혹은 찍어서 문서화—말을 문서로, 이미지 복사해 문자로, 사진 찍어 문자로 등 • 스마트폰 일상 생활 활용—인터넷 쇼핑, 명함 관리, 대금 카드 결제, 지하철·버스 시간표와 노선도 등 • 세계 여행—통번역기(구글 번역), 국내외 숙박 예약 등
C형 (기초 과정)	8시간	스마트폰 활용의 왕초보자로서 비대면 시대에 자유로운 스마트폰 사용을 원하나 외부의 도움이 절대적으로 필요한 경우	스마트폰 기초 다지기 코칭 • 스마트폰 기본 기능 활용—카톡 메시지 말로 보내기, 뉴스 말로 듣기, 오픈 채팅방 개설, 카카오 번역 등 • 스마트폰에 앱 다운로드—일상 생활, 교통, 지도 등

개인 코칭 vs 집단 코칭 제도

흔히 "코칭이란 마중물이다."라고 말한다. 펌프로 물을 끌어올리려면 마중물 한 바가지가 필요하다. 펌프질만으로는 물이 나오지 않는데, 희안하게도 조금만 물을 넣으면 필요 이상의 물을 얻을 수 있다. 코칭도 이 원리와 비슷하다. 사람은 누구든 잠재력을 지니고 있다. 마중물을 부어 주듯 코치가 코칭을 통해 잠재력을 발견토록 도와주면 자신의 역량을 맘껏 발휘하며 활기찬 삶을 살 수 있다. 그래서 코칭은 마중물과도 같다.

코칭은 수강자에게 동기 부여를 주는 과정으로 학습자가 스스로 익히도록 도와야 한다. 코칭을 두 가지로 분류하면 개인 코칭과 집단 코칭으로 나눌 수 있다. 지도사가 어느 지정된 장소에서 코칭할 수도 있고, 직접 방문할 수도 있다. 건강상, 조건상 수혜자가 원하는 장소로 가서 1:1 강의를 할 수 있다. 그것도 개인과 집단으로 나눠 교육할 수 있다. 딱히 정해진 게 아니라 상호 간 케이스 바이 케이스로 융통성 있는 선택이 될 수 있게 조율한다.

개별 코칭의 특징은 코칭을 통해 스스로 스마트폰 활용법을 익히도록 하되, 1:1 개인별 원스톱(One-Stop) 서비스 방식이다. 스마트폰 기술 활용과 스마트 워킹으로 시간과 방식을 대폭 효율화하며, 언택트 서비스가 가능하다. 폰맹 탈출 코칭의 도우미 자격은 스마트폰 활용지도사 자격 소지자로 한다.

집단 코칭의 경우에도 많은 수강자를 대상으로 한꺼번에 정해진 기간 동안 교육하는 집단 교육과 장기적인 집단 서비스를 목적으로 하는 교육으로 나눈다. 예를 들면, 어느 직장에서 퇴직을 앞둔 사람들이 폰맹 탈출 교육을 받는다 치자, 그럴 경우 그것은 집단 코칭에 속하고, 동호회 등 단체 등에서 지속적인 서비스를 원할 경우 장기적 서비스 교육에 해당한다. 요즘같이 코로나 비대면 시국에는 온라인 강좌까지도 포함한다. 즉 줌(Zoom) 등 원격 화상 수업으로 수업과 실습이 함께 이뤄질 수 있다. 어느 한 곳에서만 하는 고정 코칭보다 유동 코칭은 디지털 포용도가 더 넓다고 볼 수 있다.

수혜자 니즈에 따른 교육으로 몸이 아프거나 바쁜 사람, 자세한 가르침을 원하는 사람에게 권할 만한 코칭 중 하나다.

1천만 시니어 폰맹 탈출하기 코칭(개인) 기본·전문 과정을 잠깐 언급하면, 기본 과정은 스마트폰 활용한 일상 생활 및 실용 부분 코칭으로 2개월(3시간×8차수) 교육 시간을 기준으로 한다. 전문 과정은 각종 무료 앱 기술을 활용＋PC까지 활용하여 책과 글쓰기 코칭에 필요한 전반적인 수준의 종합적 실습을 한다. 교육 시간은 35～40시간이다. 가능 인원은 개인 코칭일 경우 1:1이고, 집단일 경우는 20～25명으로 한다. 집단 코칭 방식은 많은 인원을 동시에 일정 기간 집합 교육하는 방식을 말한다.

장기 서비스를 위한 스마트폰 주치의 제도

사람마다 스마트폰을 다룰 줄 아는 정도가 각기 다르기에 우선 의사가 환자를 진단하듯 코치가 학습자를 1차 측정한다. 간편 테스트로 수준이 어느 정도인지 가늠할 수 있다. 학습자의 정도와 형편에 따라 코칭 전문의가 진단해 학습 방법까지도 조언한다. 개별 학습, 혹은 공동 학습이 좋을지 등 말이다. 스마트폰 전문의 자격은 스마트폰 활용지도사 자격을 갖춘 자로 하며, 학습자가 알 때까지 가르치는 것을 원칙으로 한다. 왜냐하면 기술이란 쓰면 쓸수록 숙달되지만, 자주 사용하지 않으면 금방 녹슬기 때문에 갈고 닦아야 한다.

급변하는 디지털 변화에 따라 각국에서는 여러 프로젝트로 다가서고 있다. 전국민 대상으로 나라마다 디지털 활성화 방안에 심혈을 기울이고 있다. 우리나라도 지자체나 각 군구시에서 시행 중이다. 50플러스, 노노케어 서비스, 대한민국 디지털 kr 등 여러 스마트폰 교육이 있다. 이 같은 전면적인 교육도 필요하지만 틈새를 이용하는 게릴라전적인 교육을 추천한다. 그리하여 이 책에서는 스마트폰 교육의 전면전에서 놓칠 틈새 교육이 무엇이며, 어떻게 적용할지에 대해 관심을 가졌다. 그중의 하나가 장기 서비스를 위한 '스마트폰 주치의 제도'다.

무엇보다 초고령화 시대로 접어들면서 베이비부머 세대들이 대거 쏟아져 나오고 있다. 그들은 아직 신중년으로서 건강하고, 경제적·지적·시간적으로 풍부함을 겸비했다. 과거 IMF의 고난을 겪는 과정에서 자기 면역력도 키웠다. 어려움을 극복하려는 의지가 강하며, 일자리를 가지려는 욕구도 높다.

평생교육의 생활화가 대두되고 있는 이즈음, 이 책에서 추진하는 스마트폰 교육 중 주치의 제도는 안성맞춤식이다. 디지털에 익숙하지 않은 사람들에게 오아시스 같은 소식이다. 주치의가 환자를 전담하듯 스마트폰 지도사가 학습자를 전담해서 될 때까지 교육하는 제도라고 보면 된다.

의료계에 주치의나 요양보호사가 있어 환자를 돌보는 것처럼 폰맹 탈출 코칭에서도 그 시스템을 벤치마킹했다. 사람마다 스마트폰을 다룰 줄 아는 정도가 각기 다르기에, 우선 의사가 환자를 진단하듯 코치가 학습자를 1차 측정한다. 간편 테스트로 수준이 어느 정도인지 가늠할 수 있다.

'무한 리필 스마트폰 주치의 게릴라전' 개인과 집단 코칭은 다음과 같다. 기본 과정과 전문 과정, 두 가지 코스가 있다.

기본 과정의 주요 특징은 스마트폰을 활용한 일상 생활 및 실용 부분 코칭으로 언택트 시대의 화상 수업, 전화 수업도 포함한다. '기본 강의+개인별 장기 지도'에 의한 폰맹 탈출 역량 강화 1:1 맞춤으로 스마트폰을 활용한 일상 생활 및 실용 부분 코칭, 전문가를 목표로 배운 스마트폰 기능을 숙달하고 능수능란한 활용 수준을 목표로 될 때까지 반복 학습하며 스마트폰 파먹기를 한다. 전문 과정은 '각종 무료 앱 기술 활용+PC 활용'까지 하며 책과 글쓰기 코칭에 필요한 전반적인 수준의 종합적 실습, 언택트 시대의 화상 수업·전화 수업도 포함한다.

집단 주치의 과정도 개인 주치의 방식과 동일하다. 다른 점은 인원 차이이다. 집단으로 교육을 받으며 필요에 따라 1:1로 맞춤 코칭도 가능하다. 가령 어느 단체에서 집단으로 집단 주치의 스킬을 받길 원할 경우가 이에 속한다. 스마트폰을 활용한 일상 생활 및 실용 부분 코칭, 교육 시간은 6~12개월로 하되 필요시 무한으로 될 때까지다. 가능 인원은 개인은 1명, 집단 코칭은 10명 이하다.

시니어를 위한 코칭형 교육 방식

도우미 활동을 위한 코치 육성 전문가 과정

스마트폰 활용 지도사 자격증만으로는 좋은 코치가 되는 데 부족하다. 시니어들의 심리를 이해하고 그에 따른 대응이 필요하기 때문이다. 수요자 중심의 교육은 철저히 그들이 주체가 되어야 한다. 앞에서 제시했듯이 우리가 지향하는 교육 목표도 바로 티칭이 아닌 코칭이다. 좋은 선생님이란 아이들의 마음을 읽고 함께 대화하며, 그들의 눈높이에 따르며 무한 기다림이 있을 때 가능하다. 그렇듯 좋은 스마트폰 코치도 시니어들의 마음과 통하며 소통할 수 있어야 한다.

스마트폰 코치는 스마트폰 지도사 자격증을 가진 전문가, 또는 그 이상의 실력을 보유한 사람으로서 코칭, 또는 주치의로 활동하는 데 필요한 기본 소양과 코칭 스킬, 노인 심리 등을 체득하여 노노케어가 가능한 자격을 보유토록 한다. 무엇보다 지도사의 인품이 중요하기 때문에 노인 심리 파악 및 교양 쌓기 등은 매우 중요한 자질이라고 할 수 있다. 따라서 폰맹 탈출 코칭 프로젝트에서는 존경받는 스마트폰 지도사를 위한 교육을 우선으로 한다.

코치 대상 육성 전문가 과정

과정	코칭 시간	대상	주요 코칭 방법
코치 육성 과정	5시간	스마트폰 지도사 자격증 (1~3급) 소지자 외 스마트폰 활용에 능숙한 전문가	강사 활동을 위한 보충 교육으로, 사업 개요·코칭 기술·노인 심리 코칭·코칭 테크닉·인성·에티켓·폰맹 탈출 전반 시스템

시니어 폰맹 탈출을 위한 교육 과정

시니어들의 폰맹 탈출을 위해서는 1:1 맞춤형 도우미식의 코칭이나 주치의 제도가 필요하다는 것을 계속 강조했다. 그러나 그 이전에 스마트폰 기본과 실기 포함 코칭으로 왕초보도 자신감을 가지게 되며, 기초 과정과 고급 과정을 통해 기본적인 기술을 이수하면 훨씬 쉽게 따라올 수 있다. 많은 수강자를 대상으로 한꺼번에 정해진 기간 동안 교육하는 집단 교육과 장기적인 집단 서비스를 목적으로 하는 교육 방식이다.

폰맹 탈출 기본 과정

스마트폰 왕초보를 위한 기본 과정으로, 생활에 필요한 앱 활용 기본 강의와 실습을 한다. 예를 들면 스마트폰 기본 기능 활용 편으로, 카톡 메시지 말로 보내기·뉴스 말로 듣기·오픈 채팅방 개설·카카오 번역 등을 익힌다. 또 스마트폰에 앱 다운로드하기를 익혀 일상 생활에서 쓰는 교통, 금융, 사진, 지도 이용 등을 배운다. 또 생활 필수 기능 익히기 기초로, QR 코드 스캐너 활용·온라인 주문 및 결제·정보 검색과 활용·송금 업무·책 주문·카카오택시 호출·주변 맛집 찾기 등으로 즐겁고 행복한 시간을 보낼 수 있다.

폰맹 탈출 고급 과정

앱 활용은 물론 컴퓨터와 연계해 실무 활용 가능 수준으로 교육한다. 구글 드라이브, 구글 문서 등과 연계해 스마트폰과 PC 자료를 이동할 수 있다. Zoom, Meet 등 미디어 시스템으로 온라인 라이브 화상 채팅이 가능하다. 또한 말로 혹은 찍어서 문서화하며, 이미지를 복사해 문자로 혹은 사진 찍어 문자화할 수 있다.

스마트폰의 기능을 배워 일상 생활에 활용한다. 예를 들면 인터넷 쇼핑, 명함 관리, 대금 카드 결제, 지하철·버스 시간표와 노선도, 걸을 때 길찾기, KTX·SRT·국내외 비행기표 예매 및 환불, 축의금·조의금 관리 등 무궁무진하다. 세계 여행 시 통번역기(구글 번역)로 자유롭게 여행할 수 있으며, 국내외 숙박 예약하기 등이 가능하다.

전문가 과정

기본과 고급 과정을 이수한 과정으로, 책 글쓰기나 유튜브·사진으로 동영상 등을 만드는 특수 단계다. 그간 배운 기능을 활용해 스마트폰으로 책 글쓰기, 다양한 유튜브 만들기, 사진과 동영상으로 자서전 만들기를 직접 수행한다.

시니어들이 폰맹에서 탈출하려면 한두 번의 집합 교육만으로는 해결되지 않는다. 교육을 받고 돌아서면 잊어버리고, 계속 숙달하지 않으면 교육이 모두 허사가 되기 때문이다. 따라서 여기에서 설명한 교육 과정들은 1:1 맞춤식 코칭이나 장기적으로 도우미가 파견되어 숙달될 때까지 도와주는 주치의 제도를 활용하기 전, 한 번쯤은 꼭 들어야 할 필수 과정들이다.

SMART
SENIOR
SHOW

제3장
스마트폰 기초 입문하기 (HOW)

01 폰맹 탈출 들어가며

동영상 1
폰맹 탈출 들어가며
QR 코드 스캐너 사용법 / 말로 문자 입력하기

01 실습을 위한 제3장~제5장 구성 및 활용

제3장~제5장은 폰맹 탈출을 위한 강의와 실습 편이다. 이 책은 기존의 책들과 차별화하고, 시니어들에게 꼭 필요한 내용으로 구성했다. 그러기 위해 스마트폰 활용에 대해 강의하는 각 교육기관의 자료나 조사 결과도 분석하여 문제점을 도출해 보았다. 그런 다음 필자가 실생활에서 활용했던 경험과 강의 경험을 토대로 〈내 스마트폰 활용 수준은 어떤가?〉 설문서(〈부록 1〉 참고)를 만들었다. 응답자들이 자신의 활용 수준을 점수로 확인할 수 있도록 하여 흥미를 돋우었다. 500여 명의 답신을 세세하게 분석한 결과를 활용해 이 책을 집필했다. 즉 시니어들이 원하는 니즈를 사전에 파악해 꼭 필요하고 우선적으로 활용할 기능들을 선정했다.

시니어들은 스마트폰 기능을 배우고 나서도 바로 활용하지 않으면 곧바로 잊는다. 그간 스마트폰을 가르치며 경험한 집필진은 그걸 해결할 방법을 모색한 결과, 이 책에 각 섹션마다 동영상을 제작하여 별첨하기로 했다. 총 25편의 동영상을 제작하여 각 섹션마다 해당하는 동영상의 QR 코드를 생성해 첨부했다. 독자들은 각 섹션을 읽고 나서 별첨된 QR 코드를 스캐너로 찍으면 그와 연결된 동영상을 보면서 숙달될 때까지 기법을 익힐 수 있게 된다. 이것이 이 책의 가장 차별화된 강점이자 획기적인 시스템이다. 따라서 독자들은 제3장~제5장까지의 본격적인 기능 설명을 익히기 전에 다음 두 가지 기능을 미리 이해할 필요가 있다.

첫째, QR 코드 스캐너 사용법을 미리 알아 둔다. 폰맹 탈출을 위한 스마트폰 및 활용 앱 기능에 대해서 그림과 함께 상세히 설명할 뿐 아니라 총 25편의 동영상 시청을 위한 QR 코드를 별첨해 놓았다. 스마트폰 QR 코드 스캐너로 사진을 찍으면 바로 해당 동영상을 볼 수 있다. 나아가 제4장의 '해외 숙소 TV로 방송 등 한국어 콘텐츠 보기'에서 스마트폰 화면 TV로 보는 법을 미리 익히게 되면, 더 이상 스마트폰의 작은 화면으로 동영상을 볼 필요 없이 TV나 모니터의 큰 화면으로 볼 수 있어 내용을 이해하는 데 훨씬 큰 효과를 얻을 수 있다.

둘째, 말로 입력하기 기능을 미리 이해한다. 엄지손가락을 사용하여 독수리 타법으로 스마트폰에 입력하는 대신 말로 입력하는 방법을 먼저 배워 두면 책 내용 이해에 많은 도움이 될 것이다.

02 QR 코드 스캐너 사용법

책을 읽어보고 그 내용에 대한 동영상을 보면서 실습하면 앞으로 설명하게 되는 모든 기능을 익히는 데 큰 도움이 된다. 따라서 스마트폰 기초를 설명하기 전에 우선 이 책에 별첨되어 있는 QR 코드를 스캔하여 동영상을 볼 수 있는 방법부터 설명하고자 한다. 다음 설명에 따라 실습한다.

① 우선 스마트폰의 플레이(Play) 스토어나 앱 스토어를 열어 상단의 검색창에 '바코드 스캐너'를 치고, 검색창 아래 부분에 나와 있는 리스트 중 '무료 QR 스캐너'를 선택한다.

② 첫 번째 나타나는 '무료 QR 스캐너' 앱 우측에 있는 '설치' 버튼을 누른다.

③ 설치가 완료되면 '열기'를 눌러 나타나는 화면의 새 창에서 '허용'을 누른다.

④ 그러면 카메라가 나타나는데, 그 카메라를 책 안에 별첨되어 있는 해당 QR 코드가 사각 안에 잘 놓이도록 갖다 대면 바로 QR 코드가 찍히고, 동영상이 나타난다.

 SMART

이 책에서 소개하는 기능들을 숙달하고자 할 때는 다음 순서로 할 것을 추천한다.

① 미리 집안 누군가의 스마트폰을 하나 더 빌려서 그 스마트폰에 '무료 QR 스캐너' 앱을 다운 받는다.

② '무료 QR 스캐너'로 책에 별첨된 QR 코드를 찍어 동영상을 준비한다.

③ 제4장의 '해외 숙소 TV로 방송 등 한국어 콘텐츠 보기'에서 소개하는 방법대로 빌린 스마트폰의 Smart View 기능을 활용하여 TV나 PC 모니터 화면에 연결한다.

④ QR 코드로 찍은 동영상을 실행하여 배운다. 적당한 시점에 동영상을 중지하고 그 부분까지 자신의 스마트폰으로 배운 기능을 실습한다.

⑤ 다시 빌린 스마트폰의 동영상을 연속하여 시청한다.

그런데 독자들은 동영상을 시청하면서 동영상 진행 속도가 너무 빠르다고 느낄 것이다. 어차피 독자 개개인의 숙련도에 따라 배우는 속도는 모두 다르다. 따라서 동영상 진행 속도를 일정 속도로 조정하는 것은 어려울 뿐 아니라 속도를 너무 늦게 하면 독자들이 추후에 내용 중 일부를 찾아가는 것 역시 어렵게 된다. 그러므로 위 ④,⑤의 과정을 반복하면서 동영상에서 소개하는 기능을 숙달하게 되면 가장 효율적으로 배우게 된다.

03 말로 문자 입력하기

스마트폰에 말로 문자를 입력하는 방법은 다음과 같다.

음성을 문자화하는 기술을 'STT(Speech to Text)'라고 한다. 음성을 문자화하기 위해 가장 먼저 해야 할 일이 자판에 마이크를 집어넣는 것이다. 최근에 나오는 스마트폰들은 이미 화면에 마이크가 나타나 있지만, 일부 1년 이상 지난 스마트폰에는 자판에 별도로 마이크를 설치해야 한다. 아이폰은 '시리' 기능을 사용하면 된다.

자판에 마이크를 설정하는 방법은 다음과 같다.

① 스마트폰마다 조금씩 다르지만 일반적으로 '설정' 표시나 그와 유사한 모양의 버튼을 2~3초 지그시 누르고 있으면 새 창이 나타나고, 그 새 창에 있는 '마이크'를 선택하면 그때부터 사용할 수 있다.

② 문자판에서 '마이크' 아이콘을 누르면 나오는 새로운 화면에 원하는 메시지를 말로 하면 문자화된다.

> **잠깐!** 만일 카톡의 경우, 음성으로 작성한 문자가 원하는 것이 아니라면 틀린 글자 뒷부분에 손가락을 살짝 댄 다음 떼면 커서가 나타난다. 이때 문자판의 지우기 아이콘을 눌러 지우고 나서 문자판을 이용하여 고쳐 준 다음, 그 메시지를 전송해 주면 된다.

 SMART

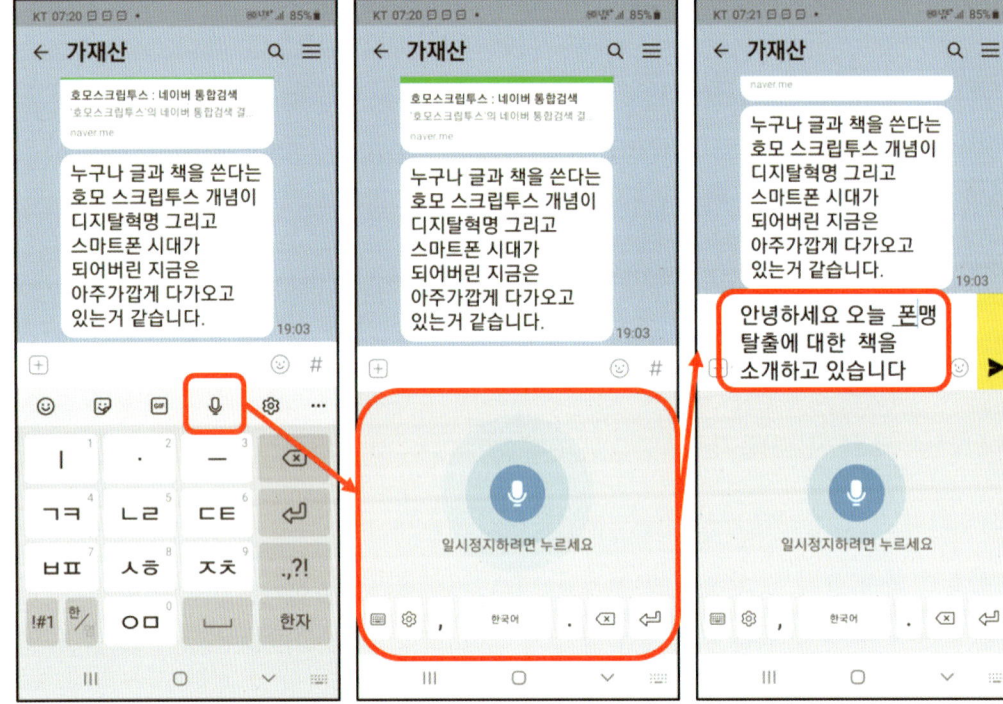

　　문자판에 마이크가 추가되는 순간부터 사용자는 카톡뿐 아니라 스마트폰의 모든 앱에서 음성으로 입력할 수 있다. 음성 문자화 기능을 사용하는 순간 새 세상이 열린다.

　　처음 음성 녹음할 경우 숙달되지 않아 틀릴 수 있지만 걱정할 필요는 없다. 처음에 잘 안 된다고 해서 포기해 버리면 영영 새로운 기술을 따라잡을 수 없게 된다. 나이가 많아 잘 못한다며 절대 포기하지 말고, 하룻밤을 새는 한이 있더라도 자신이 직접 시도해 보고 터득해야 쏜살같이 달려가는 신기술을 따라잡을 수 있다. 우선 말을 정확하게 하는 연습을 하자. 그리고 어떤 문구가 음성 인식에서 잘 적용되지 않는지를 알게 되면 점차 헛수고를 줄이게 된다. 편리한 문명의 이기를 사용하기 위해서는 그만한 훈련이 필요하다.

> **잠깐!** 마이크에 대고 '밤이'라고 말하면 연음법칙 때문에 '바미'라고 들리게 되지만 인공 지능은 똘똘하게도 앞뒤 문맥을 보고 '밤이'라고 고쳐 준다. 그런데 주의할 것은 앞뒤 문맥을 볼 수 없는 단어다. 사람이나 물건 이름, 지명 등 고유명사는 앞뒤 문맥이 없으므로 한 글자, 한 글자 정확하게 말해 주어야 함을 잊지 말자.

02 스마트폰 기본 기능 어렵지 않아요

동영상 2
스마트폰 기본 기능 1
생김새 / 즐겨찾기 / 앱 확인 / 와이파이, 모바일 데이터

01 스마트폰의 생김새

스마트폰의 앞면 상단에는 스피커와 카메라가 위치하고 있다. 옆부분에는 가장 위에 '소리 크게 하기', 그 아래에 '소리 작게 하기' 버튼이 있다. 아래에 위치한 버튼을 짧게 누르면 화면을 끄거나 켜는 기능이 되고, 길게 누르면 스마트폰의 전원을 끄거나 다시 시작, 또는 긴급 모드로 활용할 수 있다. 아랫부분에는 리시버를 꽂을 수 있는 원형 구멍, 베터리 충전, 스피커와 스마트폰에 따라서는 S펜이 장착되어 있다.

02 즐겨찾기와 앱 이동하기

홈 화면 하단에 보면 즐겨찾기 앱들이 위치한다. 평소 자주 사용하게 되는 앱들을 그 자리에 끌어다 놓으면 되는데, 5개까지만 위치시킬 수 있다. 따라서 5개의 상태에서 추가할 경우 하나를 홈 화면 위로 이동시킨 다음 1개를 추가해야 한다.

앱을 이동하는 방법은 다음 두 가지다.

① 앱 아이콘을 2초가량 누른 다음, 끌어서 원하는 화면의 원하는 위치로 가서 놓는 방법

② 앱 아이콘을 2초가량 누르면 새로 나타나는 창에서 '항목 선택'을 누른 다음, 원하는 화면의 원하는 위치에 약 2초가량 눌렀다 떼는 방법

즐겨찾기는 5개까지

앱 이동 방법 1

앱 이동 방법 2

03 이전 화면과 최근 실행한 앱

홈 화면 하단 우측의 '화살 표시'를 누르면 이전 화면으로 이동하고, 가운데 '사각형'을 누르면 홈 화면으로 이동, 좌측 '3줄'을 누르면 최근까지 사용했던 화면들이 나타난다. 특히 최근까지 사용했던 화면 리스트는 앱을 등록하거나 본인 인증할 때 당해 화면을 끈 다음, 이메일이나 메시지 확인한 후 바로 전 사용 화면으로 가서 인증 번호를 입력, 인증을 완료하는 데 매우 유용하게 활용할 수 있다.

> **참고** 너무 많은 사용 화면들이 열려 있는 경우 스마트폰 성능이 저하될 수 있으므로 필요 없는 경우 '모두 닫기'를 눌러 닫아 주는 것이 좋다.

이전 화면 가기 / 홈 화면으로 / 홈 화면 / 최근 실행한 앱

04 설치된 모든 앱 확인과 앱 검색하기

홈 화면의 중간에서 손가락으로 위로 살포시 밀어 주면 스마트폰에 다운 받아 놓은 모든 앱들이 나타나게 된다. 보통 너무 많은 앱을 다운 받아 놓기 때문에 화면을 이동하면서 원

하는 앱을 바로 찾아내기가 어렵다. 화면 상단에 있는 검색창의 마이크를 쓰거나 자판으로 찾고자 하는 앱 이름을 입력해 주면 바로 해당 앱을 찾아 준다.

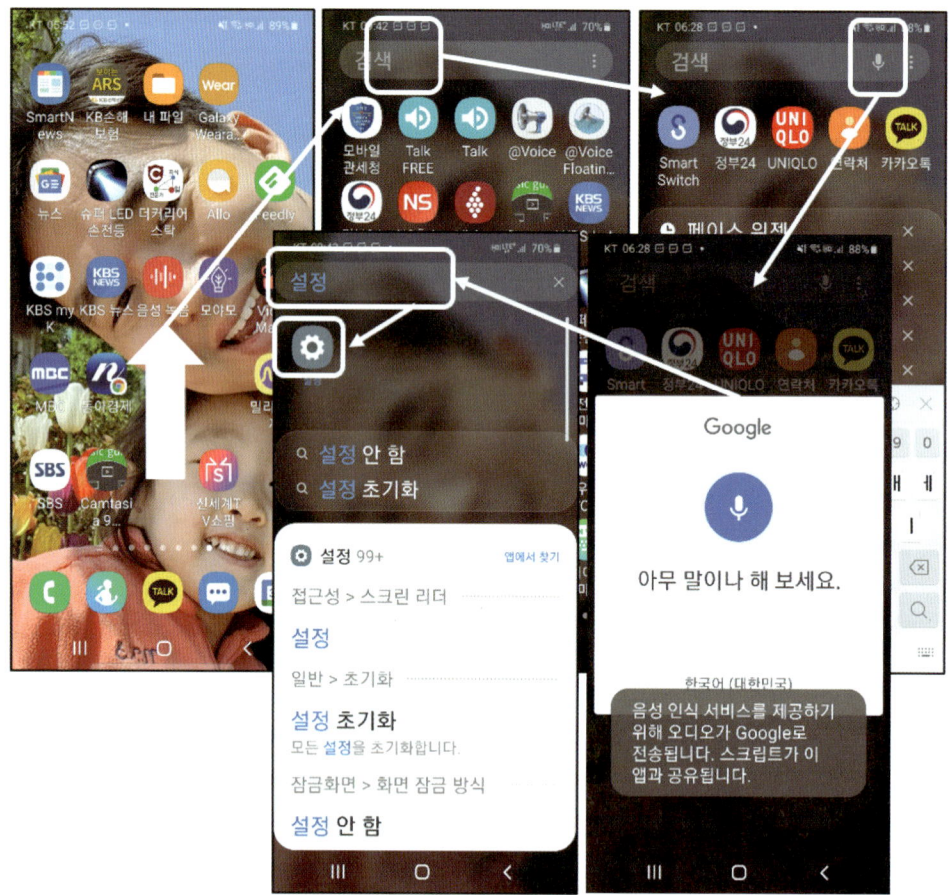

05 전화벨 울림, 와이파이, 비행기 탑승 모드, 모바일 데이터 사용

손가락으로 스마트폰 화면 가장 윗부분에서 아래로 내려 주면 각종 기본 기능의 상태 표시가 나타난다. 전화벨 울림, 와이파이, 비행기 탑승 모드, 모바일 데이터 등 각종 기본 기능의 상태를 조정할 수 있다.

전화벨 울림 아이콘 🔊 은 손가락으로 누를 때마다 '울림', '진동', '음 및 진동 소거' 등

세 가지로 변한다. 따라서 전화 받기를 원하지 않는 경우 '음 및 진동 소거' 상태로 변경하고, 회의나 집중해야 하는 업무 수행 중에도 전화를 기다리고 있는 경우에는 '진동' 상태로 변경, 전화벨 소리가 울려도 문제없는 경우에는 '울림' 상태로 놓으면 좋다.

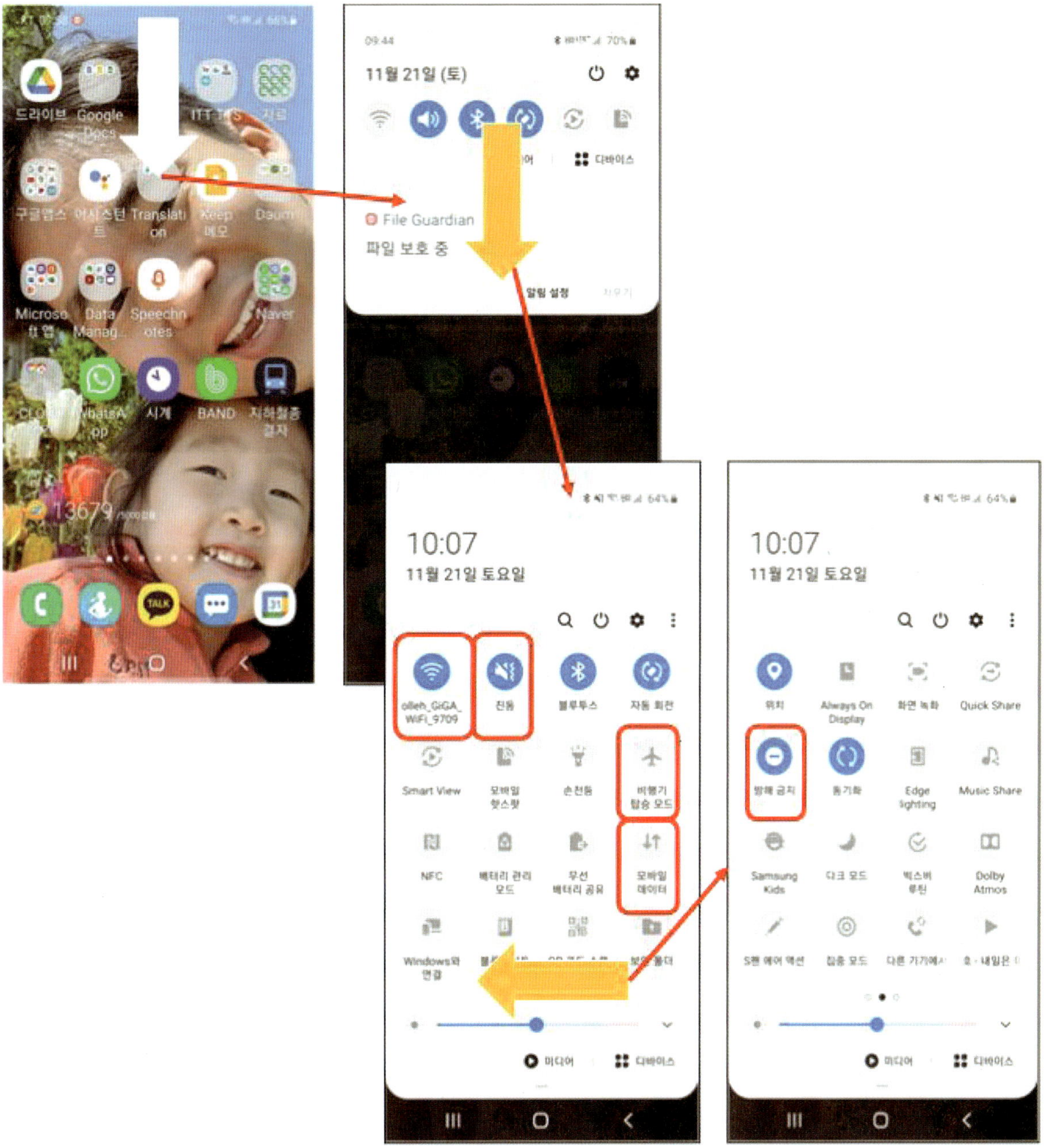

03 언제 어디서나 스마트폰으로 인터넷하기

동영상 3
스마트폰 기본 기능 2
인터넷하기

01 와이파이 연결이나 모바일 데이터

와이파이 아이콘을 켜 두었을 때, 와이파이가 제공되는 지하철이나 사무실에서는 자동으로 접속되어 스마트폰의 각 기능을 원활히 활용할 수 있다. 다만, 특별히 패스워드를 입력해야 접속되는 곳에서는 담당자에게 '와이파이 이름'과 '패스워드'를 물어 해당하는 와이파이 이름을 누르고, 새 창에 패스워드를 입력한 다음 '확인'을 누르면 연결된다.

와이파이가 연결되지 않는 곳에서는 '모바일 데이터'를 켜 두어야 각종 앱을 활용하거나 인터넷에 연결할 수 있다.

02 네이버, 다음이나 구글 검색 활용

요즘은 인공 지능의 급속한 발전으로 음성 인식 기술이 크게 발달하여 이제는 스마트폰에 음성으로 말만 하면 굉장한 일을 해낸다. 네이버, 다음이나 구글에서 검색할 때도 일반적으로 화면 상단이나 중앙에 위치한 검색창에 자판으로 입력할 필요 없이 말을 조금만 정확하게 해 주면 바로 입력되어 관련 자료들을 찾아 준다. 특히 키워드 모두를 입력할 필요 없이 일부만 입력하더라도 관련된 문구들이 나열되어 그중에서 선택하면 바로 원하는 자료들을 찾아 준다.

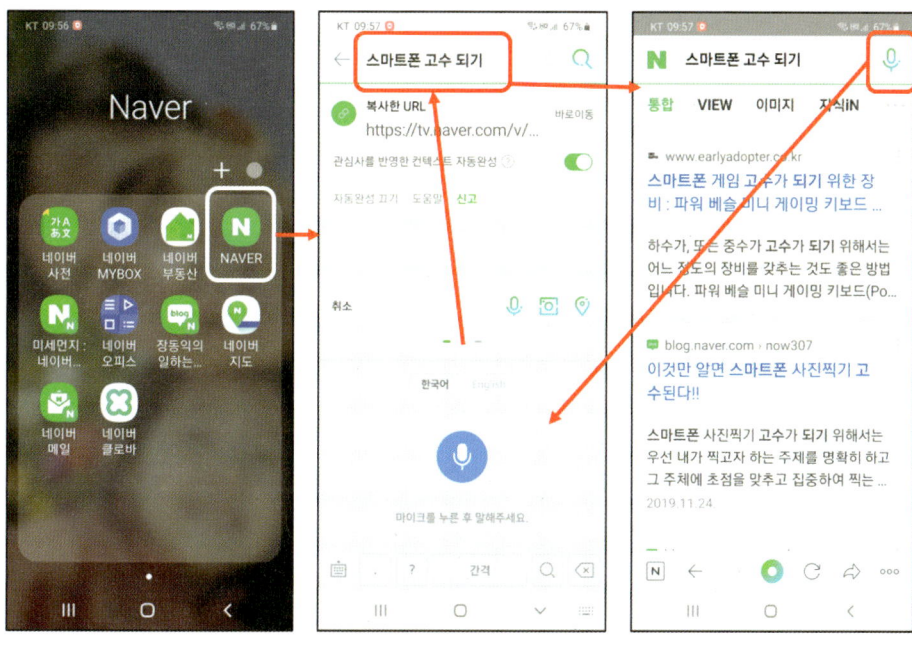
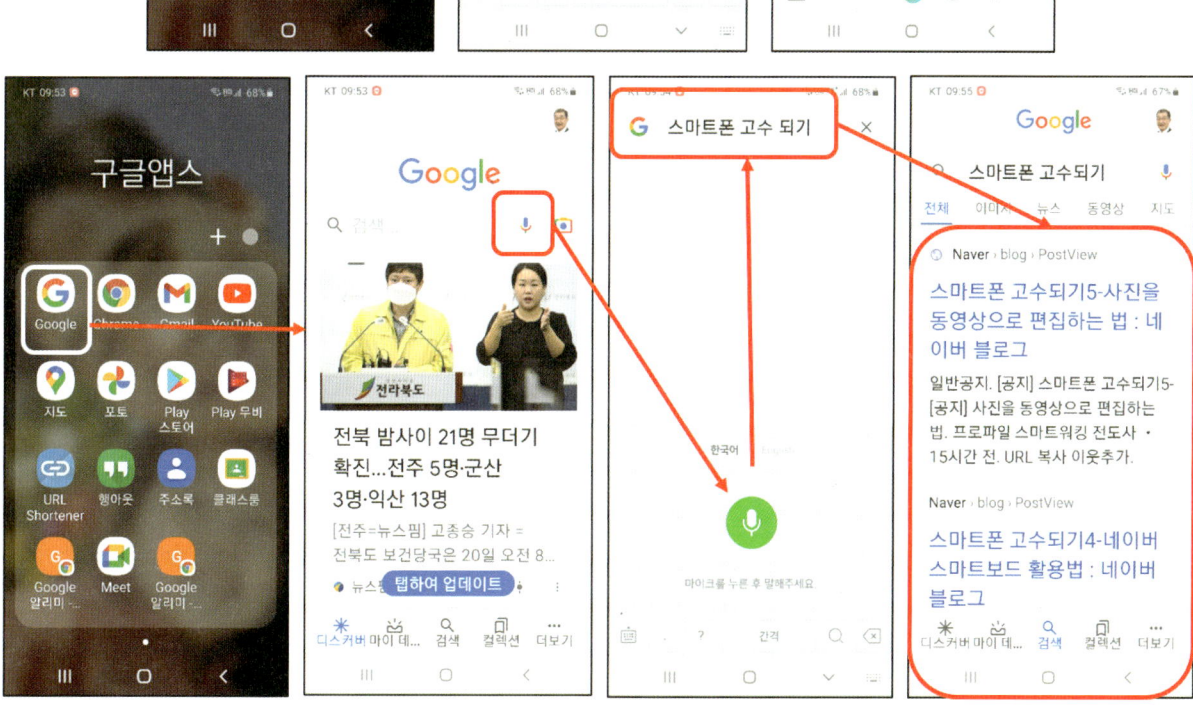

03 네이버, 다음 또는 구글의 이메일 활용

이제는 이메일도 스마트폰에서 직접 확인하고 내용을 입력, 발신할 수 있다. 특히 이메일을 작성할 때 자판에 있는 마이크 기능을 활용하면, 말로 이메일 발송을 위한 메시지를 작성할 수 있다.

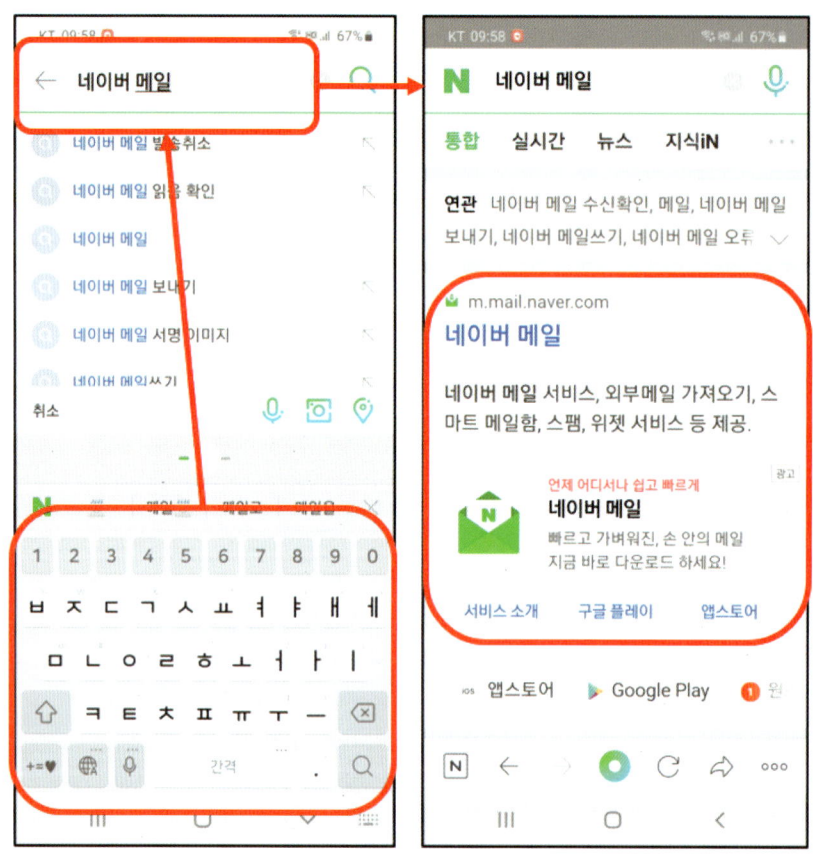

04 앱 깔고 지우는 법 어렵지 않아요

동영상 4
스마트폰 기본 기능 3
앱 깔고 지우는 법 어렵지 않아요 / 스마트폰이 갑자기 안 된다구요?

01 플레이(Play) 스토어나 앱 스토어로 사용자 앱 다운로드

'Play 스토어'를 열어 화면 상단에 위치한 검색창에서 원하는 앱 종류의 키워드를 말 혹은 자판으로 입력하면 관련되는 앱들이 나타난다. 그중 필요한 앱의 '설치' 버튼을 누르면 설치되기 시작된다. 이때 모바일 데이터를 무한대로 사용하지 않는다면 가능한 한 와이파이가 되는 지역에서 접속하여 설치하는 것이 좋다.

> **잠깐!** **유료 앱 주의하세요!** 앱 다운 설치 전에 유·무료를 확인한다. 최초 무료 앱이었더라도 기능 추가 시 유료화하는 경우도 있다. 물론 '유료 승인' 하지 않으면 대금은 지불되지 않는다.

02 앱 모두 닫기와 앱 삭제하기

　최근 열었던 앱들은 홈 화면 하단 좌측 3줄을 누르면 모두 나타난다. 너무 많은 앱이 열려 있으면 스마트폰 성능이 떨어질 수 있기 때문에 필요 없는 경우에는 하단부에 나타나는 '모두 닫기'를 선택하면 모두 닫혀 성능이 원래대로 복구된다.

　필요 없는 앱의 경우, 앱 리스트에 나타난 '앱 아이콘'을 2초가량 눌렀다 뗀 후 새 창에서 '설치 삭제' 항목을 누른다. 그러면 설치된 앱이 스마트폰에서 영원히 삭제된다. 만일 홈 화면에서만 지우고 싶다면 '홈 화면에서 삭제'를 선택한다. 그러면 더 이상 홈 화면에서는 볼 수 없지만 앱 자체는 스마트폰에 저장되어 있게 된다.

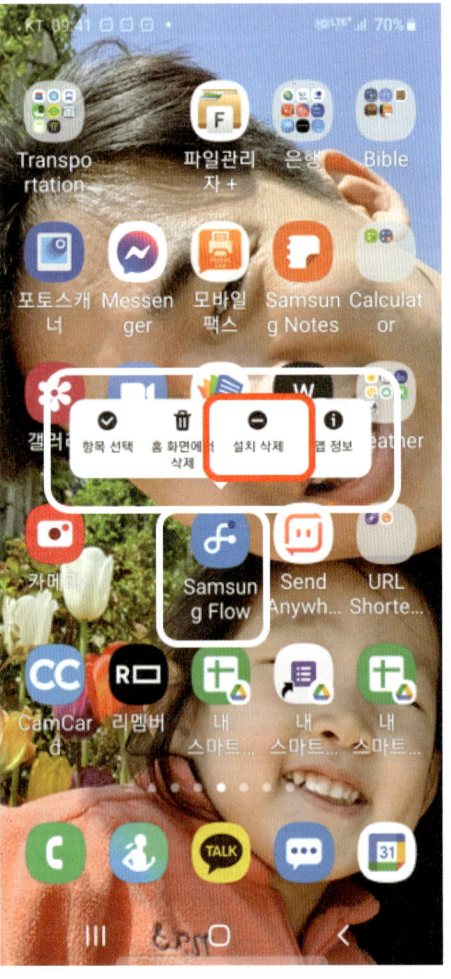

05 스마트폰이 갑자기 안 된다구요?

01 전화가 걸리지도, 걸려 오지도 않는다

전화가 걸리지도, 걸려 오지도 않는다면 다음 세 가지 환경을 확인해 본다.

첫째, '비행기 탑승 모드'로 설정되어 있다면 전화 송수신이 되지 않으므로 상태 표시에서 이 모드를 해제한다.

둘째, '방해 금지'가 켜져 있으면 전화 송수신이 되지 않으므로 상태 표시에서 해제한다.

셋째, 국내에서는 극히 드문 경우지만 초고층 아파트나 도서 지방의 경우 통신사에서 모바일 데이터를 지원하지 않는 경우가 있다. 통신사에 모바일 데이터 지원을 요청한다.

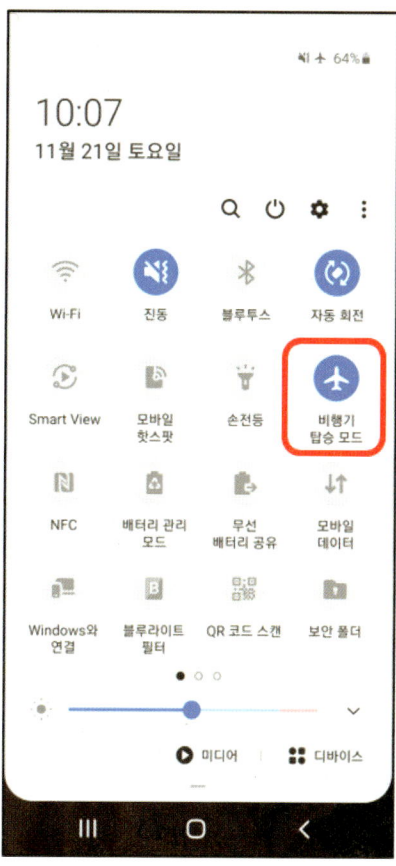 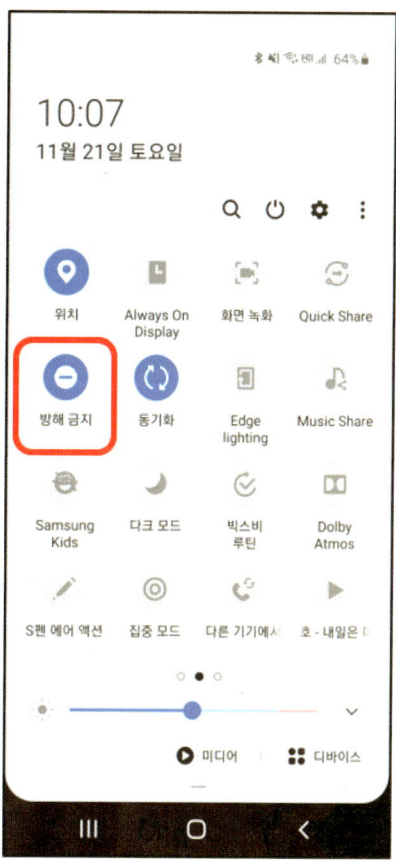

02 잘 되던 인터넷이 안 돼요

　인터넷이 잘 안 될 경우에는 '상태 표시'를 열어 와이파이나 모바일 데이터가 활성화되어 있는지 확인해야 한다. 제대로 설정되어 있는데도 인터넷이 잘 되지 않을 때에는 '비행기 탑승 모드'가 설정되어 있는 경우다. '비행기 탑승 모드'를 꺼 준다.

03 소리가 안 들려요

　전화벨 소리가 너무 작다면 스마트폰 옆 부분의 '음량 조절' 버튼을 위로 올려 준다. 그래도 소리가 안 들린다면 상태 표시 화면의 '전화 음량 모드'에서 진동이나 무음 모드를 '소리 모드'로 변경해야 한다. 만일 전화 통화 중에 상대의 목소리가 너무 작게 들릴 경우에는 통화하면서 화면 옆에 위치한 음량 조절 버튼을 위로 조정하면 목소리가 점점 커진다.

소리 크게 조정

 SMART

06 보다 효과적인 활용이 필요해요 1

동영상 5
스마트폰 기초 입문 1
전화벨 음악 설정 / 상대방을 위한 사진 설정 / 화면 꺼짐 시간 조정 / 화면 글자 키우기

01 걸려 오는 전화에 원하는 사진과 음악 설정하기

스마트폰에서 걸려 오는 전화를 받을 때 전화벨 소리를 자신이 좋아하는 음악으로 저장하는 방법은 다음과 같다.

① 스마트폰의 '설정'을 누른 다음, '소리 및 진동'을 선택한다.

② 다음, '벨소리'를 선택하면 나타나는 화면에서 휴대폰 제작사가 제공하는 벨소리들을 들어보고 원하는 소리를 선택한다. 만일 스마트폰에 자신이 좋아하는 음악을 다운 받아 놓았다면 아래 그림과 같이 '벨소리' 우측에 있는 '+' 사인을 누른다.

③ 다음 화면의 사운드 선택기에서 '검색'을 누르면 자신의 스마트폰에 저장되어 있는 음악 리스트가 나타난다. 그중 원하는 음악을 선택하면 하이라이트만 재생하여 전화벨 소리로 저장해 준다.

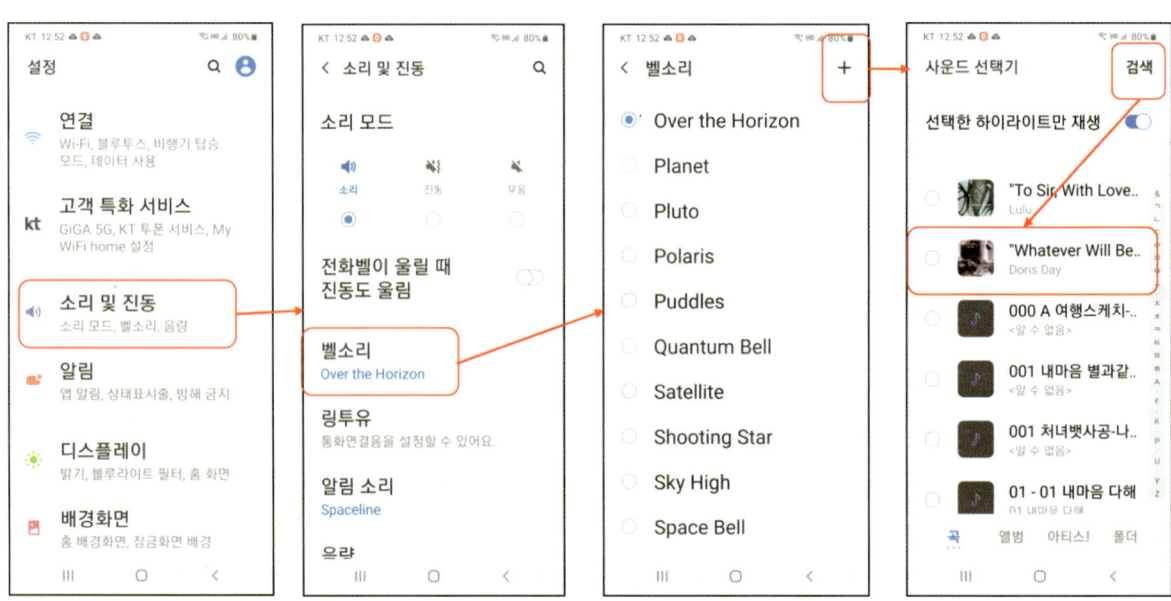

전화할 때, 상대방이 내 이름과 함께 볼 수 있는 사진을 저장하는 법은 다음과 같다.

① 스마트폰 앱 중 '연락처'를 선택, 화면에서 자신의 이름 위에 있는 동그라미를 누른 후 화면에서 '갤러리'를 선택한다. 갤러리에는 사용할 사진이 미리 저장되어 있어야 한다.

② 갤러리에서 원하는 사진이 있는 앨범을 열어 '연락처'에 추가하고 싶은 사진을 선택한다.

③ 그러면 사각 코너가 나타나는데, 그 사각 코너 중 한 곳을 선택하여 원하는 부위만큼 사이즈를 조정해 준 다음 '완료'를 누른다.

④ 다음 화면에서 '저장'을 하게 되면 추후 전화할 때 상대 스마트폰에 자신의 전화번호와 사진이 함께 뜨게 되어 즉시 누구인지를 알 수 있다.

02 화면 꺼짐 시간 조정

스마트폰에는 배터리가 오래갈 수 있도록 화면 대기 시간이 30초로 초기 설정되어 있다. 특정 작업을 위해 화면 자동 꺼짐 시간을 10분까지 조정하는 '화면 자동 꺼짐 시간' 조정법은 다음과 같다.

① '설정' 아이콘을 선택하면 나오는 화면에서 '디스플레이'를 선택한다.

② 다음 화면에서 '화면 자동 꺼짐 시간'을 선택한다.

③ 다음 화면에서 원하는 시간을 선택한다.

> **잠깐!** 5분 내지 10분으로 조정했던 것을 다시 30초로 재조정하지 않으면 배터리가 금방 소모된다. 배터리가 아주 소량일 때는 15초로 조정해 놓으면 보다 오래 유지할 수 있다.

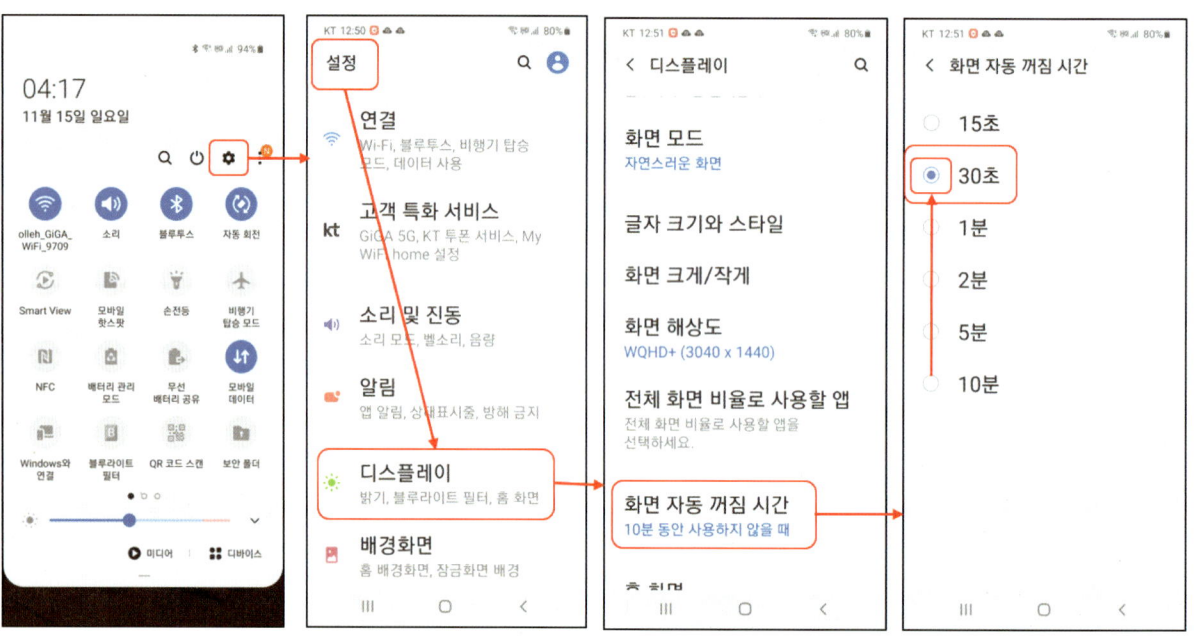

03 화면 글자 크기 키우기

특히 시니어들이 눈이 침침해지면서 스마트폰의 작은 글자가 안 보여 불편을 겪는다.

이 불편을 덜기 위한 스마트폰 화면의 글자 크기 키우는 법은 다음과 같다.

① 손가락으로 스마트폰 화면의 상단으로부터 아래로 쓸어내리면 나타나는 새로운 화면에서 '설정' 아이콘을 선택한다.

② 다음 화면에서 '일반'을 선택한다.

③ 다음 화면에서 '글자 크기와 스타일'을 선택한다.

④ 보통 글꼴이나 글자 굵기 기능을 잘 활용하지 않는데, 글자 크기의 파란 점을 작은 쪽이나 큰 쪽으로 이동하면 조정된다. 대체로 시니어들이 가장 사용하기 좋은 크기는 아래 화면의 점 위치를 추천한다.

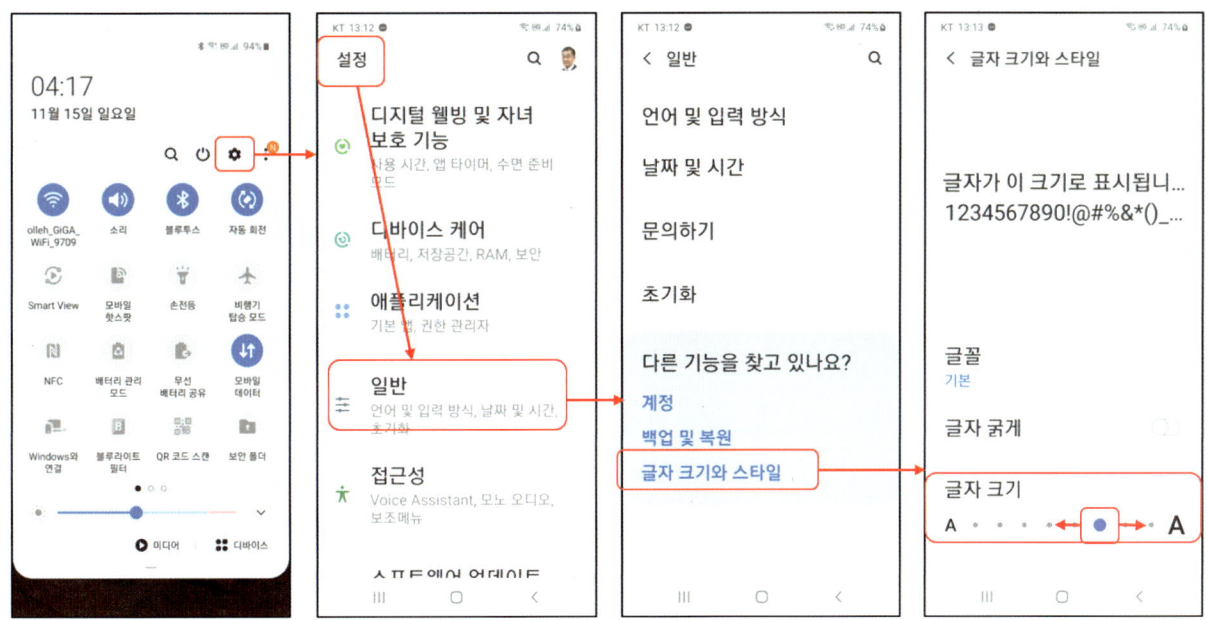

07 보다 효과적인 활용이 필요해요 2

동영상 6
스마트폰 기초 입문 2
방해 금지 사용법 / 주요 내용 화면에서 바로 보기 / 앱 회원 가입 시 본인 인증

01 취침 시간에 스마트폰 알림 소리 제거하기

취침 시간 또는 무엇인가 중요한 일에 몰두하기 위해 스마트폰 사용을 일체 중지하기를 원할 때는 '방해 금지' 기능을 활용한다. 또한 방해 금지 기능을 켜 놓지 않더라도 미리 아래 그림과 같이 '설정'의 '알림'에서 '방해 금지' 기능에 들어가 취침 시간 등 일정 시간대를 지정해 놓으면 일체의 알람 소리가 중지되어 편히 잠을 잘 수 있다.

'방해 금지'에서 '예외 허용'의 경우, 예를 들어 전화가 한 번 온 후 15분 이내에 다시 전화가 오면 방해 금지를 켜 놓았다 할지라도 전화벨 소리가 울리도록 할 수 있다.

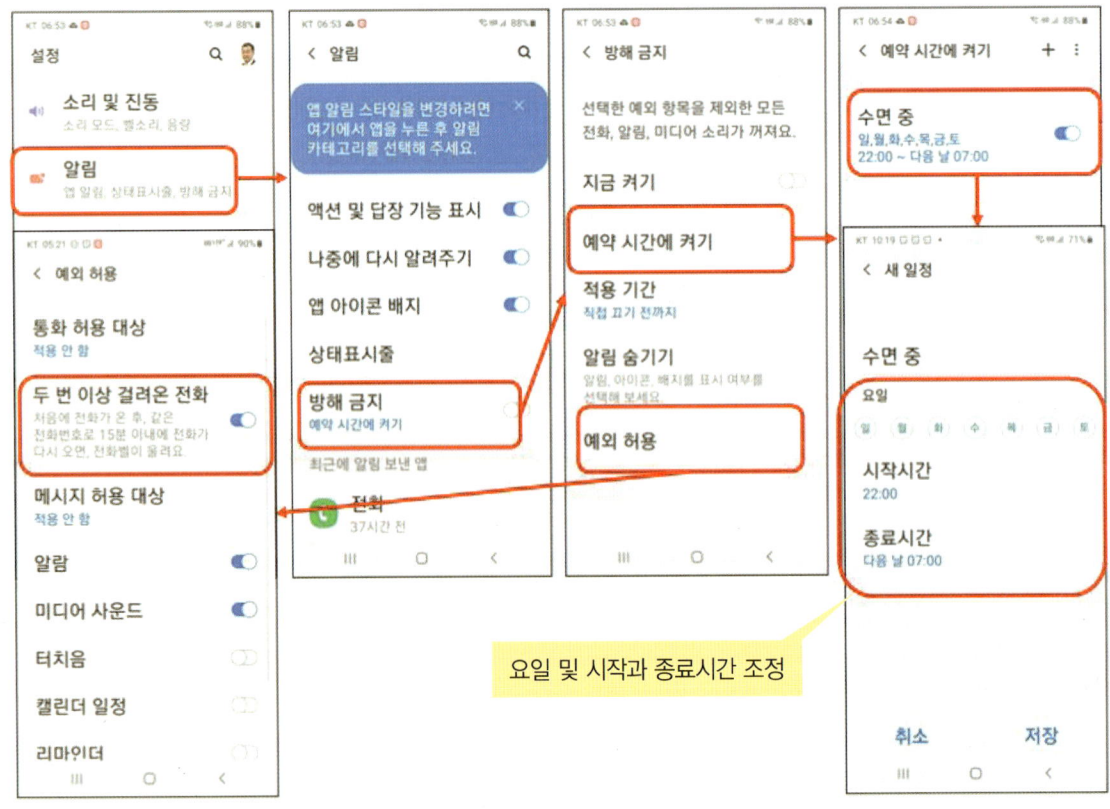

요일 및 시작과 종료시간 조정

02 날씨, 미세 먼지, 헬스 등 주요 내용 화면에서 바로 보기

'위젯' 기능을 활용하게 되면 날씨, 미세 먼지, 헬스의 걸음 수 등 자신이 스마트폰에서 자주 보는 기능을 앱에 들어가지 않고 화면상에서 바로 볼 수 있도록 조치할 수 있다. '위젯' 사용 방법은 다음과 같다.

① 화면 빈 곳을 2초가량 눌렀다 떼면 앱 화면 모두가 나타나는데, 우선 '위젯'을 사용하고자 하는 화면을 '+' 사인을 눌러 추가한다.

② 다음, 하단의 '위젯' 기능을 선택한다.

③ 위젯 사례들이 여럿 나타나는데, 계속 왼쪽으로 밀어 주면 추가 사례들이 지속적으로 나타난다. 그중 원하는 '위젯'을 선택하여 지그시 눌러 원하는 장소에 내려 놓는다.

> **참고** 한 화면 전체를 여러 개의 '위젯'으로 채워 놓고 홈 화면 가깝게 위치시켜 놓으면 활용에 편리하다.

④ '위젯' 화면의 빈 공간을 누르면 다시 모든 화면이 나타나는데, 2초가량 누른 다음에 원하는 화면 위치로 이동하면 설정이 끝난다.

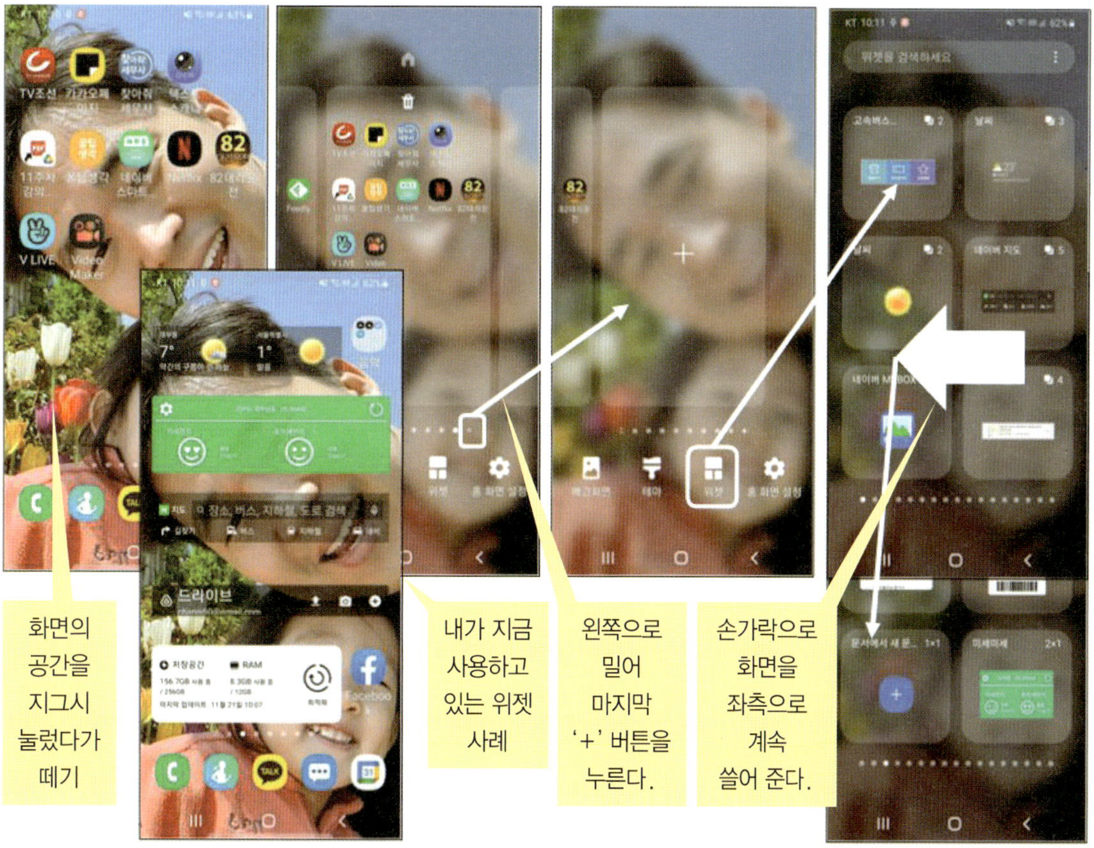

03 앱 깔고 회원 가입할 때 본인 인증이 너무 어려워요

KTX·고속버스·비행기 등 티켓을 구매하거나 모바일 쇼핑을 하려면 앱을 새로 깔고 나서 회원 가입을 해야 하는데, 보통은 '마이페이지'를 누르거나 '로그인' 버튼을 누르면 회원 가입을 하도록 지원한다. 성명·주소·ID·패스워드 지정 등 일반 사항 입력은 쉬운데, 마지막으로 본인 인증을 하게 된다. 이때 보통 자신의 스마트폰 메시지로 인증 번호를 보내 주므로 확인하면 된다. 그러나 이 과정을 어려워하는 시니어들이 매우 많다.

이 과정을 쉽게 배워 보자. 그림은 '고속버스 티머니'라는 앱에서 회원 가입할 때 본인 인증하는 과정을 보여 준다. 고속버스 티머니는 '마이페이지'를 눌러 회원에 가입하도록 되어 있다.

① 마이페이지에서 '회원 가입'을 선택한다.

② 본인 인증을 위해 스마트폰 번호를 입력하고, '인증 번호 발송'을 누른다.

③ 인증 번호 확인을 위해 화면 중앙 하단에 있는 '나가기' 아이콘을 눌러 일단 앱 화면을 나가야 한다.

> **잠깐!** 인증 번호는 메시지나 카톡으로 발송되는데, 고속버스 티머니는 '카톡' 메시지로 발송된다. 다른 앱들도 인증 번호 확인을 위해서는 일단 카톡 메시지를 확인한 다음, 없으면 '메시지'로 가 본다. 해당 카톡 메시지를 열어 인증 번호를 확인하고 적어 놓든지, 자신이 있으면 외워 놓고 좌하단에 있는 최근 열어 본 화면 리스트를 나타내는 3줄을 선택한다.

④ 바로 이전 화면을 눌러 주면 '고속버스 티머니' 앱 화면이 다시 나타나므로 인증 번호를 적어 준 다음 확인해 주면 된다. 만일 외웠다가 잊었다 할지라도 다시 최근 화면으로 돌아가 다시 확인한 다음 적어 준다.

> **참고** 은행 앱을 활용하여 이체하는 경우 상대방의 은행 계좌번호를 카톡 메시지로 받을 때가 많다. 이동 중이거나 필기구가 없을 때는 좌하단의 3줄을 눌러 '최근 열어 본 화면'으로 바로 가서 확인한다.

제3장 스마트폰 기초 입문하기(HOW) **115**

SMART SENIOR
HOW

제4장

이동이나 여행, 문화생활 즐기기(HOW)

 SMART

01 대중교통 이용 및 예매

동영상 7
대중교통 1
지하철 역 이름 찾기 / 노선 확인 / 전국 시내버스의 노선과 도착 시간

01 지하철 역 이름 찾기가 어려워요

안드로이드폰의 플레이(Play) 스토어나 아이폰의 앱 스토어에서 '지하철종결자' 앱을 다운 받는다. 노선도에서 역 이름 찾기가 어려운 경우 앱의 홈 화면 좌상단에 있는 '역 검색'을 눌러 첫 글자만 입력하면, 그 첫 글자를 포함하는 역 리스트가 나온다. 그중 원하는 역을 선택, 그 역에 대한 정보를 세부적으로 검색할 수 있다.

선택한 역 이름 우측에 표기된 첫 번째 화살표 는 '출발역', 두 번째 화살표 는 '경유역', 세 번째 화살표 는 '도착역'을 나타내므로 각기 해당 항목을 선택해 주면 출발 시간 및 도착 시간에 대한 구간 정보를 알려 준다. 특별히 필요한 경우가 아니라면 본인이 설정하지 않아도 앱이 가장 적합한 경유역을 선정해 준다.

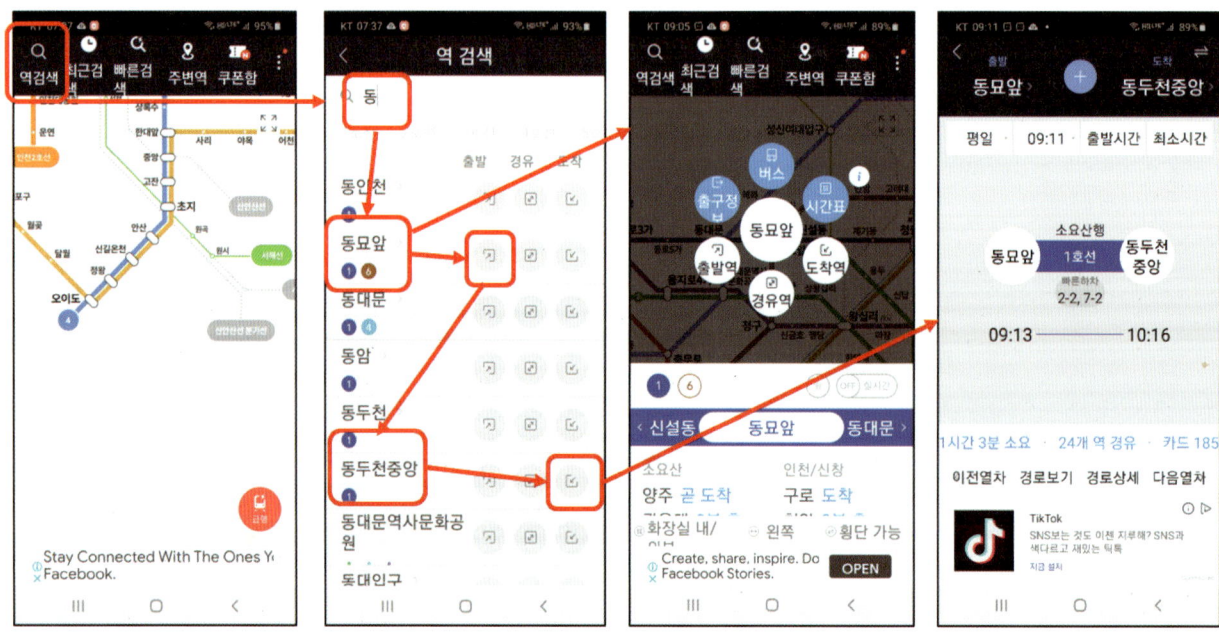

02 자주 이용하는 지하철 노선을 바로 확인하고 싶어요

지하철종결자 앱을 처음 사용하는 사람들이나 이용하고자 하는 구간이 최근 이용한 것이 아닌 경우, 앱 사용법은 다음과 같다.

① 출발하고자 하는 역 이름을 누르면 나타나는 새 창에서 '출발역'을 누르고, 도착하고자 하는 역 이름을 누르면 나타나는 새 창에서 '도착역'을 누른 다음, '확인' 버튼을 누른다. 그러면 출발 시간, 도착 시간, 가장 신속한 환승을 위한 차량 입구 번호가 나온다.

참고 보다 정확한 시간을 확인하기 위해서는 '다음 열차'를 계속 누르거나 경우에 따라서는 '이전 열차'를 누른다.

② 이전에 사용한 적이 있는 구간의 경우는 앱의 홈 화면 상단에서 '최근 검색'을 눌러 리스트에서 원하는 구간을 누르면 ①의 과정을 거칠 필요 없이 바로 알려 준다.

> **참고** 최근 검색 중 필요 없는 구간들은 우상단의 '편집'을 눌러 선택한 다음 '확인'하면, 추후에 필요한 구간을 보다 신속하게 찾을 수 있다.

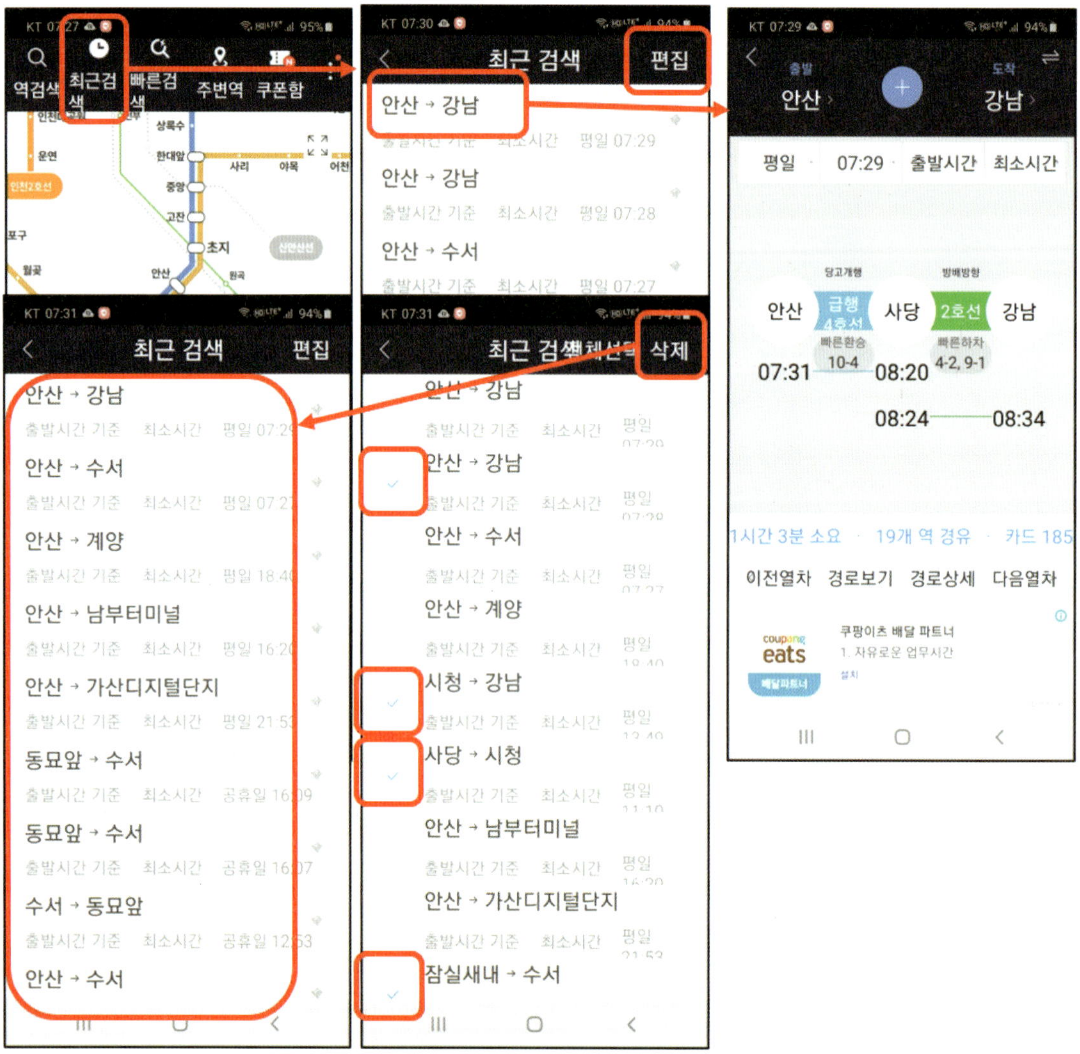

03 전국 시내버스 노선과 도착 시간

'전국 스마트 버스' 앱은 전국의 버스 노선을 가장 잘 안내하는 앱이다. 버스 노선을 찾는 방법은 '버스 번호'나 '정류장 이름'으로 검색한다. 이 앱에서는 정확한 정류장 위치, 내가 원하는 버스가 언제 도착하는지, 목적지에 언제 도착할 수 있는지, 버스가 몇 분에 한 번씩 오는지, 첫 버스와 마지막 버스가 언제 있는지 등을 알 수 있다. 자주 찾는 정류장은 미리 '즐겨찾기'에 등록하면 더욱 편리하고 쉽게 이용할 수 있다. 전국 대부분 지역의 모든 정류장과 노선에 대해서도 알 수 있다. 사용법은 다음과 같다.

① 검색창에 '버스 번호'를 입력하면 전국적으로 같은 번호를 가지고 있는 모든 노선이 나타나는데, 그중에서 원하는 번호를 선택한다.

② 어느 방향으로 가는 버스인지를 선택하면 버스의 경로(정류장 상세 정보, 또는 지도에서 검색), 첫차와 막차 시간, 주변 정류장 등의 정보를 파악할 수 있다.

③ 검색창에 '정류장 이름'을 입력하면 그 주변의 수많은 정류장이 나타난다. 그중 원하는 정류장을 선택하면 그 정류장을 지나는 모든 버스들의 도착 시간을 알려 준다.

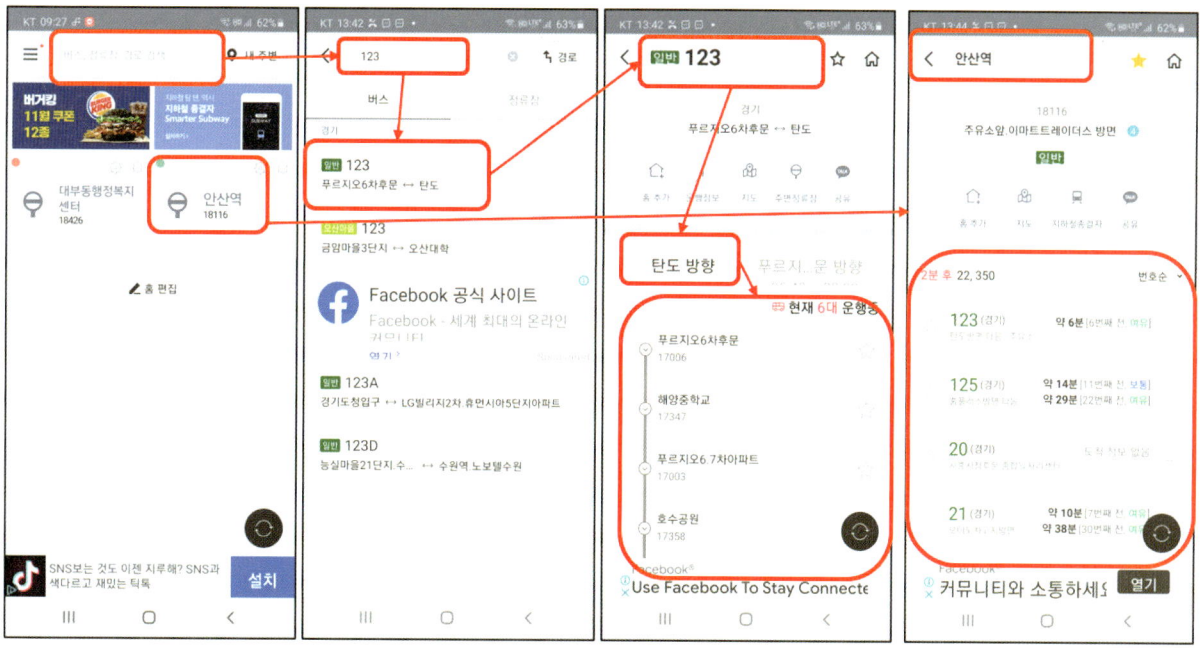

④ 홈 화면 아래쪽에 위치한 '홈 편집'을 누르면 '홈 화면 편집' 화면이 나오는데, '이벤트 배너 숨기기'를 누르면 광고성 이벤트 배너가 화면에서 사라져 정보 보기가 편해진다. 아래 그림에서는 바로 앞 그림에 있던 배너 2개가 보이지 않게 된 것을 알 수 있다. '지역 구분 표시'를 켜 주면 '즐겨찾기'로 추가하는 정류장들이 지역별로 구분되어 보다 편한 정보 획득이 가능해진다.

⑤ 즐겨찾기 추가 방법은, 검색창에 원하는 지역을 입력하고 나오는 수많은 정류장 중 원하는 것을 선택한다. 그 정류장 이름 바로 우측에 있는 '별표 ☆'를 선택하면 즐겨찾기에 추가되어 홈 화면에서 바로 정보 검색이 가능하다.

참고 즐겨찾기에 추가한 정류장은 아래 그림처럼 색깔을 주면 추후 검색할 때 보다 쉽게 찾을 수 있다.

동영상 8
대중교통 2
카카오택시 이용 / 코레일 어플로 열차 및 KTX 예매

04 카카오택시 이용

이 기능을 이용하려면 '카카오 T' 앱이 필요하다. 이 앱은 특히 길거리에서 택시 잡기가 쉽지 않은 지역이나 늦은 시간에 매우 유용하게 활용할 수 있다. 언제 도착하는지·기사가 누구인지를 알 수 있으며, 택시에 타서 별도로 어디로 가는지를 이야기할 필요도 없다. 또한, 목적지에 도착해서 별도로 택시 요금을 지불할 필요 없이 자동 지불되도록 할 수도 있다. 카카오 T 앱을 활용하기 위해서는 필히 탑승자의 스마트폰에 '위치' 기능이 켜져 있어야 한다. 다음 그림을 통해 택시 호출하기까지의 활용법을 배워 보자.

① 카카오 T 앱 홈 화면에서 '택시'를 선택하면 '탑승자의 현 위치'가 나타난다. 이때 '도착지'를 입력해 준다. **참고** 자주 이용하는 도착지는 미리 '즐겨찾기'에 등록, 홈 화면 하단에 등록되어 쉽게 입력할 수 있다.

② '택시 선택하기'가 활성화되면 '중형', '고급', '모범' 세 가지 중 하나를 선택한다. 옵션은 '내 전화번호', 또는 '탑승할 사람'의 전화번호를 설정할 수 있다. 다시 말해, 카카오택시는 다른 사람을 위해 택시를 보낼 수도 있다는 말이다. 이럴 때는 '내 전화번호'가 아닌 '탑승자의 전화번호'를 입력한다.

③ 그러면 '택시 호출하기' 버튼이 활성화되는데, '스마트 호출'과 '일반 호출'이 있다. '스마트 호출'은 1,000원이 더 추가되며, 택시가 잘 안 잡히는 지역이나 늦은 시간에 효과적인 방법으로 '일반 호출'보다 더 잘 잡힌다고 한다.

④ 결제 방법은 '등록된 카드로 결제'와 '기사님께 직접 결제'가 있다. '등록된 카드로 결제'를 하면 카카오 T에서 제공하는 5,000원 할인 쿠폰을 활용할 수 있다.

⑤ '호출하기' 버튼을 누르면 노란색 화면으로 전환되면서 택시를 호출한다. 택시 기사

가 호출에 응하게 되면 택시의 차종과 차량 번호, 택시 기사의 이름을 확인할 수 있다. 늦은 시간에 위험할 수도 있고, 경우에 따라 택시에 물건을 두고 내리는 경우도 있는데, 이럴 때 카카오택시는 매우 유용하다.

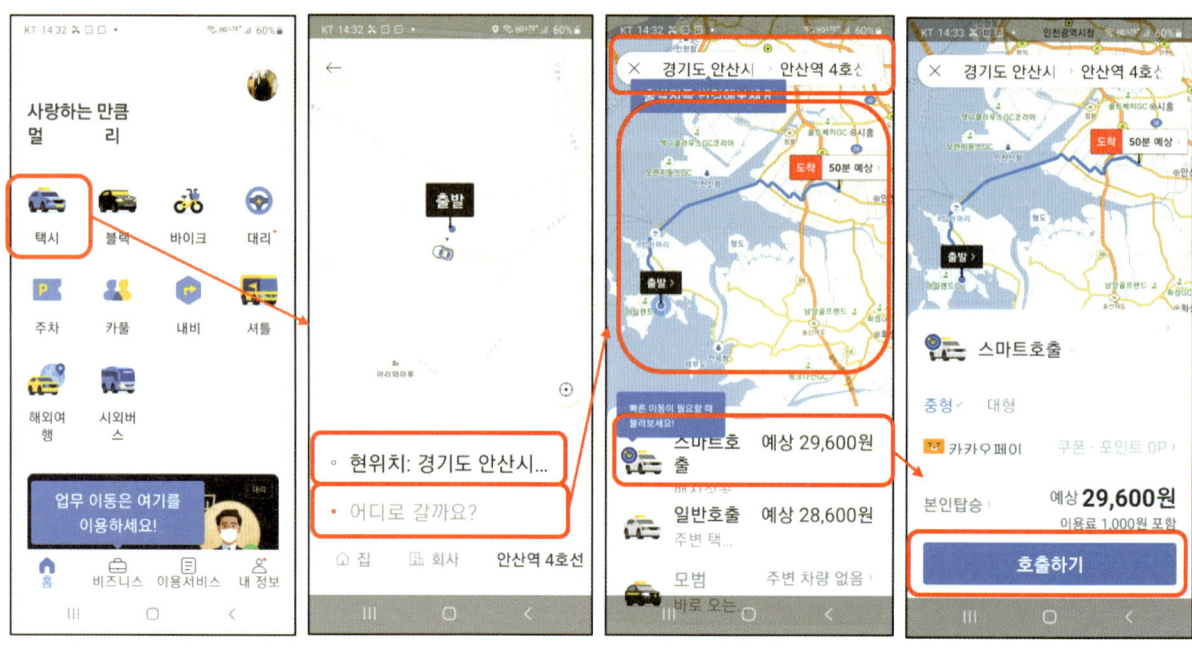

05 코레일 어플로 열차 및 KTX 예매

'코레일 톡' 앱을 다운 받고 회원 가입을 해 놓으면 모든 승차권 예매와 보관, 취소 등의 실행을 스마트폰으로 할 수 있다. 회원 가입 후 한 번 로그인하여 '자동 로그인'으로 지정해 놓으면, 다음부터는 앱을 열고 다시 로그인할 필요가 없다. 고속버스와 항공권 예매 및 구매도 마찬가지다.

'코레일 톡' 앱을 열면 나오는 홈 화면은 '승차권 예매'로 시작한다.

① 우선 편도인지 왕복인지 선택하고, 출발역과 도착역을 지정한 다음 '출발일'을 누른다.
② 달력에서 '가는 날'과 '오는 날'을 차례대로 지정한 다음, 화면 아래에 있는 '승객 연령

및 좌석수'를 선택하여 '-'나 '+' 사인을 활용하여 숫자를 지정한다.

③ 다음, '열차 조회하기'를 통해 가는 열차를 먼저 지정한다.

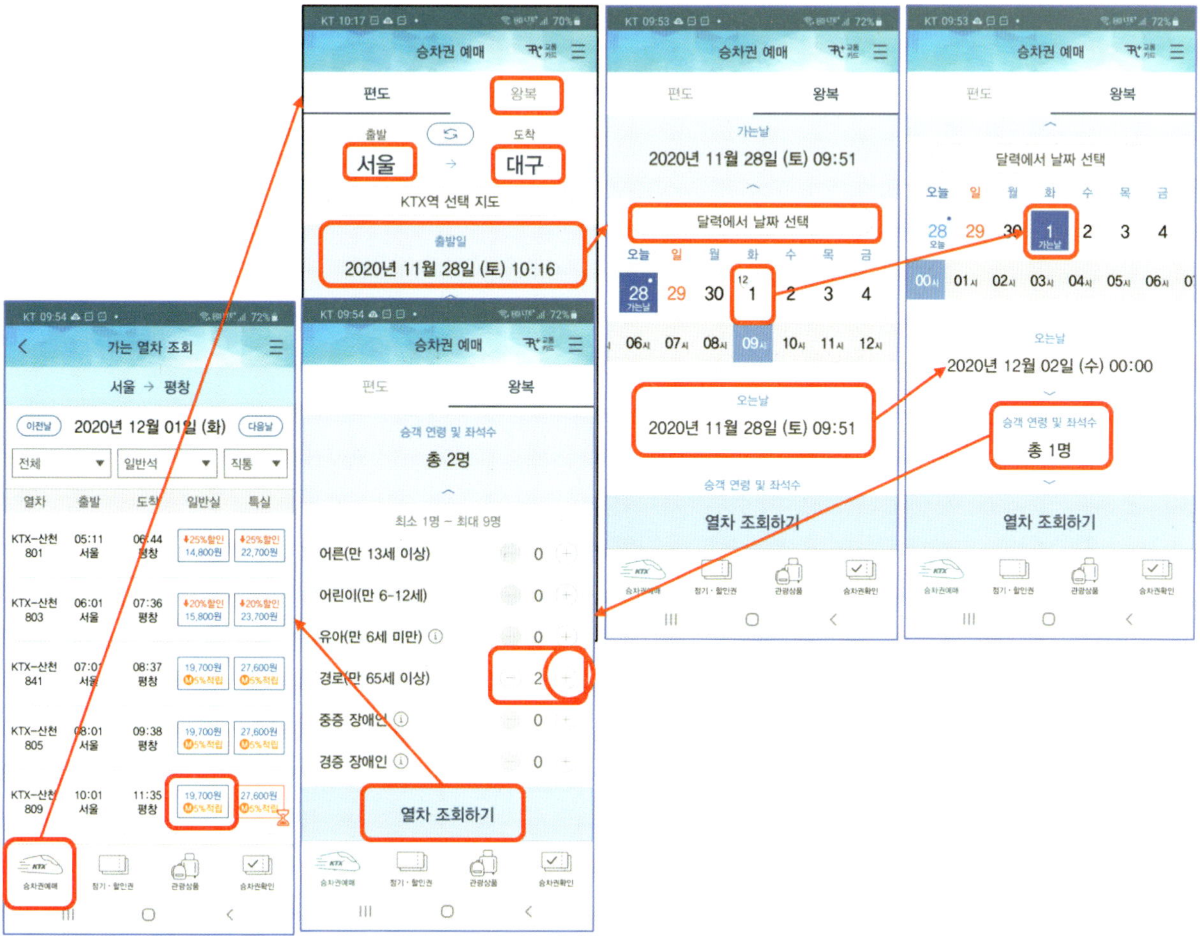

④ '좌석 선택'을 누르면 예약 당시 가장 추천할 만한 열차의 좌석이 나오는데, 원하는 좌석을 선택한 다음 '선택 완료'를 누르고, 새 화면에서 '예매'를 누른다.

⑤ '로그인' 화면이 나오면 '회원 번호'와 '비밀번호'를 입력한다. 아직 회원 가입이 되지 않았다면 로그인 화면에서 '회원 가입'을 눌러 먼저 가입한 다음에 다시 로그인을 해야 한다.

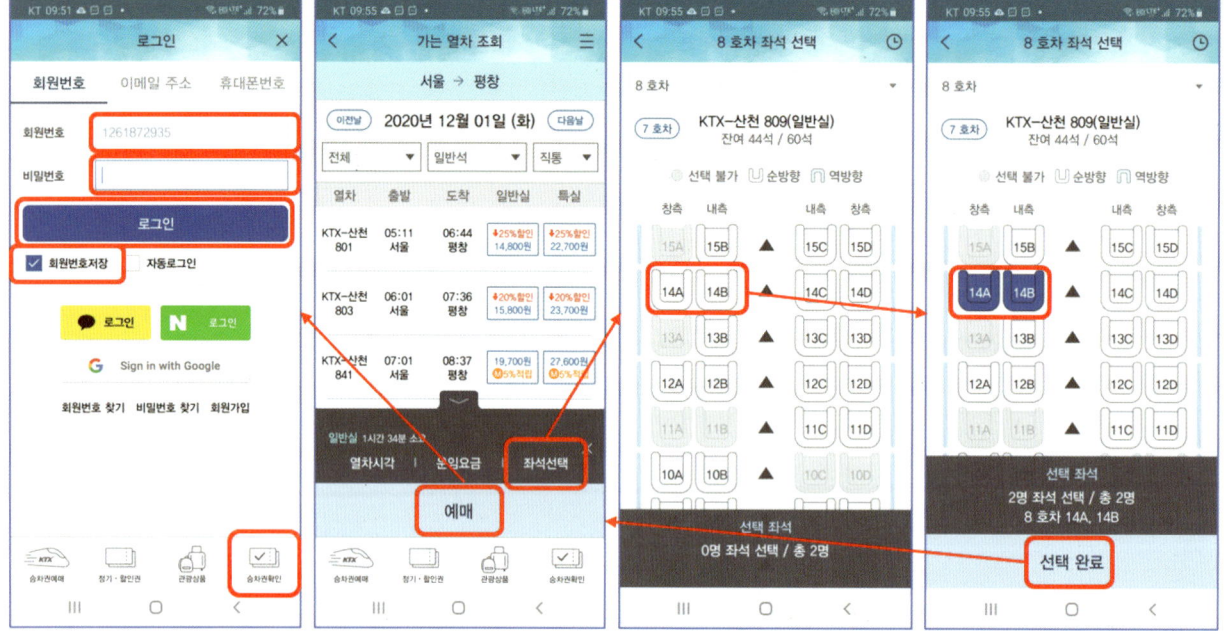

⑥ 홈 화면의 우상단에 나오는 3줄을 누르면 '마이페이지'가 나오면서 여러 기능이 있는데, 이는 실제로 코레일 톡을 활용하면서 많이 사용할 수 있는 기능들이다. 특히 예매 절차가 모두 끝나면 여기에 승차권이 저장된다. 필요한 경우 누르면 바로 예매된 승차권을 볼 수 있다.

⑦ 화면 우상단의 '설정' 표시를 누르면 '간편 현금 결제 설정'이 나온다. 이것을 누르면 '계좌를 등록해 주세요'가 나오고, '+' 사인을 누르면 '약관 동의' 창이 나온다. '전체 동의'에 체크하고, 계좌를 등록한다.

> 참고 이 과정은 보안 관계상 스크린샷이 허용되지 않아 상세 설명은 생략한다. '간편 현금 결제 설정'은 편리한 기능이므로 자주 활용할 경우 미리 설정해 놓기를 추천한다.

⑧ 그 이후의 과정을 앱에서 지시하는 대로 따르면, 대금 지불을 위한 자동 이체 과정을 미리 등록해 놓을 수 있어서 승차권 예매를 편리하게 진행할 수 있다.

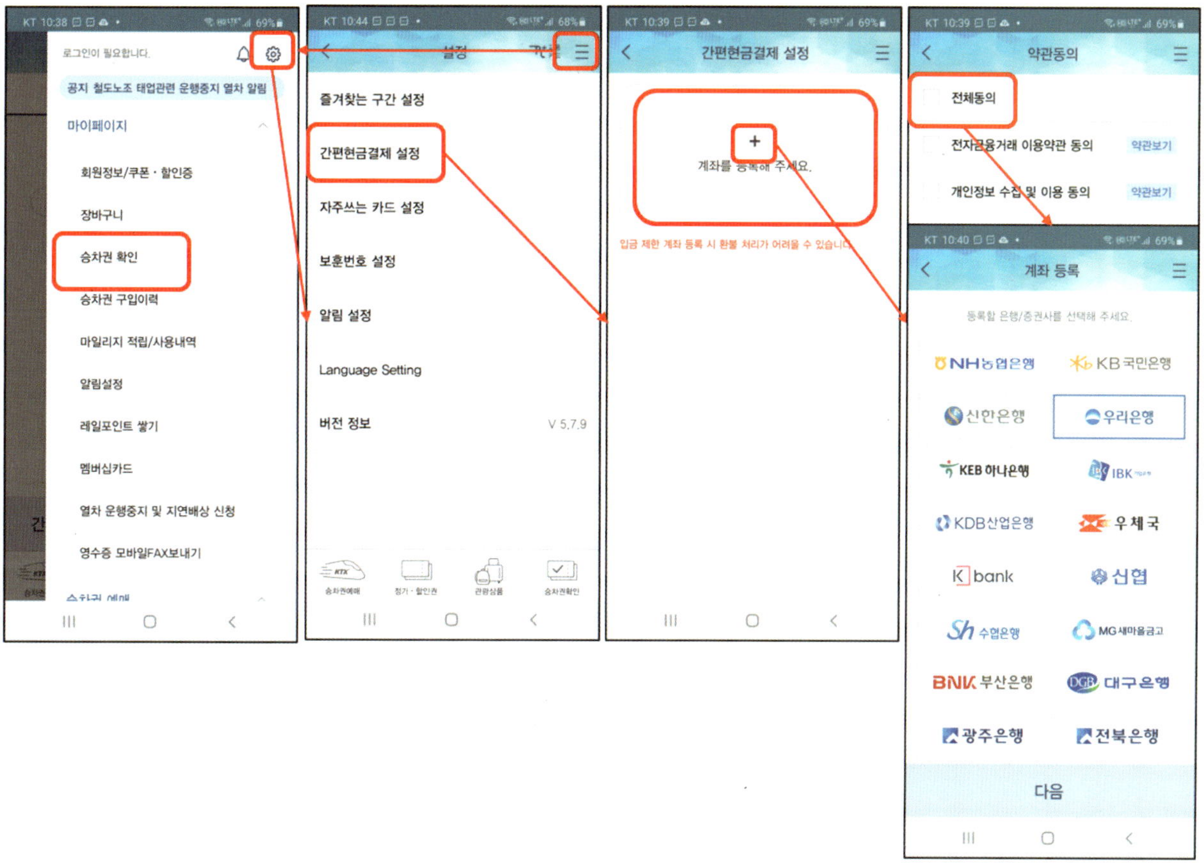

동영상 9
대중교통 3
고속버스 승차권 예매와 취소 / 항공권 예매 및 티켓 관리

06 고속버스 승차권 예매와 취소

고속버스 승차권 예매 및 구매를 하기 위해서는 '고속버스 티머니' 앱을 사용한다. 앱을 다운 받고 회원 가입을 해야 한다. 활용법은 다음과 같다.

① 홈 화면에서 '고속버스 예매'를 선택하고 '출발지'와 '도착지'를 선택한 다음, '가는 날'과 '오는 날'을 달력에서 선택한다.

 SMART

② 좌석 등급 '프리미엄', '우등', '일반' 중 하나를 선택한다.

③ 출발 시간을 선택하면 바로 운임이 나타나고, 마지막으로 좌석을 지정하게 되면 티켓 구매 절차에 들어가게 된다. 결제한 후 구매한 승차권은 '마이페이지'에서 확인할 수 있다. 참고 만일 승차권 취소를 원한다면 홈 화면의 '예매 확인 및 변경' 메뉴를 눌러서 실행한다.

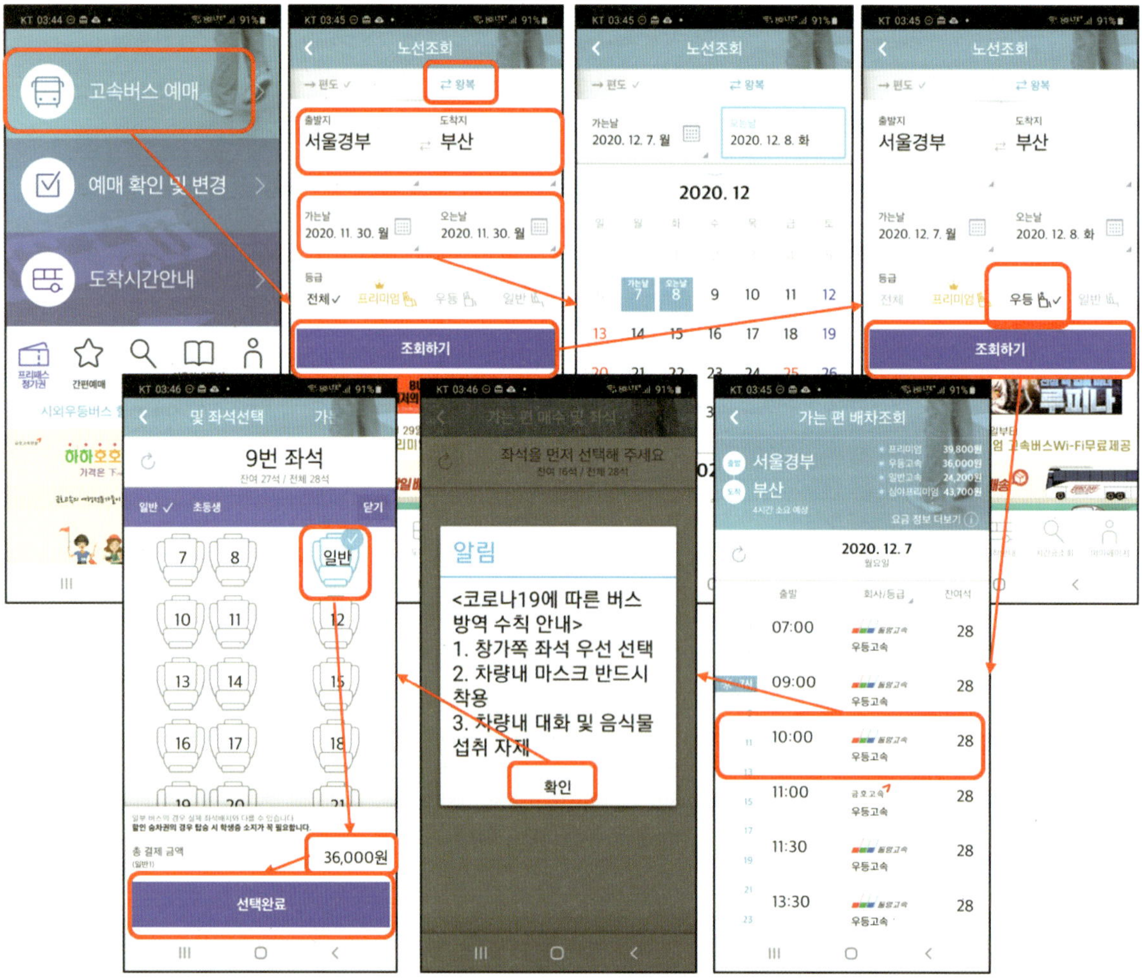

07 항공권 예매 및 티켓 관리

대표적 항공사 '대한항공' 앱 활용법을 배워 보자. 타 항공사 앱 활용법도 거의 비슷하다.

① 홈 화면에서 원하는 예매 항목(국내선 예매)을 선택한다.

② 편도·왕복·다구간 중 택일한 다음, 출발지·경유지(다구간의 경우)·도착지를 순서대로 누른 후 '확인' 버튼을 눌러 준다. 그러면 다음 화면이 나타난다.

③ 달력에서 '가는 날'과 '오는 날'을 선택한 다음, 탑승 인원을 선택하고 '다음'을 누른다.

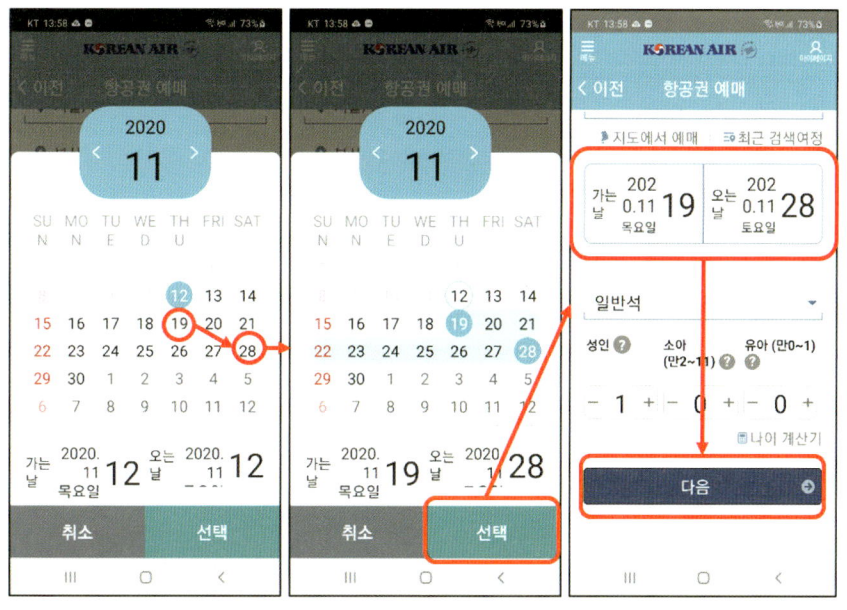

④ 운항 편별로 운임이 나타난다. 원하는 운항 편과 운임을 선택하고 '다음'을 누르면 나타나는 화면에서 '지금 구매하기'를 누른다. 구매하는 절차는 앱에서 요구하는 대로 처리해 주면 된다. 비행기 티켓은 이메일로 받을 수도 있고, 스마트폰에 저장할 수도 있다.

> **참고** 요즘은 이메일로 받아 인쇄한 것을 들고 다닐 이유가 없다. 홈 화면 우상단의 '마이페이지'에서 자신의 여행 기록, 예약 현황, 비행기표 등 모든 내용들을 바로 확인할 수 있으므로 걱정할 필요가 없다.

02 여행사 따라다니지 않고 국내외 여행하는 법

국내 여행

동영상 10
국내 여행
국내 여행 맛집 찾기 / 걸어서 목적지까지 길 따라가기

01 맛집 찾기

국내 여행에서 가장 확실한 맛집 찾기는 〈수요미식회〉, 〈삼대천왕〉, 〈생생 정보통〉에서 방영된 곳을 찾는 것이 좋은 방법으로 판단된다. 따라서 네이버나 다음 검색창에 직접 입력해 찾아보는 것이 좋다. 예를 들어 "속초 수요미식회 맛집"이라고 입력하고 '검색 표시'를 누르면 나타나는 음식점들이 많은데, 그중 지도에 들어가 자신이 가장 쉽게 갈 수 있는 식당을 선택하는 것을 추천한다.

02 내비게이션으로 걸어서 목적지까지 길 따라가기

대부분의 시니어들도 네이버 지도나 T Map 등에 출발지와 도착지를 입력하여 운전하는 데 활용하는 법은 잘 다루기 때문에 여기서는 소개하지 않는다. 그러나 걸어서 목적지까지 갈 때 따라가는 법은 대체로 잘 모른다. 매우 중요한 기능이므로 소개한다.

내비게이션 기능을 활용하기 위해서는 '모바일 데이터'와 '위치' 기능이 활성화되어 있어야 한다. 손가락으로 스마트폰 홈 화면의 상단으로부터 아래로 쓸어내려 나타나는 '상태 표시'에서 그 기능이 활성화되어 있는지 확인한다. 다음은 네이버 지도를 활용하여 길 따라 걸어가는 방법이다.

① 네이버 지도 홈 화면 상단의 검색창 좌측에 있는 3줄을 누르고, 나오는 새 창에서 출발지와 도착지를 입력한다. 지역명은 한두 글자만 입력해도 검색창 아랫부분에 리스트가 나오므로 다 입력할 필요 없이 바로 선택할 수 있다.

② 다음, 화면에는 좌측부터 대중교통·자동차·걷기·자전거로 가는 길을 선택할 수 있게 되어 있는데, 그중 '걷기 아이콘 🚶'을 선택한다.

③ 그러면 자신의 현재 위치가 자그마한 파란색 동그라미로 나타나는데, 그 파란색 동그라미를 조심스럽게 따라가면 절대로 길을 놓치지 않는다.

> **잠깐!** 경우에 따라 GPS 기능이 적절히 작동하지 않아 자신의 위치에서 약간 떨어져 나가는 경우가 있다. 곧 제 위치를 찾아 주므로 잠시 기다린다.

'걸어서 길 따라가기'의 경우 보통은 현 위치에서 목적지를 입력하여 파란색 동그라미 점을 따라가기 때문에 위의 ① 과정은 필요 없다. 홈 화면에서 바로 목적지를 찍어 걷기를 선택하여 동그라미 점을 따라가면 된다.

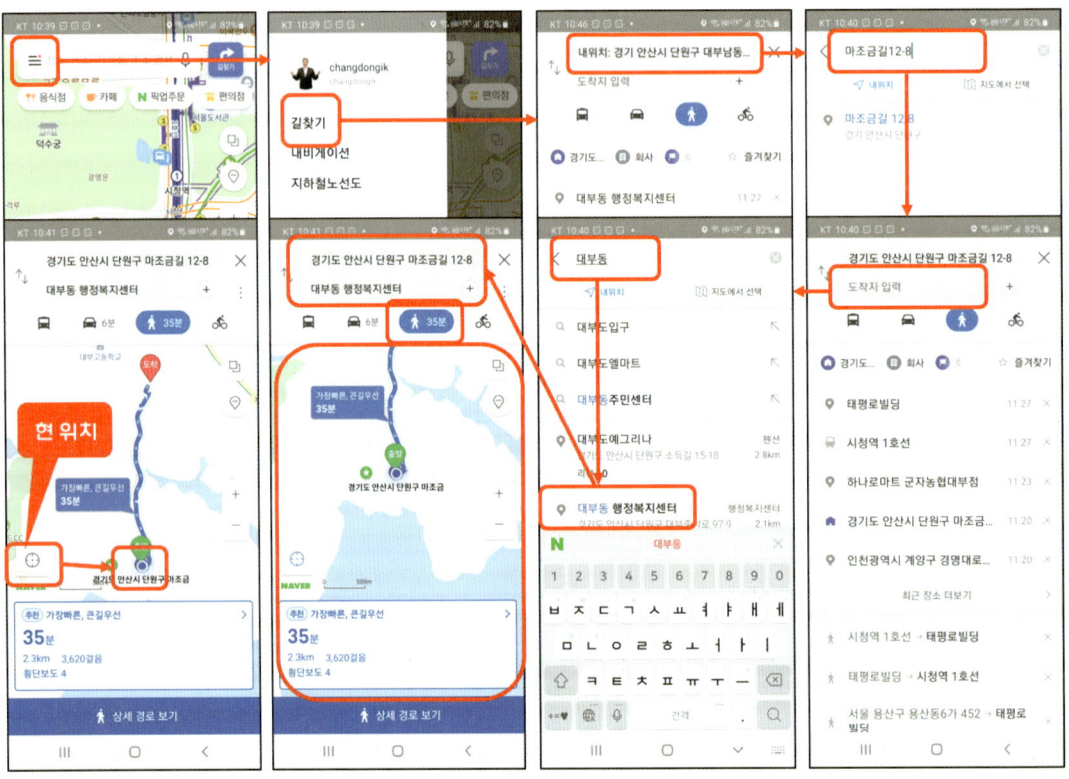

해외여행

동영상 11
해외여행 1
해외 현지인과 한국어로 대화하기 / 해외에서 한국어로 길 찾기

01 현지인과 한국어로 대화하기

'구글 번역' 앱에서 동시 통역 기능을 활용하면 외국에서 현지 언어를 전혀 몰라도 현지인과 대화할 수 있다. 구글 번역 앱은 총 104가지의 언어로 번역해 준다. 가장 많이 활용하는 다음 세 가지의 번역 기능을 소개한다.

①아주 간단한 대화의 경우는 구글 번역의 '대화(동시 통역 기능)'를 활용한다. 구글 번역 앱 홈 화면에서 우선 대화 상대의 언어(도착 언어)를 선택한 다음, '대화' 아이콘을 누른 후 나타나는 화면에서 '한국어'를 선택해 한국말로 말하면 곧 도착 언어로 번역되면서 바로 읽어 준다. 그리고 상대 언어를 누른 다음 상대로 하여금 말하게 하면 곧 한국어로 번역되면서 바로 읽어 준다.

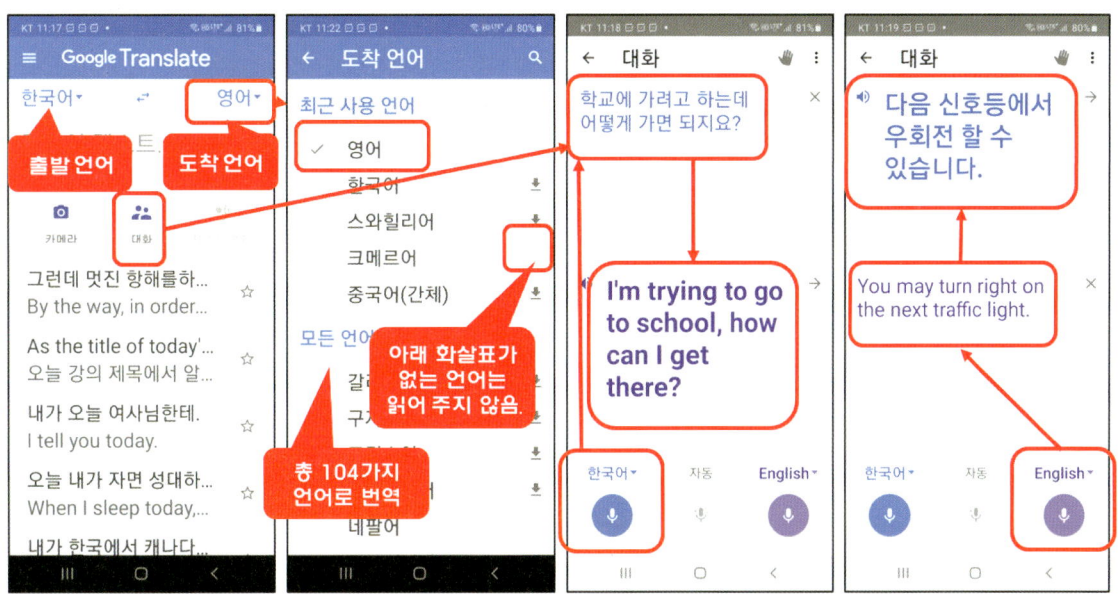

② 조금 긴 문장을 보여 주어야 할 경우는 번역 홈 화면에서 우측에 있는 '마이크 아이콘 🎤'을 누른 다음, 한국어로 긴 문장을 말하면 바로 화면 아랫부분에 도착 언어로 번역된다. 말이 끝나면 도착 언어의 좌측에 표시된 작은 '스피커 아이콘 🔊'을 누르고 조금 기다리면 도착 언어로 읽어 준다.

③ 길거리에 있는 표지판이나 식당 메뉴판 등에 사진기를 갖다 대면 바로 번역해 준다. 구글 번역 앱 홈 화면에서 '카메라' 아이콘을 선택한 다음, 새 화면에서 하단의 '즉시 번역'을 누르고 번역 대상을 사각 안에 잘 맞추면 즉시 한국어로 나타나게 된다.

④ 서류나 소개 내용을 한글로 번역할 경우에는 '스캔하기'를 누른 다음 사진 찍기를 위한 '동그라미 표시' 버튼을 누른다. 화면에 다음 그림과 같이 모든 글자가 하얀 사각형 모양으로 잘 덮여 있다면 OCR(Optical Character Reading, 이미지를 문자로 인식하는 기술)이 잘 처리되었다는 것이므로 '모두 선택'을 누른다. 즉시 OCR 화면 위에 한글로 번역된 것이 나타나고, 그 부위를 누르면 완성된 한글 번역본이 나타난다. 물론 '한국어' 좌측에 위치한 '스피커 아이콘 🔊'을 누르면 읽어 준다.

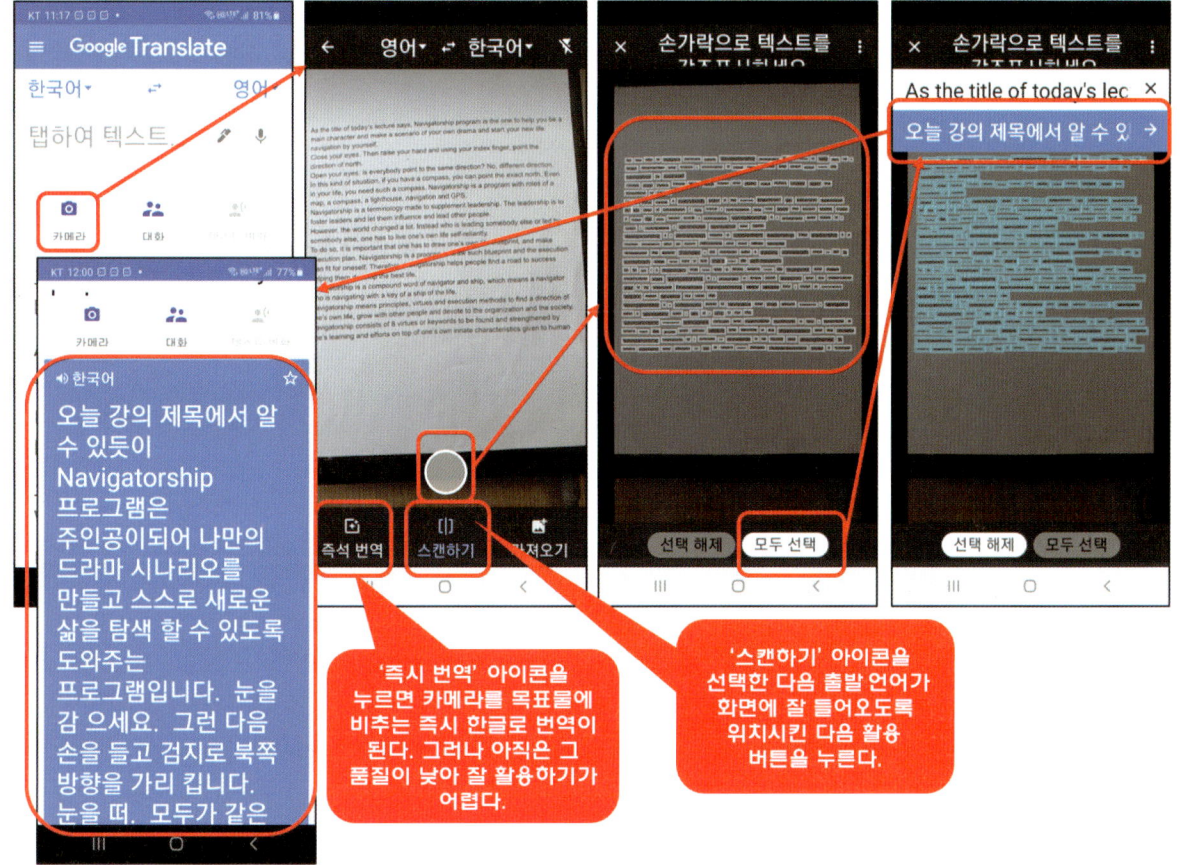

02 한국어로 길 찾기

해외여행 시 구글 지도 앱은 매우 유용하다. 한국과 중국을 제외한 모든 지역에서 어떤 지도 앱보다도 유용하게 사용할 수 있기 때문이다. 특히 GPS의 오차가 매우 적어 이태리 로마 같은 도시에서도 '현재 위치 아이콘◉'을 켜 놓고 따라다니면 절대 길을 잃지 않는다. 실례로, 이태리 로마에서 길 찾기를 설명하도록 한다.

① 구글 지도 앱을 켜고 상단 검색창의 마이크를 켠 다음 '이태리 로마' 하고 말하면 이태리 로마 지도를 찾아 준다.

② 화면 아래 좌측에 있는 '경로'를 누르면 나타나는 '출발지 창'에 마이크를 켜고 '포로

 SMART

로마노'라고 말하고, '로마'라고 표기되어 있는 '도착지'란을 누른다.

③ 그런 다음, '로마'라고 적힌 것을 창 우측에 있는 '×' 표시를 눌러 지워 주고, 마이크를 켜 '트레비 분수'라고 말한 후 '걷기 아이콘 🚶'을 누르면 길이 나온다.

④ '미리보기'를 누르면 걷는 길이 상세하게 나오므로 아랫부분에 있는 '현재 위치 아이콘 ◉'을 누른 후 따라가면 된다.

> **잠깐!** 차를 운전할 경우 '차량 아이콘 🚗'을 누른다. '대중교통 아이콘 🚌'을 누르면 버스·트램·지하철 표시가 나타나므로 선택하면 된다.

⑤ 아이콘 🚶 을 누르면 우버의 가격이 나오면서 예약 앱을 열어 예약할 수 있다. 이 경우는 한국어 지원이 되지 않으므로 이태리어나 영어로 말해야 예약할 수 있다.

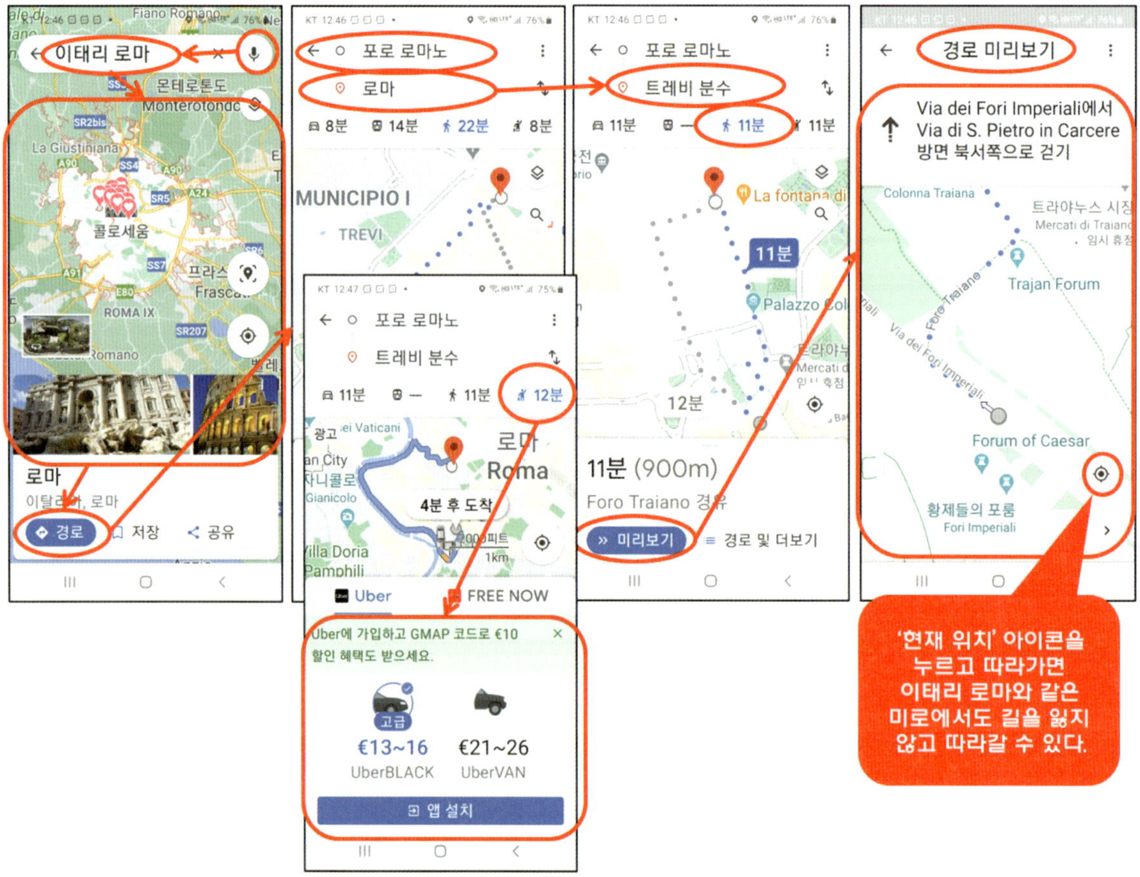

'현재 위치' 아이콘을 누르고 따라가면 이태리 로마와 같은 미로에서도 길을 잃지 않고 따라갈 수 있다.

 **동영상 12**
해외여행 2
해외에서 맛집 검색하고 찾아가기 / 해외 숙소 TV로 방송 등 한국어 콘텐츠 보기 /
해외에서 동행자와 위치 공유

03 해외에서 맛집 검색하고 찾아가기

구글 지도 앱 홈 화면의 검색창에 가고 싶은 지역의 맛집, 예를 들어 '트래비 분수 맛집'이라고 마이크를 켜고 말하면 그 근처 맛집들을 찾아 준다. 추천된 맛집들 중 수많은 사진 및 메뉴, 가격을 비교하여 최종 선택한다. 선택한 맛집에 전화 예약하고, 가는 길 안내를 받아 바로 출발할 수 있다.

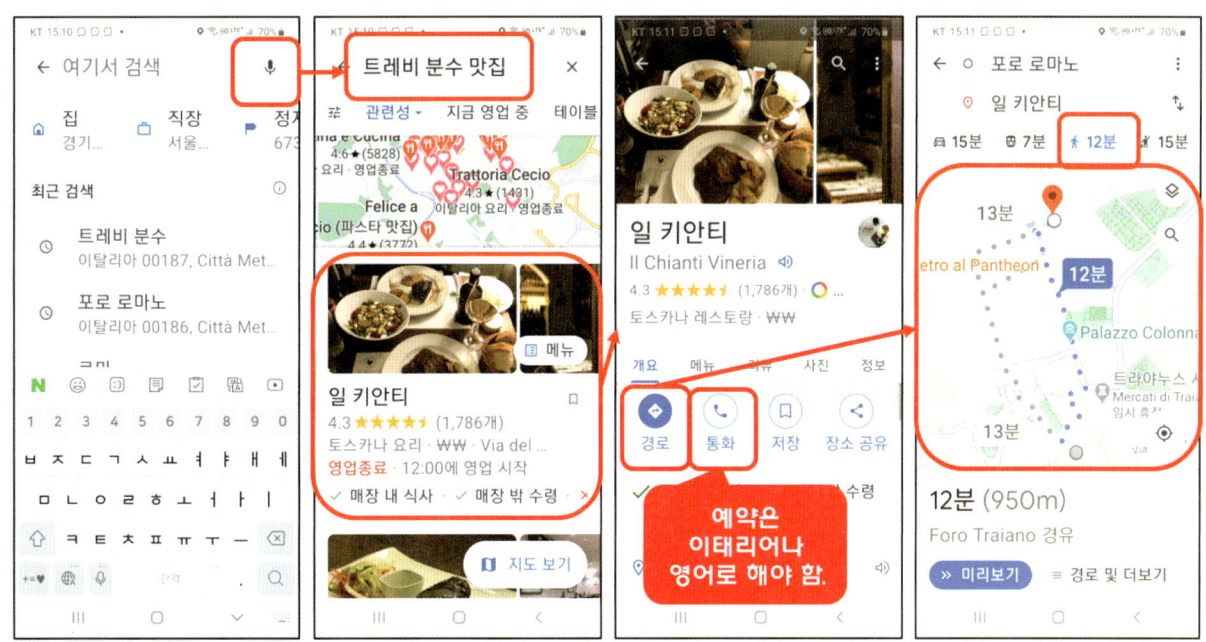

04 현지어 메뉴 음식 주문하기

구글 번역 카메라 기능의 '즉시 번역'을 활용하면 현지어 메뉴 음식 주문이 가능하다. 구글 번역 카메라를 현지어로 되어 있는 메뉴판에 고정시켜 놓으면, 메뉴가 한국어로 나타나

제4장 이동이나 여행, 문화생활 즐기기(HOW) **137**

게 된다. 그때 현지어는 못 하더라도 메뉴판에 있는 원하는 메뉴를 가리키며 주문할 수 있다. 이 방법은 현지어를 전혀 모르는 나라에서 길 찾을 때 길거리 표지판을 이해하는 데도 유용하게 활용할 수 있다. **참고** 동영상 11 '해외 현지인과 한국어로 대화하기' 참고

05 해외 숙소 TV로 방송 등 한국어 콘텐츠 보기

 필자는 해외여행할 때마다 '무선 MHL 동글'을 가지고 나간다. 해외 숙소에는 아직 최신 스마트 TV를 제공하는 곳이 거의 없어서 동글 없이 바로 스마트폰 화면을 미러링하여 볼 수 없기 때문이다. 스마트폰으로 보던 영상을 숙박지에서도 TV로 볼 수 있다는 것은 여행의 즐거움을 배가시킨다. 그날 찍은 동영상이나 사진도 모두 TV에 연결해서 바로 볼 수 있다. 한국의 뉴스도, 보고 싶은 드라마도 볼 수 있다.

 인터넷 쇼핑몰을 통해 'COMS 핸드폰 무선 MHL 동글(ST045)'을 3만 원 정도면 살 수 있다. 단지 스마트 TV가 없어서 이런 동글을 사용하게 되면 동영상과 같이 데이터 양이 큰 것을 미러링할 때는 아주 간혹 끊어짐 현상이 나오는 단점은 있다. 그러나 일반 문서와 같은 것은 10m 거리 내에서 가동해도 문제없다.

 구형 TV의 뒷면을 보면 보통 비어 있는 HDMI 단자가 한 개 이상 있다. 만일 TV 뒷면에 HDMI 단자가 있다면 '무선 MHL 동글'을 그 단자에 꽂으면 스마트 TV와 같은 기능을 그대로 활용할 수 있다. 요즘 핸드폰에서는 인터넷 TV나 케이블 TV에 비교도 안 될 정도의 다양한 동영상들을 서비스하고 있다. 특히 유튜브나 TED, 각종 영화들은 모두 이와 같은 방법으로 TV로 시청할 수 있다. 사용법은 다음과 같다.

① TV 뒷면의 비어 있는 HDMI 단자에 무선 MHL 동글을 꽂는다. 만일 동글 폭이 넓어 끼울 수 없는 경우를 위해 추가로 납품해 주는 연결 잭을 활용하면 문제없다.

② TV 리모콘에서 '외부 입력', 'Source'나 'External Input'을 선택하면 나오는 화면에서 HDMI1, 또는 HDMI2를 선택해 보고, 조금 기다려 아래 그림과 같이 Coms 화면이 나

오는지 확인한다. 다만 TV 리모콘은 인터넷 방송용이 아닌 TV의 원 리모콘이어야 이 기능을 수행할 수 있다. 인터넷 TV용 리모콘에는 '외부 입력', 'Source', 'External Input' 기능이 없다. 보통 Coms는 첫 화면이 아이폰용 DLNA가 나온다. 그러나 안드로이드 폰은 'Miracast'를 사용하기 때문에 동글 앞부분에 붙어 있는 작은 사각형 버튼을 한 번 누르면 'Miracast'로 전환된다. 참고로 또 한 번 누르면 다시 'DLNA'로 전환된다.

③ 손가락으로 스마트폰 상단에서 아래로 쓸어내리면 '상태 표시'가 나타나고, 다시 손가락으로 우에서 좌로 쓸어 주어 두 번째에 있는 'Smart View' 기능을 눌러 준다.

참고 이 기능을 자주 활용할 경우, 스마트폰 첫 화면에 옮겨 놓으면 사용하기 훨씬 편리하다.

④ 새로 나타나는 화면에서 'Coms-WMHL-Plus-EBS'를 눌러 준다.
⑤ 다음, 새로 나타나는 화면에서 '지금 시작'을 눌러 주면 TV 화면에 독자의 스마트폰 화면이 미러링되어 볼 수 있게 된다.

잠깐! 스마트폰에서 일부 TV 프로그램은 지적 재산권 문제로 해외에서는 볼 수 없는 것도 있다.

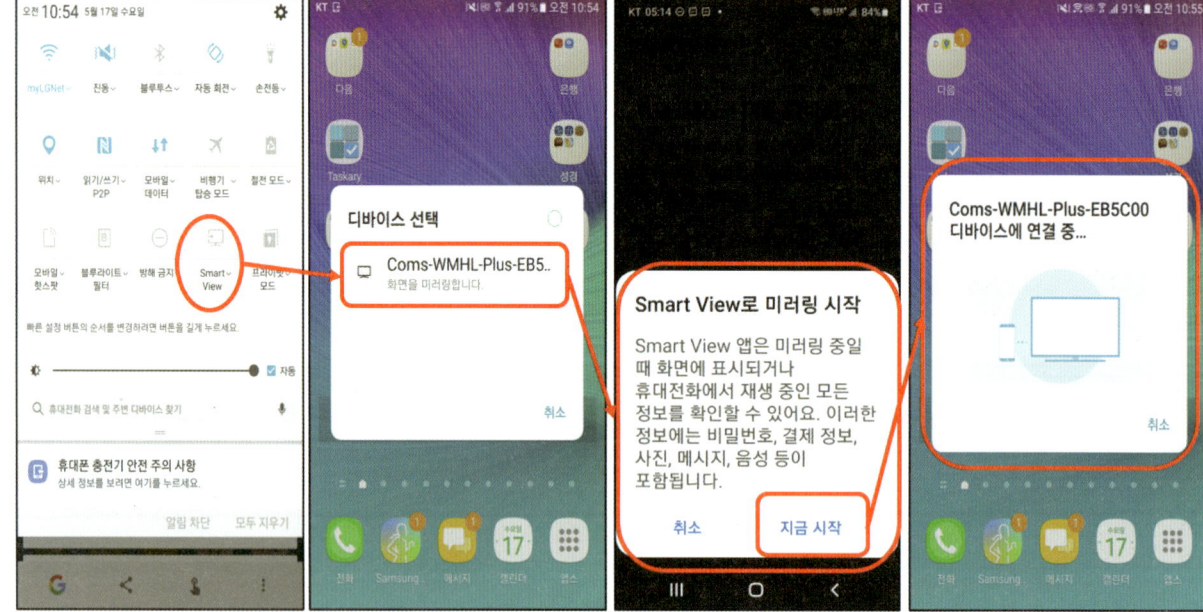

06 해외 출국 전, 공항에서 적정 데이터만 구매

해외로 출국할 때 데이터 로밍은 거의 필수 요소다. 그런데 많은 여행객들이 어느 정도 크기의 데이터를 로밍해야 할지 모르기 때문에 1일 11,000원가량하는 데이터를 구매하는 경우가 많다. 그러나 실상 어느 나라든 로밍 데이터는 최소 구매량인 3만 원 정도 하는 3GB 정도 구매해 가면 대체로 1주일가량은 충분히 활용할 수 있다.

07 동행자와 위치 공유

구글 지도에는 타인의 위치를 공유하는 기능이 있다. 해외여행 시 만일을 대비해 동행하는 사람과 위치를 공유하는 것은 매우 유용하다.

①구글 지도의 홈 화면에서 우상단에 있는 자신의 사진이나 원으로 표시된 '계정 관리' 아이콘을 누르면 나타나는 새 창의 '위치 공유'를 선택한다.

②'내 실시간 위치 공유'는 '1시간씩 시간 단위' 또는 '1일부터 3일까지', '이 기능을 사용

중지할 때까지' 중 선택할 수 있다. '1시간 동안'이라는 항목 우측의 '+' 사인을 계속 누르면 원하는 시간을 선택할 수 있으므로 적당한 시간을 선택한다.

③ 다음 공유자를 선택하는데, 이미 구글 주소록(제5장 '축의금, 조의금 등 주요 자료 가족이나 친지들과 공유' 참고)에 있는 사람이라면 시간 지정 항목 바로 밑에 나타나므로 선택한다. 그렇지 않으면 그 항목을 손가락으로 우에서 좌로 계속 밀어 나오는 점 3개를 눌러 상단 입력창에 공유자의 지메일 주소를 입력, '공유' 버튼을 누르면 완료된다.

> **잠깐!** '위치 공유'는 제공하는 사람의 권한이므로 동행자 모두 함께 공유하고자 할 때는 권한을 부여하는 사람이 나머지 모두를 선택하여 공유해야 한다. 여러 명과 함께 공유할 경우, 공유자 입력창에 한 명씩 지속적으로 추가하여 공유할 수 있다.

제4장 이동이나 여행, 문화생활 즐기기(HOW)

03 삶의 품격 올리기

동영상 13

삶의 품격 올리기
말로 명령하여 스마트폰 활용 / 항상 모자라는 스마트폰 저장 공간 확보 /
가족들과 필요한 일정 공유

01 말로 명령하여 스마트폰 활용하기

　최근 인공 지능 덕분에 음성 인식 기술이 고도로 발전하여 이제 스마트폰에 대고 말로 지시하거나 물어보면 상당 부분을 대답해 준다. 가장 추천하는 앱은 '구글 어시스턴트'다. 비슷한 기능의 앱으로 '애플 시리', '네이버 클로바' 등이 있다.

　구글 어시스턴트 작동 방법은 몇 가지 있는데, 여기서는 가장 간단한 방법을 소개한다. 화면 하단의 '홈 화면 가기 ▢' 버튼을 2~3초가량 길게 눌렀다 뗀 후 바로 말로 명령하면 인식하고 실행해 준다.

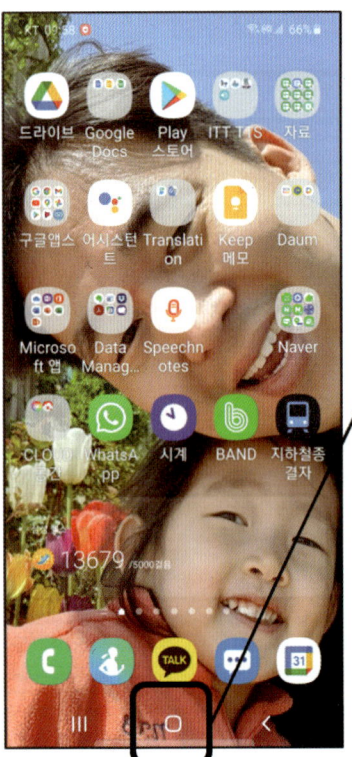
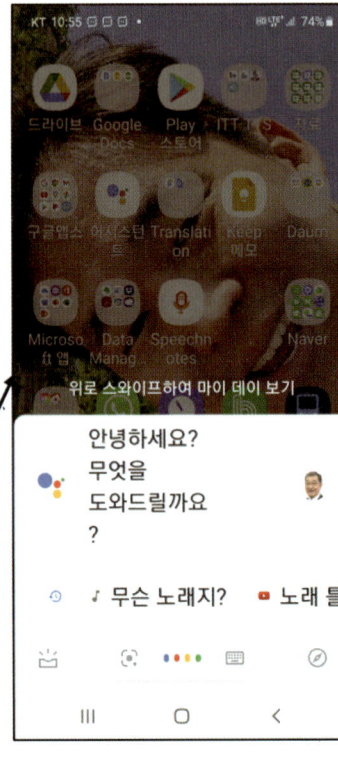
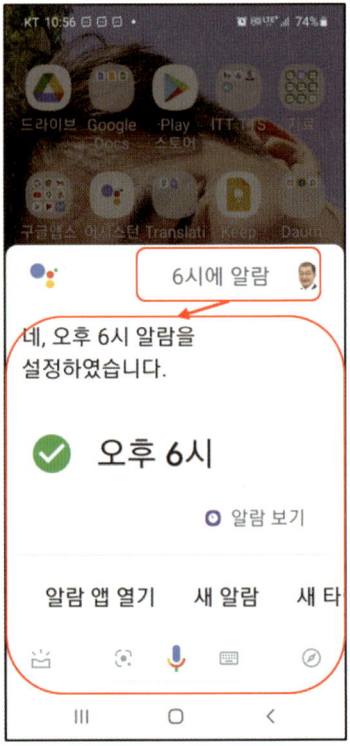

어시스턴트를 활용하는 몇 가지 사례를 들면 6시에 알람해 줘, 10분 타이머 설정해 줘, 지금 LA 몇 시야?, ○○○에게 전화해 줘, 속초 수요미식회 맛집, 부산 삼대천왕 맛집, 주변 음식점, 어제 야구 경기 결과, 100만 원이 몇 달러야?, 1000제곱미터가 몇 평이야?, 1에이커가 몇 평이야?, 오늘 엔화 환율, 안녕하세요가 베트남어로 뭐야?, 임영웅 보랏빛 엽서 틀어 줘, 문재인이 누구야?, 전라도 광주 날씨가 어때?, 대부도 미세먼지 어때?, 언택트가 뭐야? 등 매우 다양하다. 인식하는 지시어는 점차 늘어나고 있다.

02 대형 TV로 각 지역 손주들과 모두 함께 동영상 통화하기

스마트 TV가 아니라면 MHL 동글을 활용하여 실행하면 된다. 보유하고 있는 TV 종류에 따라 조금은 다를 수 있지만 대표적인 사례를 설명하니, 좀 다른 형태의 경우 이 설명을 참고하여 보유한 TV가 설명하는 대로 따라 실행에 옮기면 된다. 일부 TV의 경우는 '미러링(Mirroring)'이라는 기능으로 실행되면 경우에 따라 스마트폰에도 'Smart View' 기능이 아닌 별도의 지정하는 앱을 다운 받으라고 설명하는 경우도 있으니, 그 설명에 따라 처음 한 번만 좀 고생하여 실행하면 된다. 사용법은 다음과 같다.

> 참고 동영상 12 '해외 숙소 TV로 방송 등 한국어 콘텐츠 보기' 참고

① 스마트폰 홈 화면 상단으로부터 손가락으로 쓸어내려 상태 표시창에서 'Smart View' 기능을 활성화시킨다.
② 새로 나타나는 화면에서 TV의 명칭이 나오는 것을 눌러 준다.
③ 다음, 화면에서 '지금 시작'을 눌러 주면 스마트폰 화면이 TV에 미러링된 모습을 볼 수 있게 된다.

카톡 동영상 통화를 하든가, 두 가정 이상과 함께 동영상 통화를 할 경우 '줌(Zoom)'이나 '구글 미트 화상 회의' 기능을 활용하면 손자녀들의 콘서트를 참여한 모든 가정이 각자 집

에서 대형 TV로 즐길 수 있다. 참고 '줌 활용법'은 제5장의 '비대면 화상 통화하기' 참고

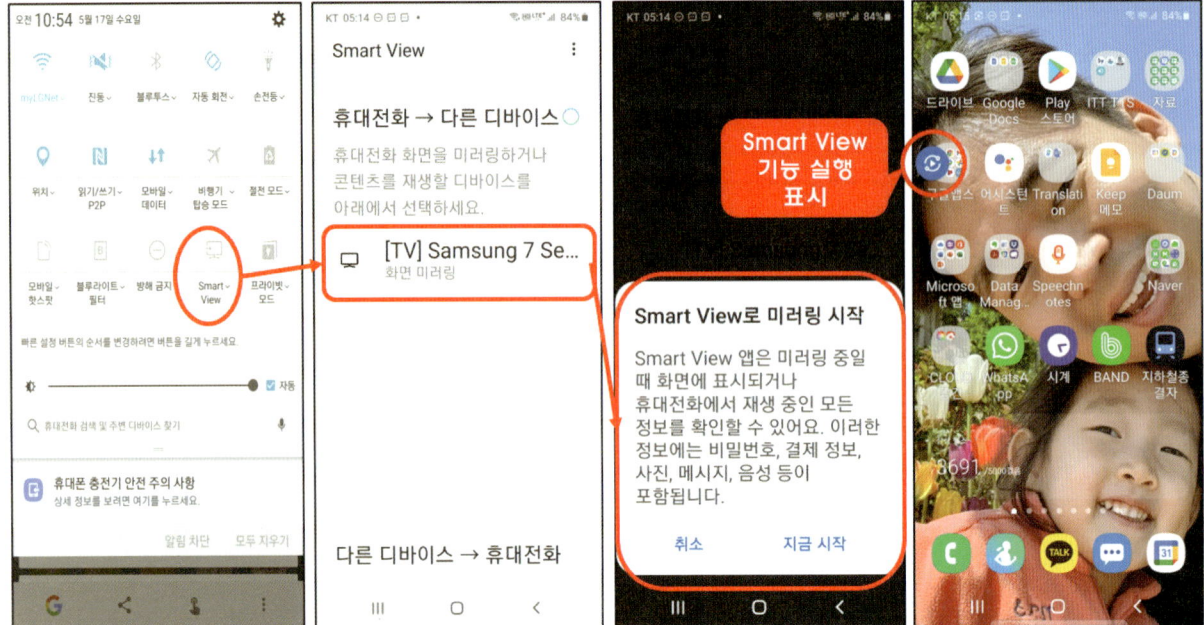

03 항상 모자라는 스마트폰 저장 공간 확보

　스마트폰의 저장 공간이 모자라는 주요인은 갤러리에 저장되어 있는 사진 및 동영상이다. 따라서 스마트폰에서 사진과 동영상을 다른 저장 공간으로 이전할 수 있다면 해결된다. 그런데 사진과 동영상을 스마트폰으로 바로 볼 수 없다면 그것도 바람직하지 않다. 2021년 6월 1일 이전까지는 '구글 포토'라는 앱이 사진과 동영상을 위한 클라우드 저장 공간(스마트폰 자체 저장 공간을 차지하지 않는다.)을 무한대로 제공해 주기 때문에 문제없다. 2021년 6월 1일 이후에도 15GB의 구글 드라이브 무료 저장 공간을 함께 활용할 수 있다.

　구글 포토는 독자가 사진을 찍자마자 저장되는 갤러리의 사진이나 동영상을 즉시 동기화시켜 구글 포토에서도 볼 수 있게 된다. 그런데 현재 무한대 저장 공간을 활용하기 위해서는 구글 포토 설정에서 우선 화질을 '원본 품질'에서 '고품질'로 변경시켜 놓아야 한다.

2021년 6월 1일 이전까지 구글 포토 저장 공간을 무한대로 활용하는 방법은 다음과 같다.

① 구글 포토 홈 화면 우상단의 사진이나 원으로 표시된 계정 관리 항목을 누르면 나타나는 화면에서 '포토 설정'을 누른다.

② '백업 및 동기화'를 누르면 나오는 화면에서 '업로드 크기'를 누르고, 새 화면에서 '고화질'로 선택한다.

> **잠깐!** 2021년 6월 1일 이전에 추가 비용을 내지 않기 위해서는 구글 드라이브 저장 공간에 남아 있는 사진과 동영상들을 모두 삭제하거나 한꺼번에 PC로 다운 받고 난 다음 삭제해야 한다.

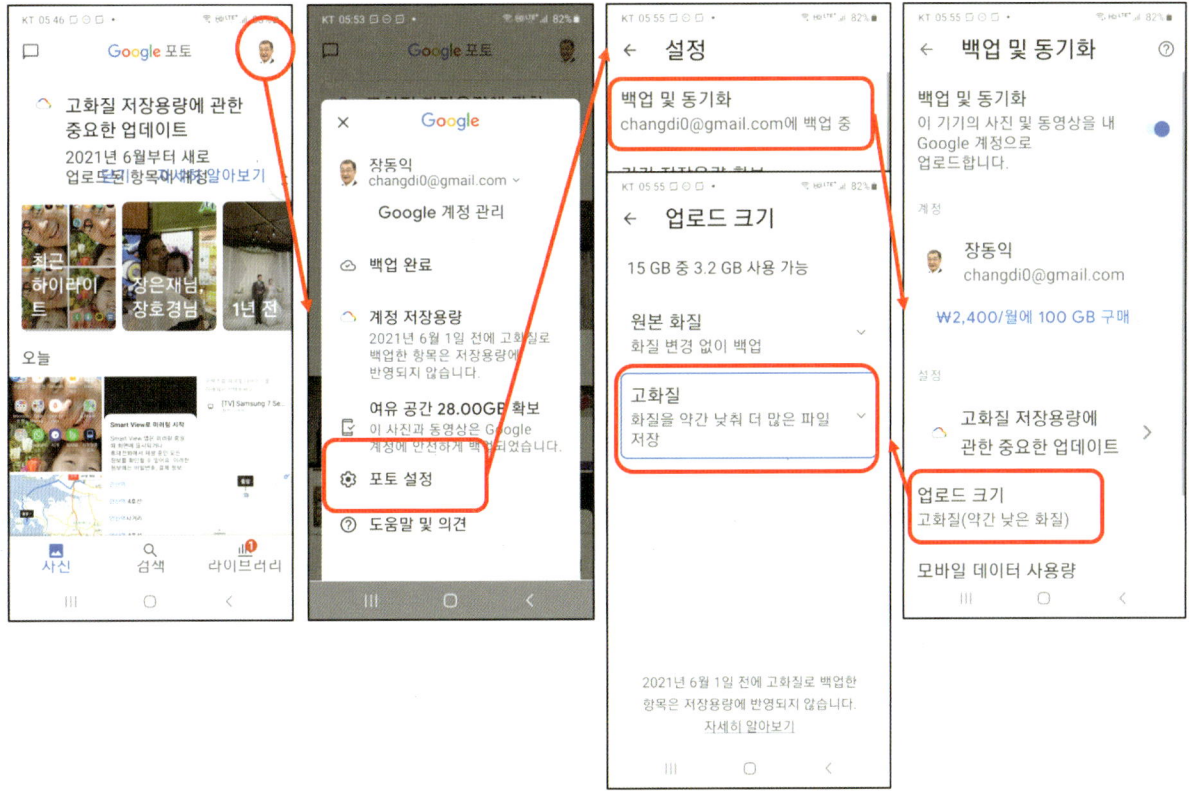

다음은 구글 포토에서 앨범을 만들어 이벤트별로 검색하면 바로 찾아 들어갈 수 있도록 조치하는 방법이다.

①홈 화면에서 '검색'에 들어가면 중간 좌측에 '앨범'이라는 표기와 함께 '+' 사인이 있는데, 그것을 누르면 새 앨범을 작성하는 화면이 나온다.

②우선 앨범 제목을 입력하고 나서 '사진 추가'를 누른다.

③사진 리스트에서 필요한 사진들을 모두 선택하고 '추가' 버튼을 누르면 새로운 앨범이 작성된다.

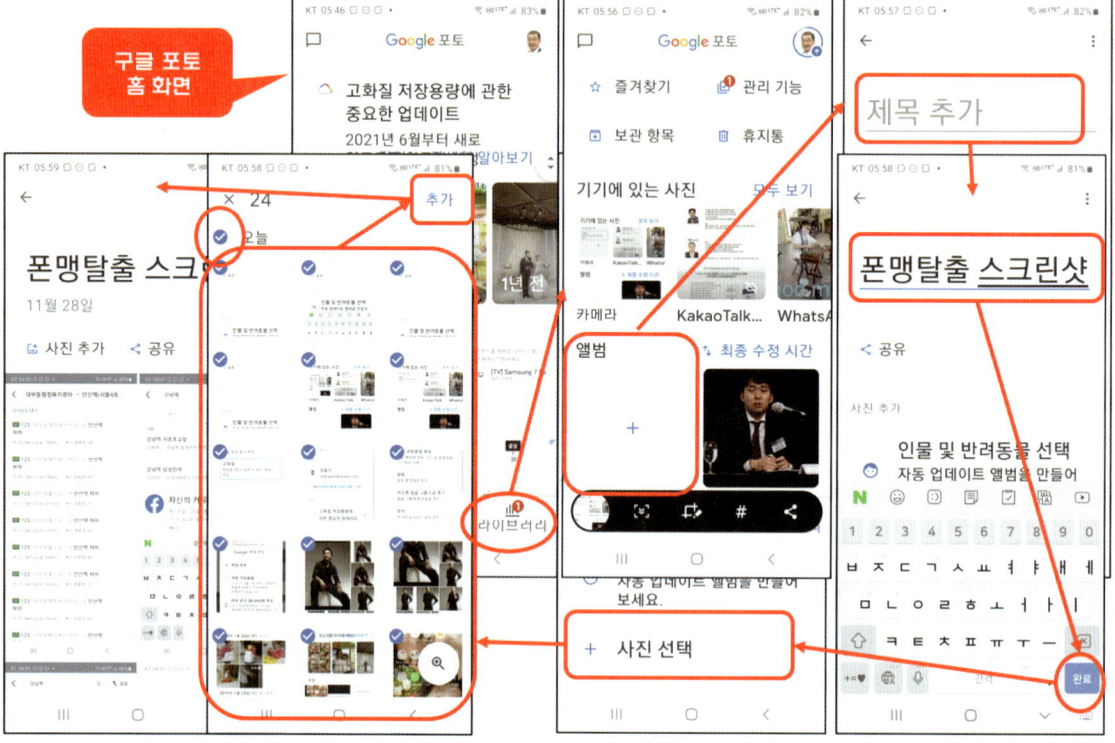

구글 포토는 인공 지능으로 엄청난 분량의 학습에 의거, 같은 사람의 사진들을 자동으로 모아 준다. 인간의 눈으로는 식별하기 어려운 작은 사진이든, 나이든 관계없이 사진들을 모아 가장 숫자가 많은 사람부터 순서대로 나열해 준다. 따라서 사진마다 이름만 입력해 주면 된다.

①구글 포토 화면 하단 중앙에 위치한 '검색'을 선택하고, 나타나는 화면에서 제일 위에 나오는 '인물' 우측에 있는 '모두 보기'를 누른다.

② 이름이 없는 사진을 누르면 나오는 새 화면 위에 위치한 '이름 추가'를 선택하여 나타나는 화면에서 이름을 추가한 다음, '완료' 버튼을 누른다. 굉장히 많은 사람의 사진들이 모이게 되는데, 의미 있는 사람들의 이름만 입력해 놓으면 나중에 검색창에 그 사람의 이름을 입력하는 즉시 그 사람과 몇 년 몇 월 며칠에 찍은 사진인지 모두 나타난다.

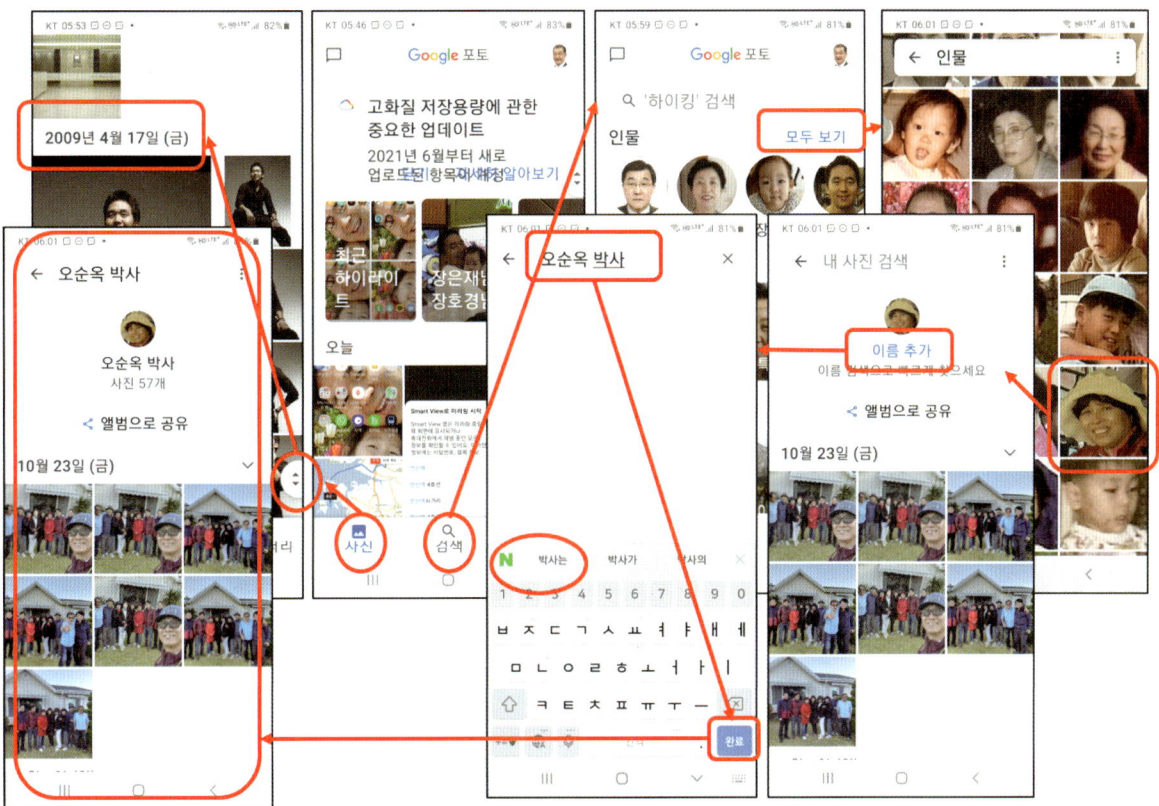

장소, 사물, 동영상 등 많은 기능들이 대부분 구글 포토의 인공 지능 딥러닝에 의해 자동으로 모아지는데, 여기서는 장소와 사물의 사례만 설명한다. 어렵지 않으므로 나머지 부분은 직접 실행해 본다. 그런데 너무나 놀랍다. 중요한 것은 내 스마트폰의 저장 공간을 전혀 활용하지 않고도 이 세상 어디에서든 사진이나 동영상을 즉시 볼 수 있으며, 제4장의 '대형 TV로 각 지역 손주들과 모두 함께 동영상 통화하기'에서 배운 대로 Smart View 기능을 활용하면 대형 TV로 온 가족, 혹은 여러 사람이 함께 감상하는 즐거움이 있어 행복도를 높여 준다.

① '장소' 우측에 있는 '모두 보기'를 누르면 구글 포토가 자동으로 취합해 준 장소들이 나타난다. 예시에서는 필자가 아디스아바바에 선교차 학생들을 가르치러 갔을 때의 사진들을 모아 준 것인데, 언제 갔다 왔는지 날짜도 정확하게 알 수 있다.

> **잠깐!** 유의할 점은 '위치 기능'을 켜 놓고 사진을 찍어야 위치가 자동으로 취합된다. 만일 다른 카메라로 찍을 때, 위치 기능이 있는 카메라는 시간과 장소가 자동으로 취합되지만 그렇지 못한 카메라로 찍은 경우는 그 사진들을 PC나 스마트폰으로 옮기는 장소에 취합되니, 외지로 여행 가는 경우 그날 찍은 사진은 그날 PC와 스마트폰으로 옮겨 놓는 것이 좋다.

② '사물' 우측에 있는 '모두 보기'를 누르면 구글 포토가 자동으로 취합한 사물들이 나온다. 예를 들어 '교회'를 선택하면 찍은 날짜와 함께 교회 건물들만 나타난다.

이제 마지막으로, '검색'하는 방법을 설명한다. 구글 포토의 검색 화면 상단에 있는 검색창에 '폰맹' 정도만 입력하면 같은 키워드를 입력한 모든 앨범이나 사진, 동영상이 나타나 원하는 항목을 선택하면 바로 찾아 준다. 필자는 현재 일생의 모든 사진과 동영상을 구글 포토에 저장해 놓고 있는데, 언제 어디서나 원하는 대로 검색하여 즉시 보여 줄 수 있다.

특히 좋아하는 배경 음악을 삽입해 사진과 자막을 넣어 직접 만든 동영상은 인기가 너무 좋다. 각각의 사진을 찾아 들어가는 일은 별로 없지만 사진을 활용한 동영상은 자주 보게 된다. 참고 제4장의 '사진으로 동영상 만들기' 참고

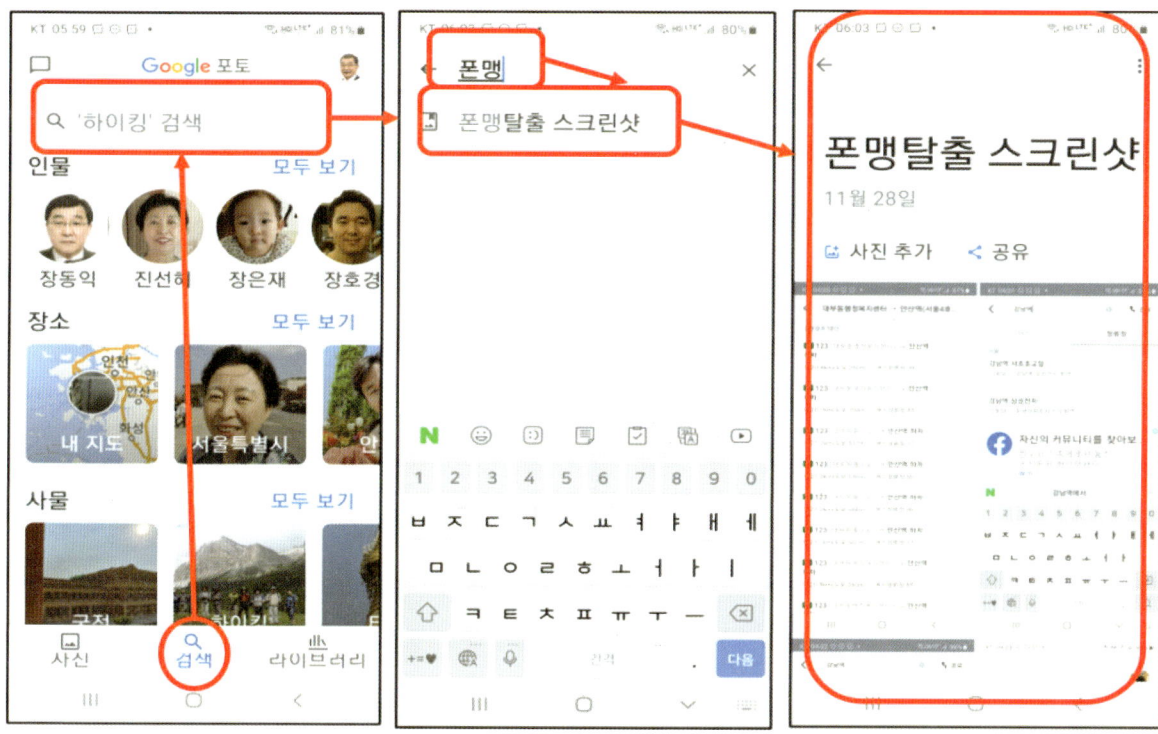

이제 스마트폰 갤러리에 있는 모든 사진들을 PC나 외장 하드로 이동시킨 다음 깨끗하게 비울 수 있다. 스마트폰 저장 공간이 부족해서 불편한 일은 없을 것이다. PC나 외장 하드로 이동하는 법은 제5장의 '스마트폰과 PC 자료 자유롭게 이동하기'에서 설명하게 될 'Send Anywhere' 앱에서 배우게 된다.

 SMART

04 가족들과 필요한 일정 공유하기

구글 캘린더를 활용하여 도움이 되는 가족이나 친지들과 자신의 일정을 서로 공유할 수 있다. 그런데 일정 공유는 스마트폰에서는 할 수 없고, PC나 노트북에서 할 수 있다. 다른 가족이나 친지에게 자신의 전체, 또는 일부 일정을 공유해 주면 상대의 스마트폰 캘린더에 자동으로 일정이 나타나게 된다.

다음 그림은 일정을 타인에게 공유하는 방법을 설명한다. 일정 공유는 공유하려는 사용자가 본인의 계정에 로그인해서 공유받는 사용자를 지정하고, 어느 정도의 권한으로 공유할지 설정해 주어야 한다.

① 구글 캘린더 프로그램을 열어서 '내 캘린더'의 본인 이름 옆 점 3개로 표시된 메뉴를 선택하면 '설정 및 공유' 화면을 볼 수 있다.

② 다음, 화면의 '특정 사용자와 공유' 항목에서 일정을 볼 수 있도록 허용되는 사용자의 지메일 주소를 입력한다.

③ 공유의 권한으로 본인의 상세 일정을 보여 줄 것인지, 아니면 바쁨(일정)으로만 보여 줄 것인지를 결정하여 '보내기'를 하면 일정 공유 사용자 설정은 마무리된다. 공유 설정은 추후에 수정할 수도 있다.

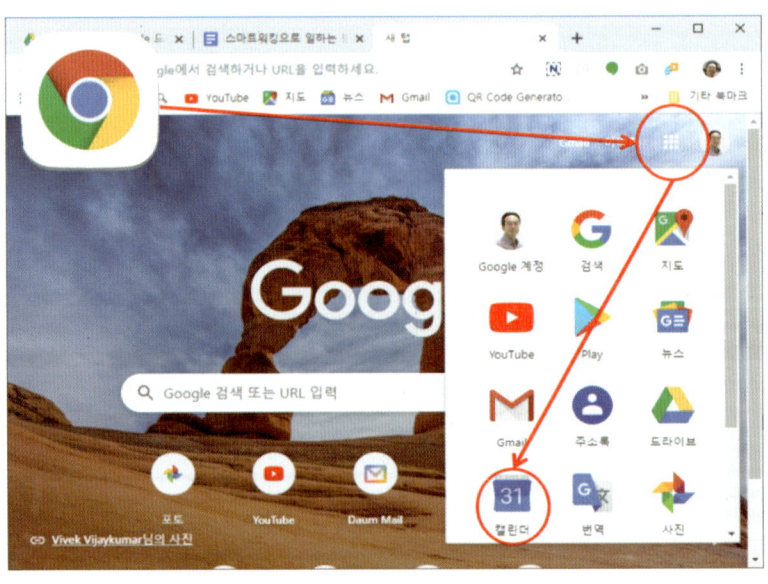

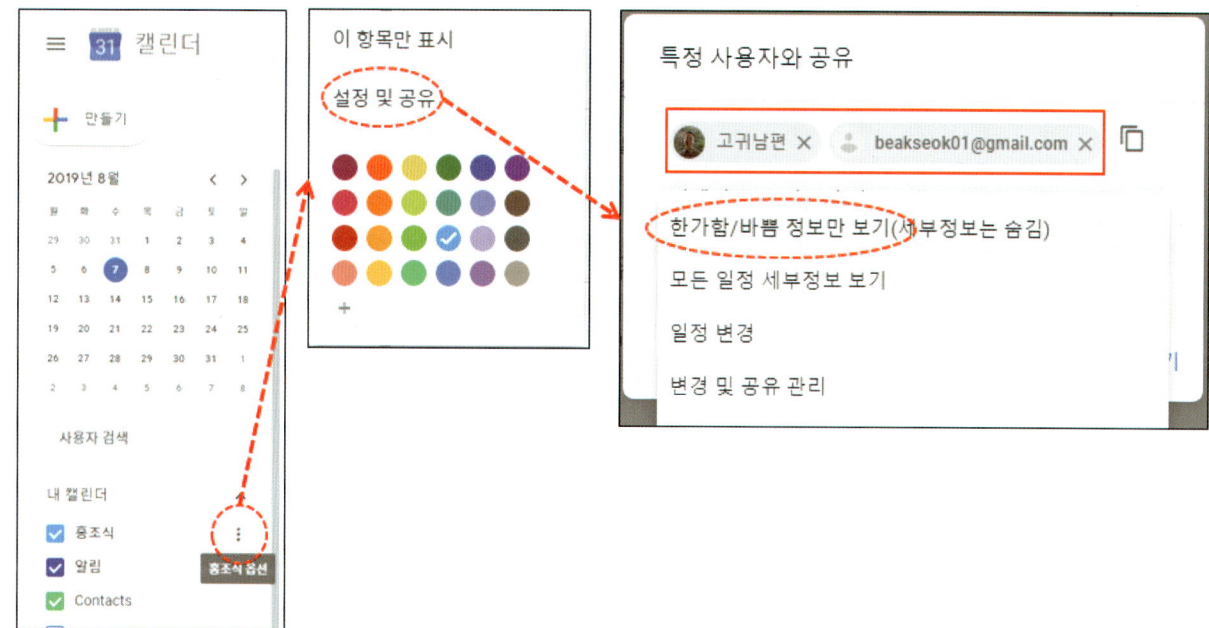

 SMART

04 인터넷에 있는 모든 동영상, 이미지 및 음악 다운 받기

동영상 14
동영상, 이미지, 음악 다운 받기

　이번에는 스마트폰을 보다 효과적으로 활용하기 위해 필요한 PC 어플을 몇 가지 배운다. 첫 번째 PC 어플은 '오캠(oCam)'이다. 자료로서 꼭 필요한 동영상이 동영상 제공처의 보안 정책에 따라 복사할 수 없는 경우가 있다. 이럴 때 '오캠' 툴을 활용하면 어떤 동영상이든, 이미지든 모두 복사할 수 있다. 또한 필요한 부분만 복사하거나 여러 동영상 중 필요한 부분들을 모두 모아 하나의 동영상으로 편집할 수도 있다. 필자는 오캠의 스마트폰 앱은 불편해서 사용하지 않고, 필요한 경우 노트북이나 PC에서 '오캠 PC 버전'을 활용한다.

01 동영상 복사/편집

　도움 되는 동영상을 발견하면 우선 모두 시청하고, 필요한 부분(몇 분, 몇 초)을 미리 적어 둔다. 그런 다음, PC나 노트북을 활용하여 복사·편집한다. 방법은 다음과 같다.

　① 오캠을 열고 자료원이 되는 사이트에서 그 동영상을 찾아 아래 그림에서 설명하는 대로 오캠 화면과 대상이 되는 동영상 화면의 크기를 서로 맞춘다.

 **잠깐!** 오캠이 복사하고자 하는 초록색 사각형 안에는 복사하고자 하는 동영상 이외 아무것도 들어가서는 안 된다. 따라서 오캠의 운영 화면 및 커서도 사각형 안으로 들어가지 않도록 옮겨야 한다.

　② 다음, 커서를 이용해서 대상 동영상을 시작하려고 하는 시간보다 조금 전 시점 근처

로 동영상 화면을 맞추어 놓는다.

③ 다음 대상 동영상을 먼저 시작하고, 실제 녹음하고자 하는 동영상이 나타나는 시점에 바로 PC 하단부에 있는 오캠을 열어 '녹음' 버튼을 누른다. 이때부터 복사가 시작되는데, 끝나는 시간에 '중지'를 누르면 오캠은 필요한 부분만 복사해 준다.

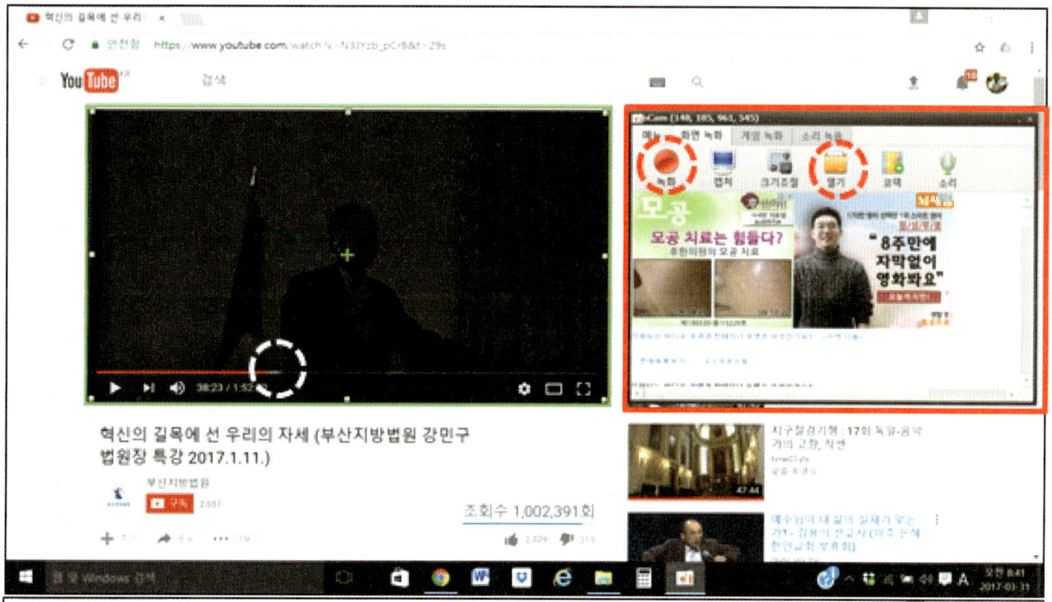

④ 한편, 동영상에서 필요한 여러 부분을 잘라 내어 한 동영상으로 편집하기를 원하는 경우 '중지'를 선택하지 말고 '일시 중지'를 선택한 다음, 다시 '녹음'과 '일시 중지'를 반복하여 녹음한다. 필요한 부분의 녹음이 끝나면 마지막에 '중지'를 선택하면 필요한 모든 부분이 하나의 동영상으로 편집된다.

⑤ 다음, 오캠 화면의 '열기'를 선택하여 나타나는 편집된 동영상에 적절한 제목을 입력한 후 잘라 내기 하여 원하는 PC 폴더에 저장한다.

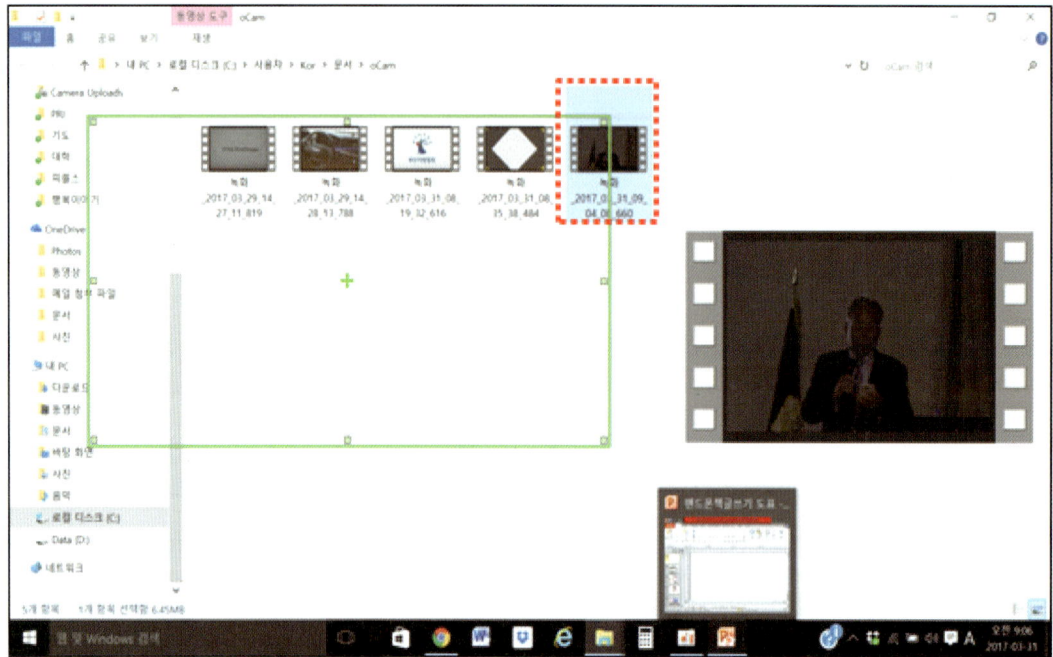

02 각종 이미지 복사 및 활용

일단 노트북이나 PC에서는 화면 캡처가 가능해서 많이 사용하지만 화면의 일부분만을 캡처해야 하는 경우도 많다. 예를 들어 검색했는데 내용이 너무 많아 그중 일부만, 또는 편집하고 싶은 PDF 파일이 있다면 오캠으로 원하는 크기의 이미지를 잘라서 캡처하여 저장할 수 있다. 오캠의 이미지 복사 기능은 오캠 운영 화면에서 '녹음' 대신 '캡처'라는 아이콘을 선택하는 것 외에는 동영상 복사 기능과 같다.

동영상이든 이미지든 오캠에서 제작된 결과물을 구글 드라이브·원드라이브, 또는 드롭박스, 네이버 클라우드 등 클라우드 공간에 저장하면 이동 중에도 언제든지 스마트폰으로 볼 수 있다.

03 음악 복사하여 자동차 안에서나 스마트폰으로 듣기

오캠의 '소리 녹음' 기능을 활용하면 유튜브 등 여러 음악 사이트에서 제공하는 음악들을 필요한 만큼 바로 원본 품질 그대로 복사할 수 있다. USB에 저장하면 자동차 안에서도 즐긴다든지, 다른 용도로 활용할 수 있다. 음악 복사 방법은 앞에서 설명한 '동영상 복사'와 같다.

> **잠깐!**
> - 유튜브에서 동영상과 함께 제공되는 음악의 경우 '소리 녹음'에서는 동영상을 녹음할 필요가 없기 때문에 앞에서 설명했던 동영상 복사를 위한 '초록색 사각형'은 별도로 나타나지 않는다는 점에 유의해야 한다.
> - 이렇게 복사한 모든 동영상, 이미지, 음악은 모두 지적 재산권 문제와 결부되므로 개인적인 용도 외에는 외부적으로 활용하지 않도록 유의해야 한다.

05 사진과 동영상으로 자서전 만들기

01 사진으로 동영상 만들기

두 번째 PC 어플리케이션은 '알씨 동영상 만들기'로, 사진으로 동영상을 만드는 어플리케이션이다. 이 어플은 PC용만 있으나 제작된 동영상을 스마트폰, 특히 구글 포토에 옮겨 놓으면 언제 어디서든 볼 수 있다. 알씨 동영상 제작 방법은 다음과 같다.

① 우선 동영상으로 제작할 대상 사진들을 가져온다.

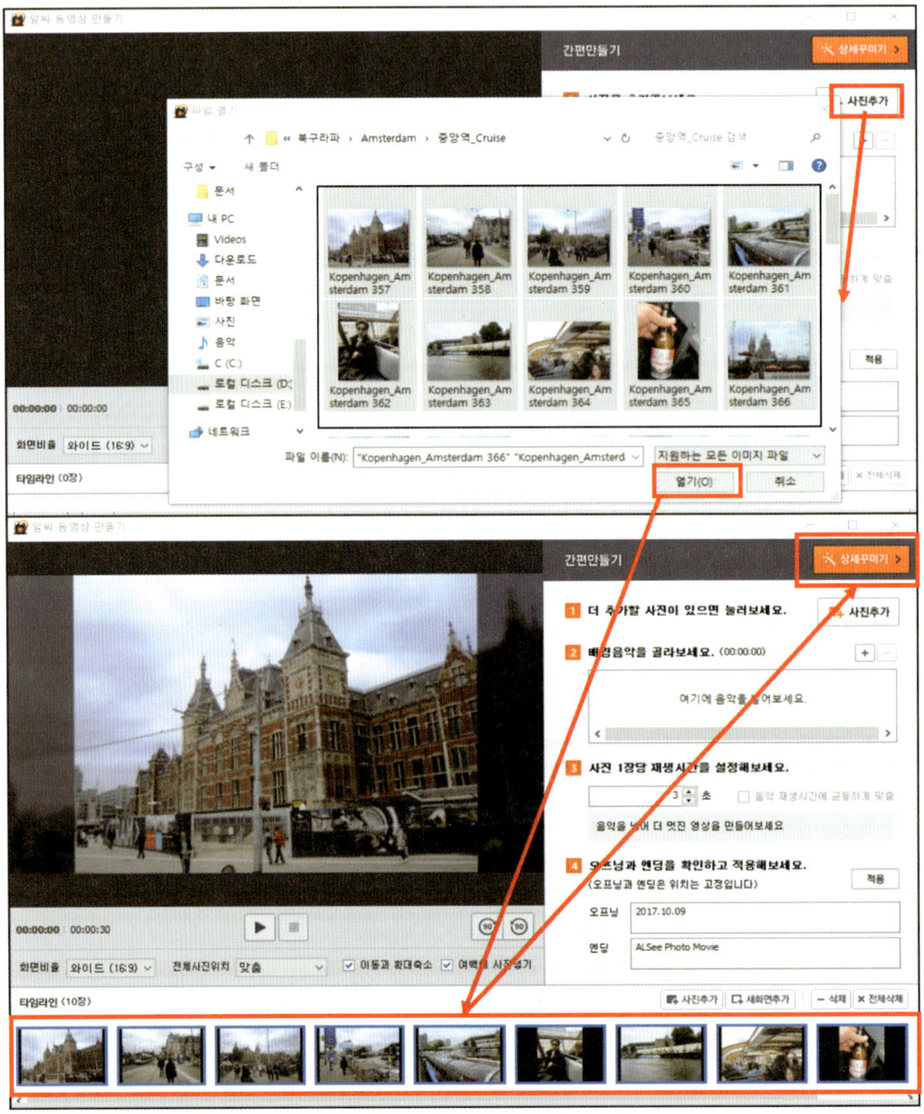

동영상 15
사진·동영상으로 자서전 만들기 1
사진으로 동영상 만들기

② 각 사진에 대한 설명을 텍스트로 추가하기 위해 어플리케이션 우상단에 위치한 '상세꾸미기' 버튼을 누르면 각 사진마다 텍스트를 추가할 수 있는 화면이 나온다. 필요한 텍스트를 모두 추가하고 나서 텍스트 입력창 바로 아래 위치한 '위치'에서 중간 하단을 선택한 다음, 효과에서 '클래식'을 선택하는 것이 좋다.

> **잠깐!** 무료 버전에서는 여러 사진에 같은 텍스트가 적용된다 하더라도 한꺼번에 적용할 수 없다. 한 사진, 한 사진 별도로 텍스트를 적용해야 하므로 한 번 입력한 텍스트를 복사하여 다음 사진에 붙여 넣기 하는 방법으로 일일이 사진마다 적용해야 한다.

③ 다시 '상세꾸미기' 버튼을 눌러서 '간편 만들기' 화면으로 돌아가 사진들에 가장 잘 어울리는 음악을 선정한다.

> **잠깐!** 이때 '음악 재생 시간에 맞춤'이라는 메뉴를 켜 놓으면 현재 추가된 음악 재생 시간에 맞추어 사진당 재생 시간이 나오게 되는데, 보통 각 사진당 5초가 적당하다. 따라서 사진당 재생 시간이 5초 이상 되는 정도 분량의 음악으로 채워 준 다음, '음악 재생 시간에 맞춤'을 끄고 나서 재생 시간을 5초로 조정해 준다. 그러면 사진이 모두 재생되는 동안 음악도 끊어지지 않고, 또한 재생 시간도 적절한 시간으로 조정할 수 있다.

④ 다음, 바로 밑에 초기 화면에 들어갈 제목을 정해 주고, 마지막 마치는 화면에 넣어 줄 텍스트를 입력해 주면 전체적인 준비는 끝난다.

⑤ 새로 제작된 동영상을 저장할 위치를 지정해 준 다음, 마지막으로 동영상 '만들기' 버튼을 누르면 동영상이 제작된다. 이때 '고품질' 동영상을 선택해 주는 것이 좋다.

> **참고** 앞에서 말한 것 외에도 사진이 넘어갈 때마다 전환되는 방법을 지정할 수 있는데, 너무 번거로우면서도 큰 효과가 없어 추천하지 않는다.

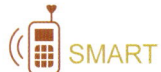

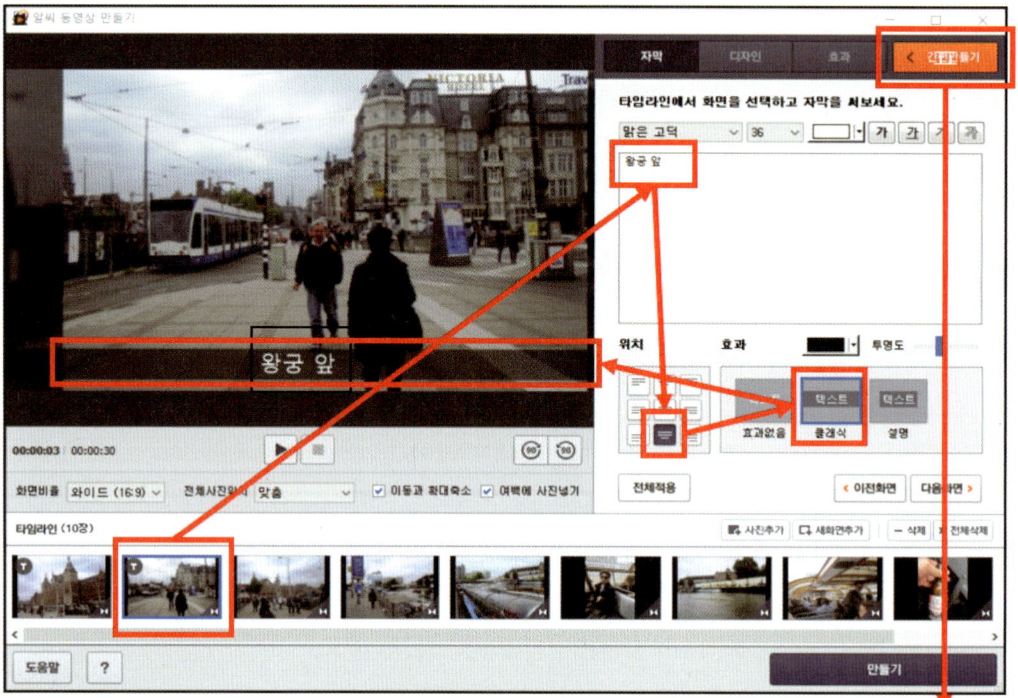
자막
디자인
효과
간편만들기
타임라인에서 화면을 선택하고 자막을 써보세요.
맑은 고딕
36
왕궁 앞
위치
효과
투명도
효과없음
클래식
설명
전체적용
이전화면
다음화면
00:00:03
00:00:30
화면비율
와이드 (16:9)
맞춤
이동과 확대축소
여백에 사진넣기
타임라인 (10장)
사진추가
새화면추가
삭제
전체삭제
도움말
?
만들기

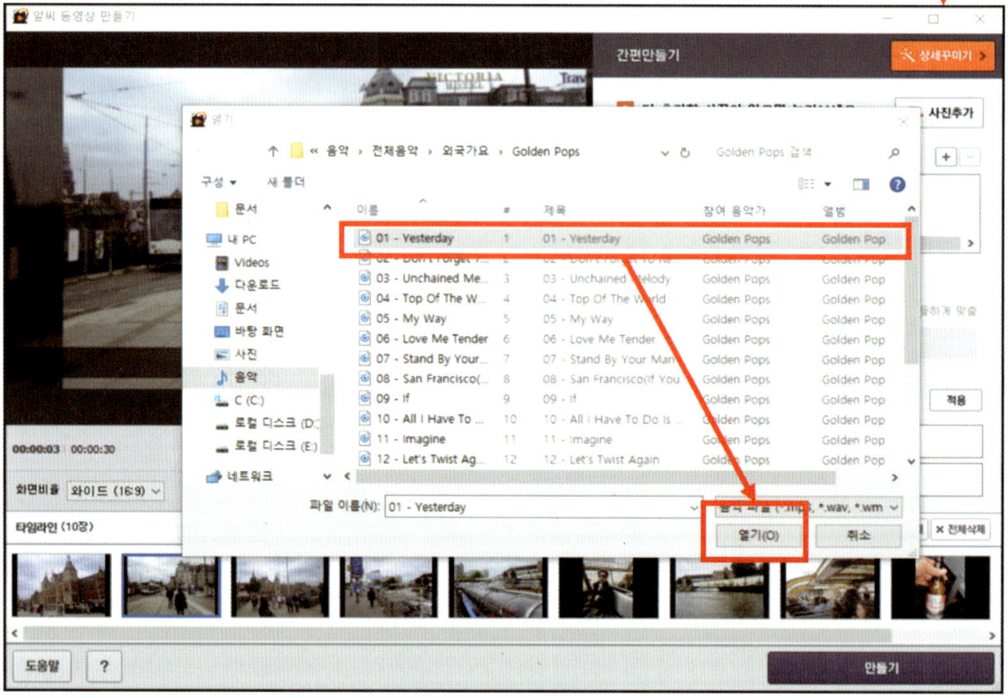
간편만들기
상세꾸미기
사진추가
열기
음악
전체음악
외국가요
Golden Pops
구성
새 폴더
문서
내 PC
Videos
다운로드
바탕 화면
사진
네트워크
이름
제목
참여 음악가
앨범
01 - Yesterday
03 - Unchained Melody
04 - Top Of The World
05 - My Way
06 - Love Me Tender
07 - Stand By Your Man
08 - San Francisco
09 - If
10 - All I Have To Do Is
11 - Imagine
12 - Let's Twist Again
Golden Pops
파일 이름(N):
01 - Yesterday
열기(O)
취소
적용
전체삭제
00:00:03
00:00:30
화면비율
와이드 (16:9)
타임라인 (10장)
도움말
?
만들기

 **동영상 16**
사진·동영상으로 자서전 만들기 2
여러 개의 동영상 취합 및 편집

02 여러 개의 동영상 취합 및 편집

    스마트폰에서 동영상을 취합하고 편집하는 기능은 '키네마스터(KINEMASTER)'가 가장 좋다. KINEMASTER를 활용하여 여러 동영상을 편집하기 위해서는 스마트폰 갤러리에 필요한 동영상들이 저장되어 있어야 한다. 동영상뿐 아니라 사진들도 취합·편집할 수 있지만, 여기서는 동영상 취합 및 편집에 관해서만 배우도록 한다.

    ① 'KINEMASTER' 앱을 열면 아래 그림과 같이 가로 화면이 길게 나타난다. 첫 화면에서 바로 좌측 화면의 중앙에 위치한 붉은색 버튼을 누르면 동영상 편집 화면이 나타난

 SMART

다. 개별적으로 스마트폰에 따라서는 ③에서 설명하는 광고 화면이 먼저 나오기도 한다. 광고 화면을 지우고 나면 비용을 지불하고 프리미엄으로 업그레이드하라는 화면이 나오는데, 지우면 된다.

② 프로젝트의 화면 비율은 주로 스마트폰에서 보게 되므로 16 : 9를 선택하는 것이 좋다.

③ 무료 앱에서 자주 나타나는 현상이 광고 화면이다. 따라서 적절히 광고 화면은 넘어가는 방법을 배울 필요가 있다. 아래 화면과 같이 좌상단에 위치한 '화살표'나 '×' 표시를 누르면 된다.

④ 미디어 브라우저가 나타나면서 스마트폰 갤러리에 있는 모든 사진과 동영상이 나타난다. 그중에서 'Videos'를 선택한 다음 원하는 동영상을 누르고 우상단의 체크 표시, 다음 동영상을 선택하고 체크 표시를 원하는 만큼 계속 누르면, 취합과 편집을 원하는 동영상들이 화면 아랫부분에 차례로 추가된다.

⑤ 마지막 체크 표시를 누르면 우측 화면에 원 모양이 나타나는데, 자막 추가하는 작업으로, 원 좌측에 있는 '레이어'를 눌러 나타나는 새 창에서 '텍스트'를 선택한다.

⑥ 자판으로 적절한 자막을 작성하면 문자가 동영상 화면 아랫부분에 노란색으로 나타난다. 자판의 시작 지점과 마지막 지점을 지정하기 위해서는 노란색 사각형 좌측 끝부분을 손가락으로 댄 다음 원하는 지점까지 끌어 놓고, 우측 끝부분 역시 원하는 지점까지 끌어 놓는다.

⑦ 자판은 자동적으로 화면의 중앙에 위치하게 되는데, 대체로 자막은 화면의 아랫부분이 일반적이다. 자막 문자를 손가락으로 누른 상태에서 끌어서 원하는 위치로 이동한다. 참고 자막 문자의 우측 끝에 화살 표시를 손가락으로 움직여 글자의 크기를 조절할 수 있다.

⑧ 원 우측 '오디오' 기능으로 원하는 음악을 추가할 수 있다.

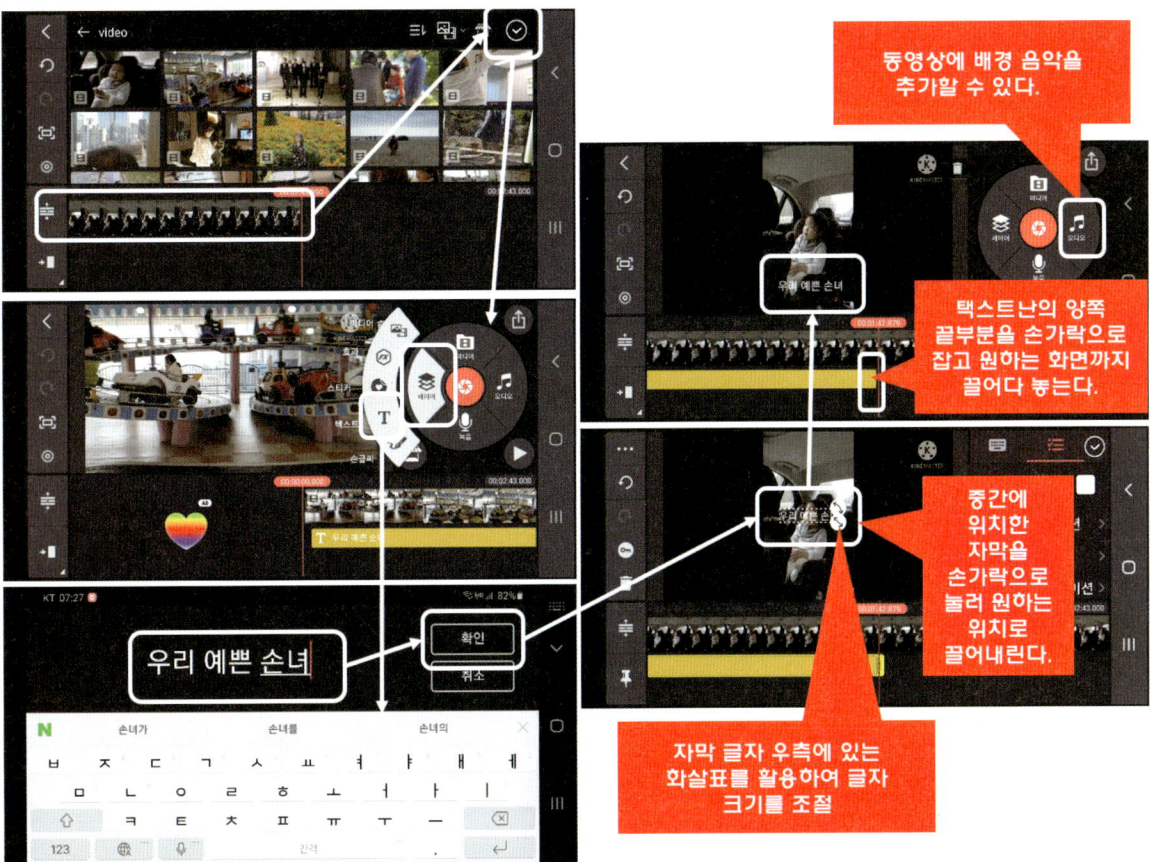

⑨ 원 아래에 있는 '마이크'를 켜면 음성을 직접 녹음하여 원하는 위치에 적용할 수 있다.

⑩ 원의 우측 아랫부분의 화살표를 누르면 전체 편집된 것을 실행해 볼 수 있다. 일단 편집을 실행한 부분은 자동으로 저장되며, 최근 작성한 동영상이 가장 위에 위치한다. 그 동영상을 누르면 '제목 없음'이라고 나타나는데, 그것을 눌러 제목을 입력한다.

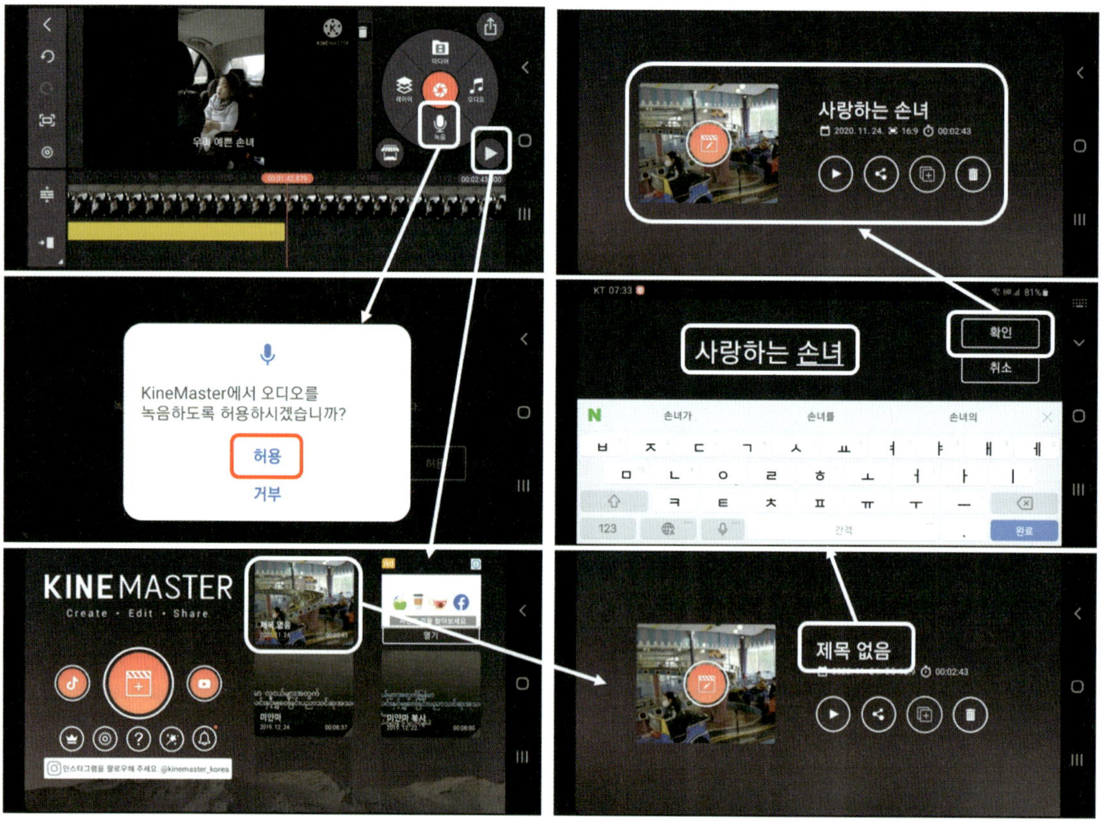

⑪ 자막은 나타나는 방식에 따라 동영상의 품질을 올릴 수 있다. 화면 하단에 있는 노란색 텍스트난을 누르면 '인 애니메이션'이 나오는데, 여러 형태로 조정 가능하다.

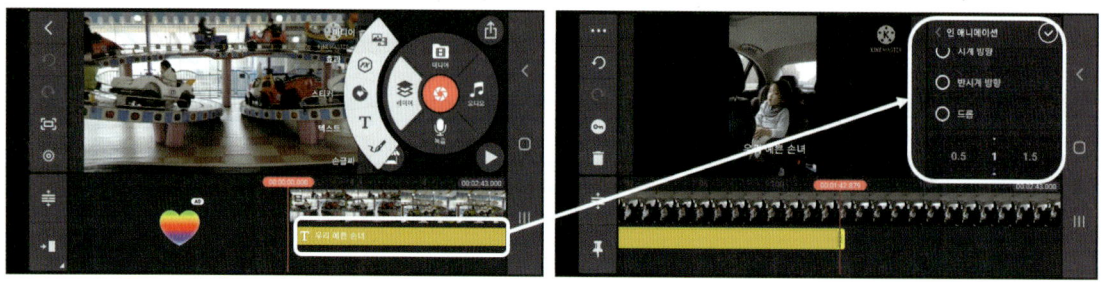

162 스마트 시니어 폰맹 탈출하기

03 영화 등 동영상에 각종 언어 번역하여 자막 추가

　키네마스터의 강점은 세계 각국의 언어를 거의 모두 수용한다는 데 있다. 예를 들어 한국 영화를 미얀마어 자막 영화로 제작할 경우, 우선 모든 대화 내용을 구글 번역에서 미얀마어로 번역한다. 그런 다음, 번역본을 구글 문서에 복사해 놓는다. 그 문서는 양 국어를 잘하는 사람에게 공유한다. 양 국어를 잘하는 사람은 공유받은 문서에 바로 번역본의 잘못된 부분을 완벽하게 교정해 준다. 다음, 키네마스터에서 동영상에 알맞은 속도로 번역본을 일부씩 잘라서 해당하는 위치에 배치해 주면 한국 영화의 미얀마용 자막 영화가 재탄생하게 된다.

　이 같은 작업을 하는 데 미얀마 영화 제작자와 양국 언어를 번역할 번역사는 한 번도 만날 필요가 없다. 또한 자막을 붙이기 위해 비싼 어플리케이션을 사거나 별도의 제작자도 필요 없다. 이 책을 보고 실습해 본 사람이라면 누구라도 할 수 있다. 3~4년 전까지만 해도 상상도 못 할 일이었다.

동영상 17
사진·동영상으로 자서전 만들기 3
음성 파일, 유튜브 음성 문자화

04 음성 파일과 유튜브, 영화 등 음성의 자동 문자화

　인공 지능 발전으로 음성 인식 기술이 크게 향상되어 음성을 문자화하는 기술 STT(Speech to Text)는 제법 정확하게 말하면 문자화된 자료가 하나도 틀린 곳이 없을 정도다. 1년 전까지만 해도 인간의 음성인 아날로그 음성만 인식했는데, 이제는 디지털 음성, 즉 녹음되거나 혹은 유튜브·TED 등을 통해 방송되는 소리까지 모두 문자화된다. 게다가 그 정확도가 제법 높다. 따라서 꼭 필요한 유명 강사의 강의를 바로 문자화하여 내 자료로 사용

할 수 있게 되었다.

아래 그림은 김형석 교수님의 유튜브 강의 내용을 그대로 구글 드라이브에서 구글 문서를 열어 마이크를 켜고 문자화하는 사례를 직접 보여 준다.

① 우선 디지털 음성을 PC나 노트북에서 문자화하기 위해서는 윈도우즈 화면 좌하단에 있는 '소리 설정' 모드를 바꾸어 주어야 한다. '스피커' 표시 위에 놓고 우측 클릭하여 나오는 새 창에서 '소리 설정 열기'를 선택한다.

② '소리 설정' 모드에서 '사운드 장치 관리'를 선택한다. 위로 조금만 올려 주면 입력 장치에서 '사용'으로 되어 있는 마이크 배열을 '사용 중지'로 바꾸어 주고, 대신 '스테레오 믹스'를 '사용 중지'에서 '사용'으로 전환시킨다.

③ 구글 크롬의 유튜브에서 '김형석 교수의 강의' 한 건을 연다. 단, 아직 중지된 상태로 둔다.

④ 같은 구글 크롬의 구글 드라이브에서 구글 문서 새 글을 연 다음, '도구' 메뉴에 있는 '음성 입력' 메뉴를 연다. 그러면 빈 문서 좌측에 '마이크'가 생기게 된다.

⑤ 유튜브에 열어 놓은 김형석 교수의 '강의 시작' 버튼을 누르자마자 열어 놓은 구글 빈 문서의 마이크를 활성화시킨다. 그러면 김형석 교수의 강의 내용이 그대로 문자화되고 있는 것을 볼 수 있다. 김 교수님은 연세가 많으셔서 발음이 아주 정확치는 않은 편인데도 문자화된 글에 오자가 그리 많지 않다.

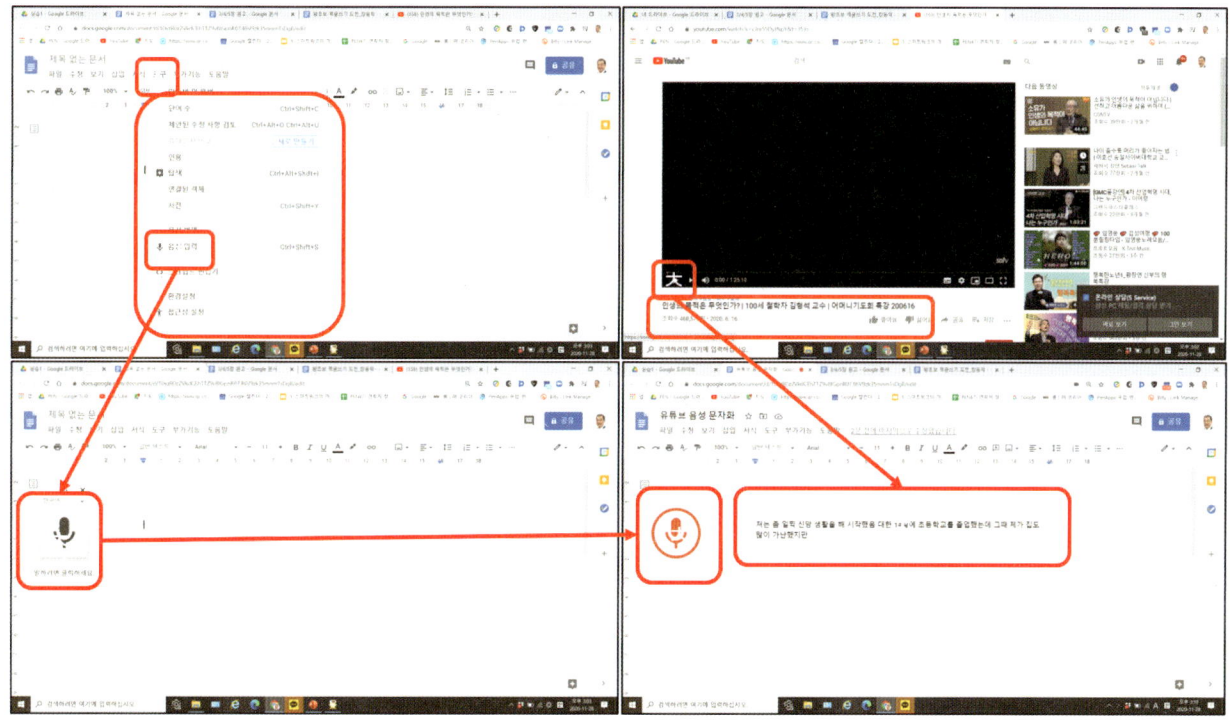

이와 같은 방식의 음성 문자화는 자신의 강의 내용이나 또는 중요한 이벤트에서 녹화된 음성을 문자화하여 매우 유용하게 활용할 수 있다. 물론 STT 후 PC에서 일부 수정해야 한다. 그러나 일일이 들어서 입력하는 엄청난 수고는 크게 덜 수 있다.

SMART SENIOR SHOW

제5장

스마트폰 고수 되기
(HOW)

 SMART

01 카톡의 효율적 활용

01 해야 할 일들 배정하기-사다리 게임

카카오톡 메시지 입력창 우측 '#' 표시를 누른 후 입력창에 '사다리' 정도 입력, '사다리 게임'을 선택한다. '직접 내기 입력'을 선택하면 '꽝 뽑기, 간식 내기' 등 여러 메뉴가 나온다.

예를 들어 4명 카톡방의 경우, 그중 '과제 역할 분담'을 선택하고 'PPT 제작, 발표하기, 자료 정리 1, 자료 정리 2' 등 네 가지 일을 입력한다. 다음, 화면 아래 카톡 아이콘을 누르면 각자의 이름과 할 일 선택을 위한 사다리 게임이 나타난다. 자신의 스마트폰 카톡방에서 '전체 결과 확인하기'를 누르면 각자가 해야 할 일이 나타나는데, 그 화면을 누르면 4명과 네 가지 일을 연결하기 위한 사다리가 나타나고, 연결하는 모습을 보여 준다.

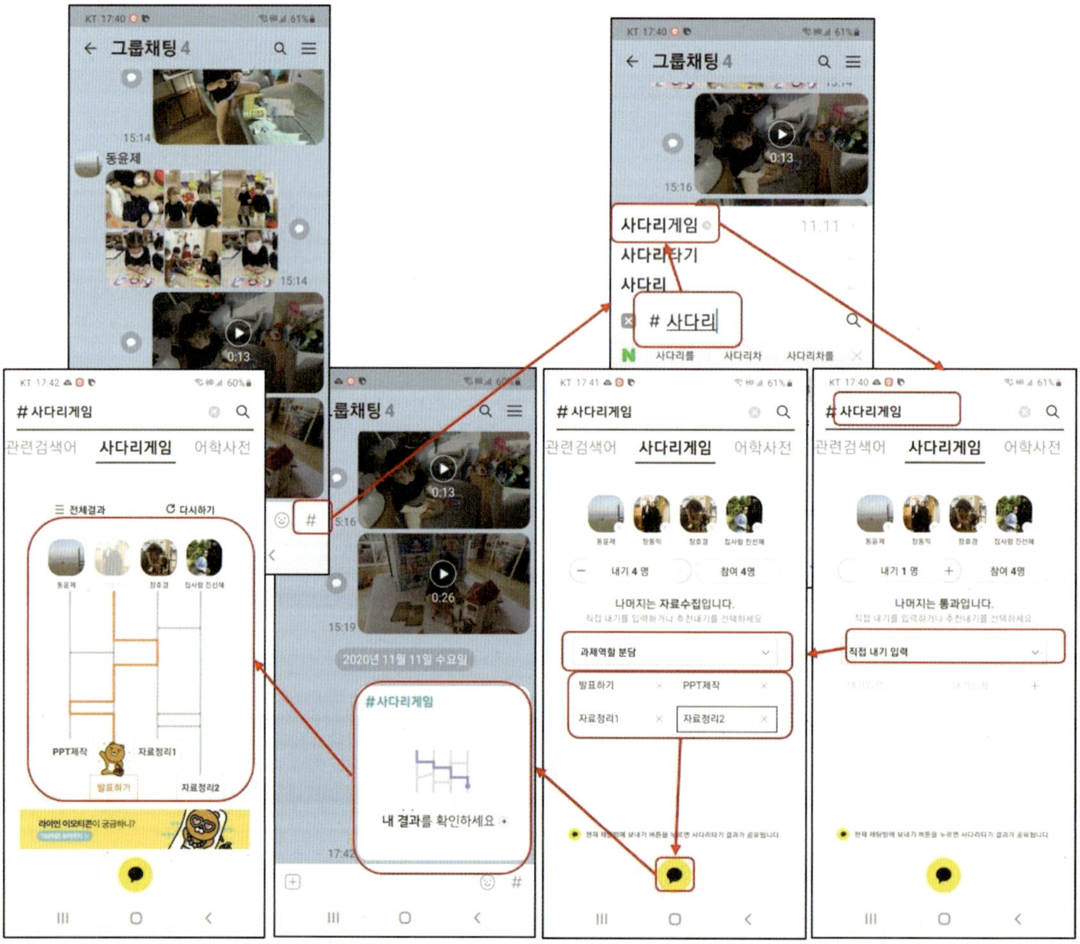

동영상 18

카톡의 효율적 활용
사다리 게임, 제비뽑기 / 오픈 채팅방 열기와 참여하기 / QR 코드 찍고 식당 입장 / 카톡에서 즉시 번역하고 번역된 메시지 발송

02 여러 명 중 일부 선택하기–제비뽑기 게임

4명의 카톡방의 경우, 선물이 하나밖에 없으면 '꽝'을 3명으로 늘리고, 만일 2개가 있다면 '꽝'을 2명으로 한다. 실행하는 방법은 사다리 게임과 같다.

예를 들어 10명가량이 모이는 어떤 모임에 누군가 4개의 선물을 가져와 나눠 주려 할 때, 받는 사람을 어떻게 선정할지 난감한 경우가 있다. 이때 즉시 '오픈 채팅방'을 만들고, 참석자 모두가 참여하도록 요청한 후, 바로 4명을 제외한 나머지를 모두 '꽝'으로 하는 제비뽑기를 시행하면 재미있고도 훌륭한 결과를 바로 얻어 낼 수 있다.

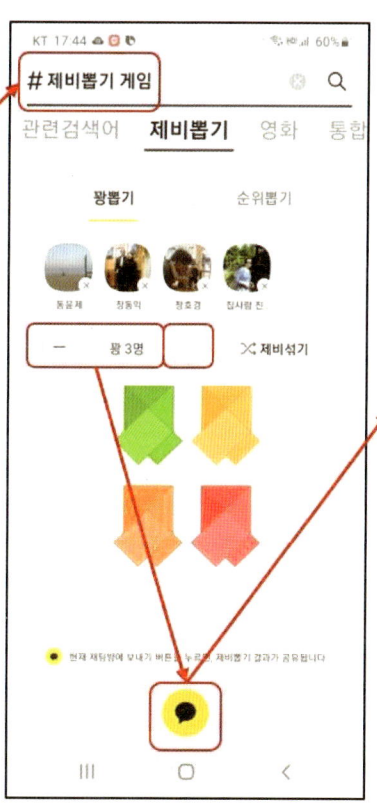
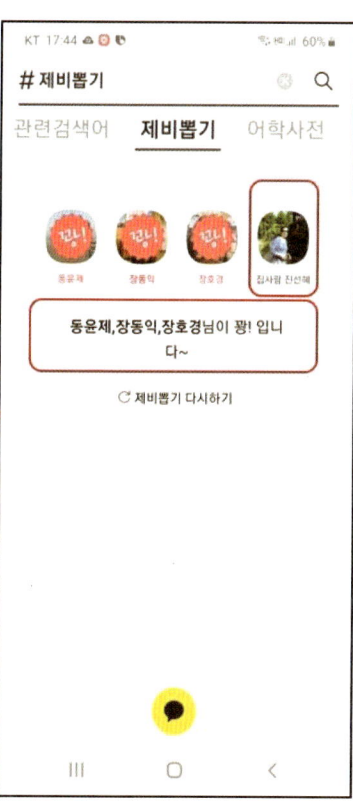

제5장 스마트폰 고수 되기(HOW) **169**

03 많은 사람 단번에 채팅방에 초대하기

카톡 채팅 화면에서 우측 상단 아이콘 을 누르고 새 화면에서 '오픈 채팅'을 누른 다음, 우측 상단에 있는 '만들기' 버튼을 누른다. '그룹 채팅방'을 선택한 다음, 오픈 채팅방 이름을 입력한다. 이때 다른 오픈 채팅방과 중복되지 않도록 특이한 이름을 선택하는 것이 중요하다. 다음, 계속 나타나는 화면들에서 '다음'을 눌러 주면 바로 원하는 오픈 채팅방이 새롭게 만들어진다. 숙달되면 작성하는 데 10초도 안 걸린다.

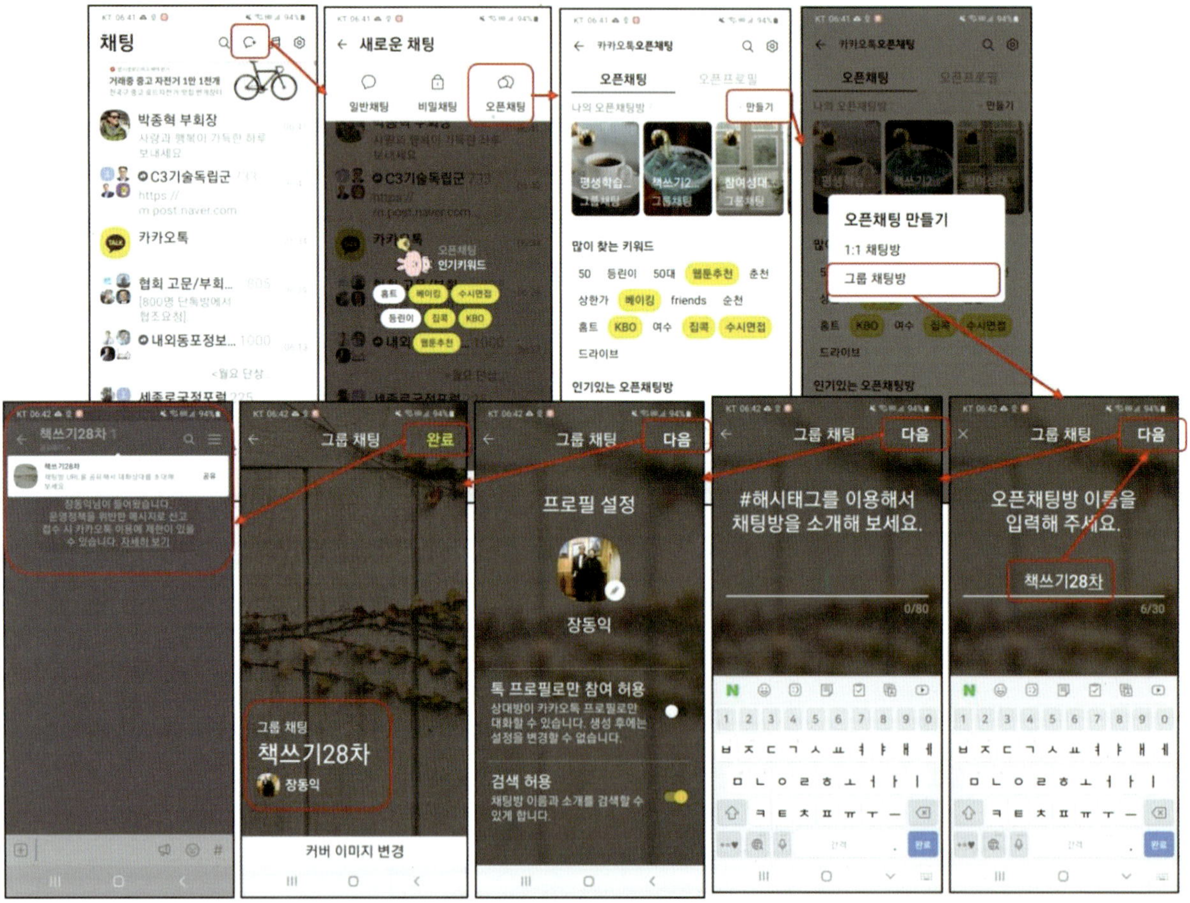

오픈 채팅방에 참여하는 방법은 다음과 같다.

카톡의 채팅 화면에서 우측 상단 아이콘 을 누르고 새 화면에서 '오픈 채팅'을 누른

다음, 우측 상단에 있는 검색창에 작성자가 만들어 놓은 오픈 채팅방 이름을 입력한다. 다음, 창 하단의 '그룹 채팅 참여하기'를 선택하고, 다음에 나타나는 둥근 원에서 자신이 카톡에서 사용하고 있는 원을 선택하면 채팅방에 합류하게 된다.

04 식당 출입 시 QR 코드 찍고 바로 들어가기

카톡은 음식점 등 시설물에 들어갈 때 바로 QR 코드를 찍고 출입하도록 지원하고 있다.

 **SMART**

① 홈 화면 하단의 '#'을 누르면 나타나는 새 화면 상단의 있는 '코로나19'를 누른다.

② 새 화면에서 'QR 체크인'을 선택하면 QR 코드가 생성되는데, 시설물에 비치한 QR 코드 리더기에 대 주면 된다.

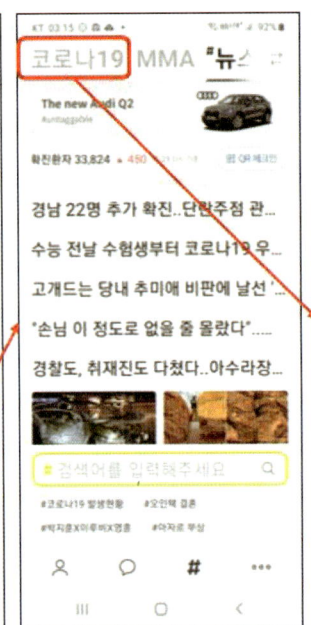

보안 문제로 QR 코드 일부를 지웠음.

05 카톡에서 즉시 번역하고 번역된 메시지 발송

카톡 번역은 현재 한국어 이외에 영어, 일본어, 중국어 등 18개 국어를 지원하고 있다. 특히 요즘은 국제 결혼이 많아져 매우 유익한 툴이다. 가까운 관계의 해외 협력 업체나 고객들과도 교신하는 데 매우 유용하게 활용할 수 있다. 활용법은 간단하다.

① 홈 화면 상단 검색창에 '번역'이라고 말, 혹은 자판으로 입력하면 '카카오 번역'이 나온다.

> **잠깐!** 이 툴을 처음 이용하는 경우, 우선 검색창 우측에 있는 3줄을 눌러 나오는 카카오 번역이 아직 친구로 등록되지 않은 채 카카오 번역 우측에 사람 상반신 모양과 함께 '+' 사인이 있는 아이콘이 있다면, 그것을 눌러 없애 주어야 한다. 즉, 카톡 친구로 등록해야 한다.

②카카오 번역 밑에 번역 언어를 선택하도록 나오는데, 첫 번째 항목이 태극기와 지구본이 같이 그려진 것이 우리가 원하는 것이다. 다시 말해 한글을 외국어로 번역하기 원한다는 말이다.

③그러면 18가지의 언어 목록이 나오는데, 번역하고자 하는 도착 언어를 선택하고 바로 마이크를 켜 메시지 보내고자 하는 내용을 말하면 즉시 번역되기 시작한다.

④메시지가 끝나고 입력란 우측의 '▶' 표시를 누르면 번역된 메시지가 바로 나타난다.

⑤번역된 메시지 위에 손가락으로 2초가량 눌렀다가 떼면 나타나는 '복사' 또는 '전달'을 통해 다른 메시지에 복사 사용, 또는 바로 다른 카톡방 친구에게 전달할 수 있다.

02 스마트폰으로 자료 수집 및 편집

동영상 19
스마트폰으로 자료 수집·편집 1
말로 하여 문서 작성 / 사진 찍어 문서 작성 / 무료 저장 공간 무한대 사용

01 말로 하여 문서 작성

필요한 자료를 구글 문서를 활용하여 작성하는 방법은 매우 유용하게 사용된다.

다음 상단의 그림은, 새 구글 문서에서 음성으로 문서를 작성하는 방법을 보여 주는 것으로, 글쓰기에 관련된 책 중 일부를 직접 읽어서 작성한 구글 문서다. 여기서 보듯이 말로 작성하는 문서는 마침점 같은 부호는 표기되지 않는다. 영어도 한글로 표기된다. 그렇지만 부호 이외에는 고칠 부분이 한 군데밖에 없다.

다음 하단의 그림은, 잘못된 부분을 자판으로 수정하는 것이다. 이와 같이 추가해야 할 부분이 있다면 내용을 추가하고자 하는 위치에 손가락을 2초가량 살포시 댄 뒤 떼면 그 자리에 커서가 생기고, 그때 마이크를 켜고 말하면 자동적으로 문자화되어 기존 문서에 그 내용이 추가된다. 수집된 자료의 앞부분에 자료의 중요성이라든지, 특이 사항 같은 것을 말로 추가 설명해 놓으면 추후에 그 자료를 검색하는 데 도움이 된다.

이렇게 작성한 구글 문서는 앞으로 곧 배우게 될 '문서를 디지털 음성으로 듣기'에서 'Aloud'가 읽어 주는 것을 들으면서 잘못된 부분은 없는지 확인하면서 교정한다. 대체로 'Aloud'를 활용해서 한 번 정도만 듣고 나서 수정 보완하고 나면 강의 준비는 끝난다. 이런 방식을 모를 때는 강의 준비에 정말 오랜 시간이 소요되었다.

필자는 앞에서 설명했던 간단한 노트를 작성할 때도 스마트폰 자체 앱인 노트 기능을 활용하지 않고 나중에 효과적인 키워드 검색 등 여러 가지 장점을 활용하기 위해 구글 문서로 한다.

첫 번째만 구글 드라이브 화면이고 나머지는 모두 구글 문서 화면임.

제5장 스마트폰 고수 되기(HOW)

 SMART

02 사진 찍어 문서 작성

사진을 찍어 문서 작성하는 기법을 'ITT(Image to Text)'라고 부른다. 얼마 전까지만 해도 ITT 툴로 마이크로 소프트 오피스렌즈를 가르쳤는데, 지금은 '사진 찰칵 문서 스캔'이 성능이 훨씬 뛰어나고 쉽다는 것을 알게 되어 소개하고 있다. 앱을 사용하는 순서는 다음과 같다.

① 앱을 켜면 사진기가 나오는데, 대상 문서가 사진기의 사각 코너에 잘 들어가도록 위치시킨 다음 '사진 찍기' 버튼을 누른다.

> **잠깐!** 이 앱은 훌륭한 품질을 무료로 제공하는 대신 중간에 광고가 나온다. 광고가 나올 때는 'X' 표시를 누르거나 나가면 된다.

② 찍힌 사진에서 문자화하고자 하는 부분을 손가락으로 조정하여 선택한 다음 '문자 추출' 버튼을 누른다. 놀랍게도 '문자 추출' 버튼을 누르자마자 OCR(Optical Character Reading)이 끝나 바로 문자화된다.

③ 문자화된 부분 중 아무 단어 위에 엄지손가락을 2초가량 지그시 눌렀다가 떼면 한 단어가 선택되고, 새로운 창이 뜬다. 그 창 우측에 점 3개가 나타나는데, 그것을 누르면 나오는 새 창에서 '모두 선택'을 선택한다. 다시 새 창이 나오면 '복사'를 선택한다.

④ 구글 드라이브를 열고 새 문서를 연다. 새 문서의 공간 아무 곳에나 엄지손가락을 2초가량 지그시 눌렀다 떼면 나타나는 새 창에서 '붙여 넣기'를 선택하면 복사된 문자들이 나타난다.

⑤ 구글 문서의 제목을 바로 입력해 주면 ITT 과정이 모두 끝나게 된다.

OCR의 품질도 오피스렌즈에 비해 높아 고칠 부분이 거의 없을 뿐 아니라 문자화하는 시간도 훨씬 짧다. 따라서 활용 효과는 한글의 경우 필자가 아는 한 가장 높은 앱이라고 판단된다.

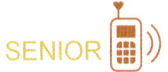

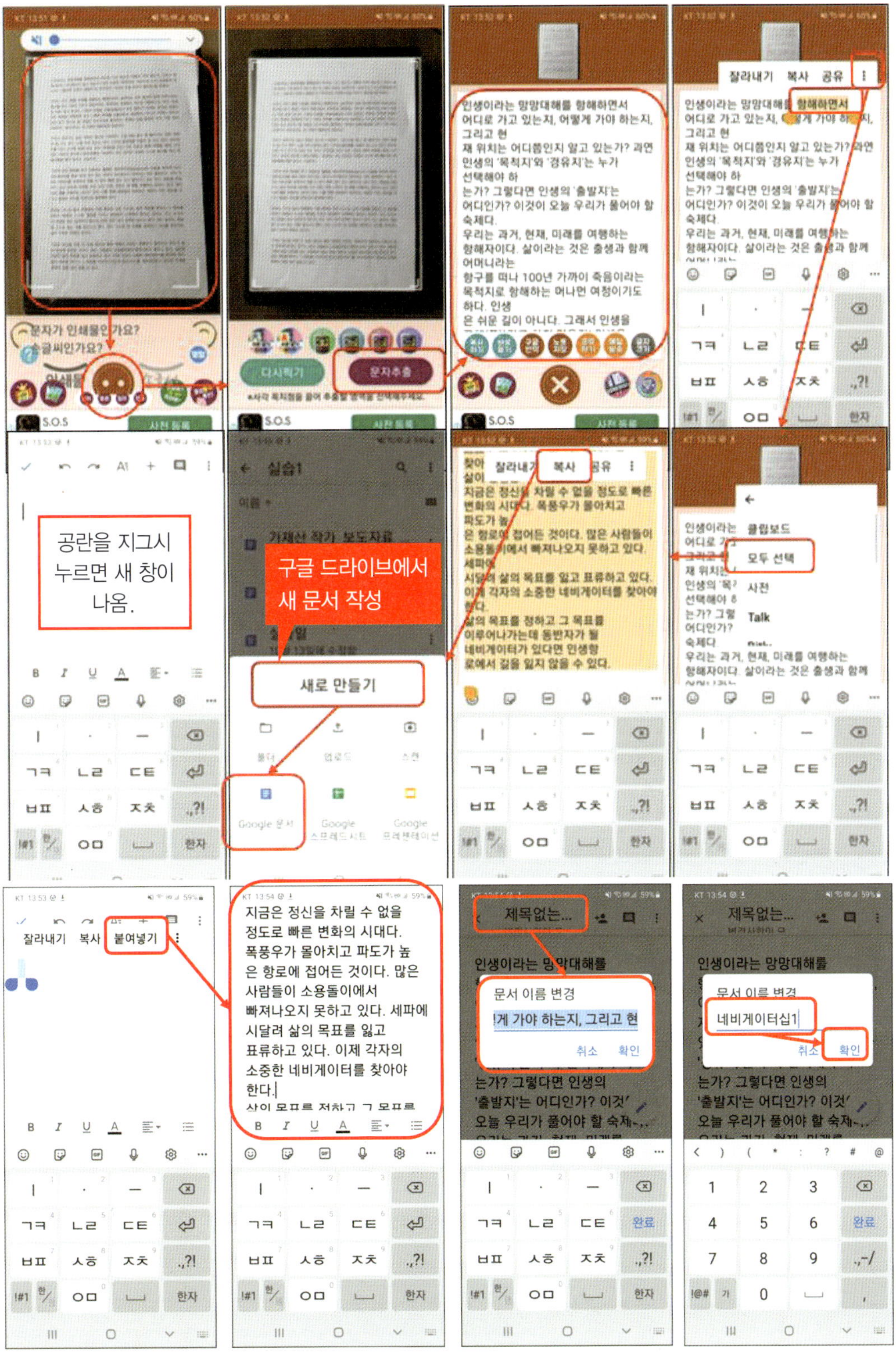
문자추출
공란을 지그시 누르면 새 창이 나옴.
구글 드라이브에서 새 문서 작성
새로 만들기
Google 문서
잘라내기 복사 공유
모두 선택
잘라내기 복사 붙여넣기
지금은 정신을 차릴 수 없을 정도로 빠른 변화의 시대다. 폭풍우가 몰아치고 파도가 높은 항로에 접어든 것이다. 많은 사람들이 소용돌이에서 빠져나오지 못하고 있다. 세파에 시달려 삶의 목표를 잃고 표류하고 있다. 이제 각자의 소중한 네비게이터를 찾아야 한다.
제목없는...
문서 이름 변경
취소 확인
네비게이터십1

03 무료 클라우드 저장 공간 무한대로 사용하기

구글 드라이브는 무료 클라우드 저장 공간을 1인당 15GB를 허용해 준다. 그러나 구글 드라이브 내에서 작성된 구글 Docs(문서, 스프레드시트, 프레젠테이션) 문서들은 무한대로 저장할 수 있다. 따라서 스마트폰으로 작성하여 저장한 구글 Docs 문서나 PC에서 작성했지만 스마트 워킹을 위해 필요상 구글 드라이브로 옮겨 놓은 마이크로소프트 오피스 문서가, 만일 구글 Docs의 형태로 변환되어 있다면 무한대로 저장 공간을 활용할 수 있게 된다.

아래 그림은 PC에서 작성한 마이크로소프트 오피스 문서를 구글 드라이브로 저장하면서 구글 Docs의 형태로 자동 변환하는 방법을 보여 준다. 워드는 구글 문서로, 엑셀은 구글 스프레드시트로, 파워포인트는 구글 프레젠테이션으로 변환된다.

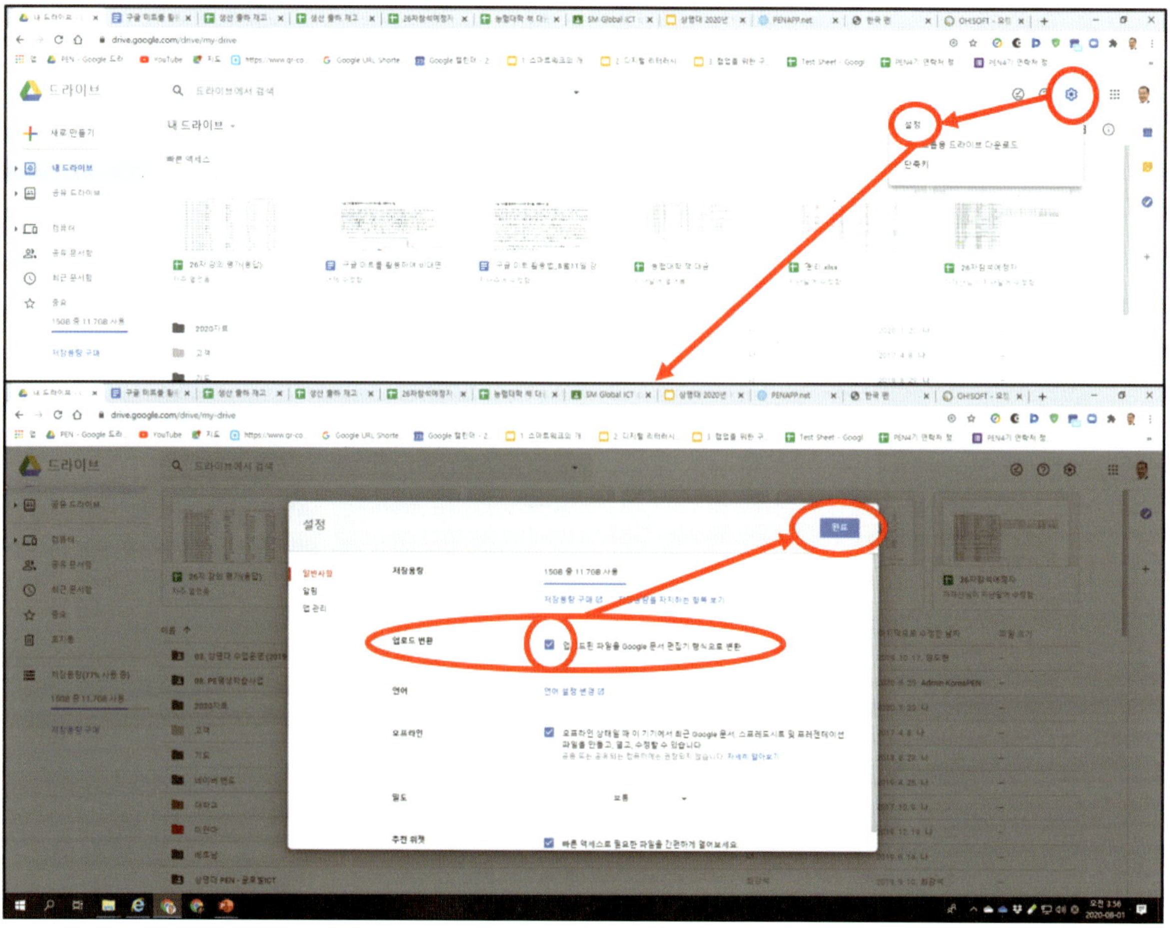

PC나 노트북에서 구글 드라이브 화면의 우상단에 위치한 '설정' 아이콘을 누르고, 다시 나오는 '설정'을 누르면 설정 화면에 있는 업로드 변환에서 '업로드된 파일을 Google 문서 편집기 형식으로 변환'을 선택해 놓으면 된다. 만일 변환하지 않고 그대로 업로드하게 되면, 첫째는 무료 제공 공간을 차지하게 되고, 둘째는 오피스로 작성된 문서를 구글 드라이브에서 열 때 좀 복잡한 과정을 거쳐야 하며, 셋째는 오피스 문서 자체로는 공유하여 큰 효과를 얻을 수 있는 공유 기능을 활용할 수가 없다.

04 젊은이도 잘 모르는 효과적인 자료 검색 기법

　　구글 크롬에는 매우 효과적인 검색 기법이 있다. 보통 일반 자료를 검색할 경우는 검색엔진들 중에서 주로 네이버·다음·구글을 활용하는데, 그중에서도 구글을 더 많이 활용한다. 훨씬 더 풍부하고 정확한 품질의 자료를 제공해 주기 때문이다. 이 책에서는 구글 검색에서 두 가지의 활용 방안을 제시해 주고자 한다.

　　첫째, 텍스트 검색 방법이다. 구글에서는 검색을 돕기 위해 다음과 같은 여러 가지의 방법을 제공해 주고 있는데, 자신이 찾고자 하는 내용에 알맞게 활용하면 검색을 위한 소요 시간을 많이 줄여 줄 뿐 아니라 원하는 내용을 즉시 검색해 낼 수 있다.

- Site : 특별한 서버, 혹은 도메인의 페이지에 대해서만 검색
- Intitle : 문서 제목을 기준으로 검색
- Insubject : 제목 라인을 검색
- Intext : 모든 기사의 내용 안에서 검색
- Filetype : 특정한 파일의 확장자 검색
- 2019..2021 : 설정 기간을 우선으로 검색
- ＋, －, " " : 특정한 문자를 포함, 불포함, 온전한 문장

예를 들자면, Google 검색창에 '기획 Intext:전략, Filetype:ppt,2019..2021'라고 입력하면 '기획'이라는 주제로 내용 중 '전략'이라는 단어를 포함하는 파워포인트 슬라이드 형태의 자료들 중 2019년부터 2021년까지 게재된 문서만을 검색하여 모두 보여 준다. 특이한 점은 그렇게 검색해 낸 파워포인트를 내 것으로 수정해서 활용할 수 있다는 점이다. 물론 외부적으로 활용할 때는 지적 재산권 문제를 신중하게 고려해야 한다.

동영상 20
스마트폰으로 자료 수집·편집 2
관심 자료 자동으로 수집하여 자료로 작성 / 문서를 디지털 음성으로 듣기

05 관심 자료 자동으로 수집하여 자료로 저장

구글 검색의 두 번째 방법은 구글 알리미 활용이다. 구글 검색에서 '구글 알리미'라고 입력해 주면 들어갈 수 있는데, 정기적으로 메일을 통해 받고자 하는 내용을 저장해 두면 지정한 메일로 관련되는 주요 자료들을 받을 수 있다. 다만 메일 주소가 지메일이 아닌 경우는 구글 크롬 설정 기능에 있는 '계정 추가'를 활용하여 메일 계정을 추가해 놓아야 한다. 그렇게 하면 구글 알리미 수신 위치에 추가한 메일 주소도 함께 나타나 선택하면 된다.

> **잠깐!** 메일 계정은 추가 즉시 나타나지는 않기 때문에 이 기능은 시간이 좀 흐른 후 사용해야 한다.

알리미를 통해 받은 내용 중 의미 있는 내용은 즉시 복사하여 새로운 구글 문서에 저장한다. 앞에서 설명했듯이 구글 드라이브 내에서 생성한 구글 문서는 추가 공간에 계산되지 않기 때문에 무한대로 저장할 수 있다. 뿐만 아니라 자료가 필요할 때 '키워드 검색'에서 스마트폰 마이크에 대고 말로 키워드를 입력해 주기만 하면 제목뿐 아니라 각 문서의 내용까지도 모두 훑어 필요한 자료를 찾아 주기 때문에 자료 검색 및 수집에 너무나 편리하다.

구글 알리미 활용하기

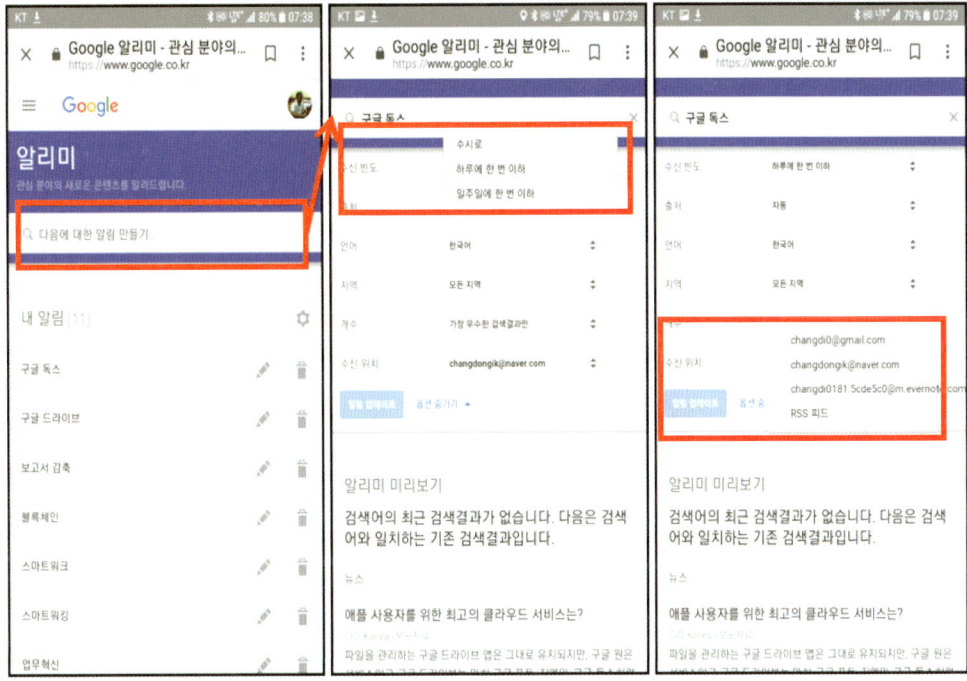

메일에 정기적으로 추가되는 모습

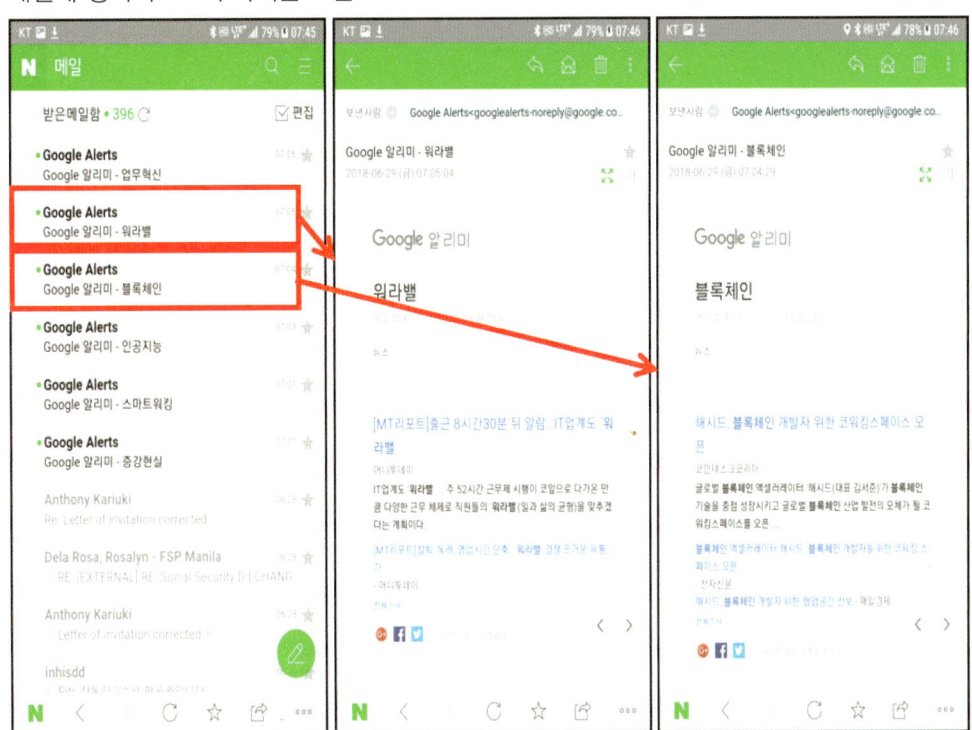

다음은 지메일이 아닌 경우, 구글 크롬에 주로 사용하는 메일 계정을 추가하는 방법이다.
① 구글 드라이브 우측 상단에 위치한 자신의 계정을 누르면 '로그인' 화면이 나오고, '계정 만들기'를 선택하여 '본인 계정'을 선택한다.

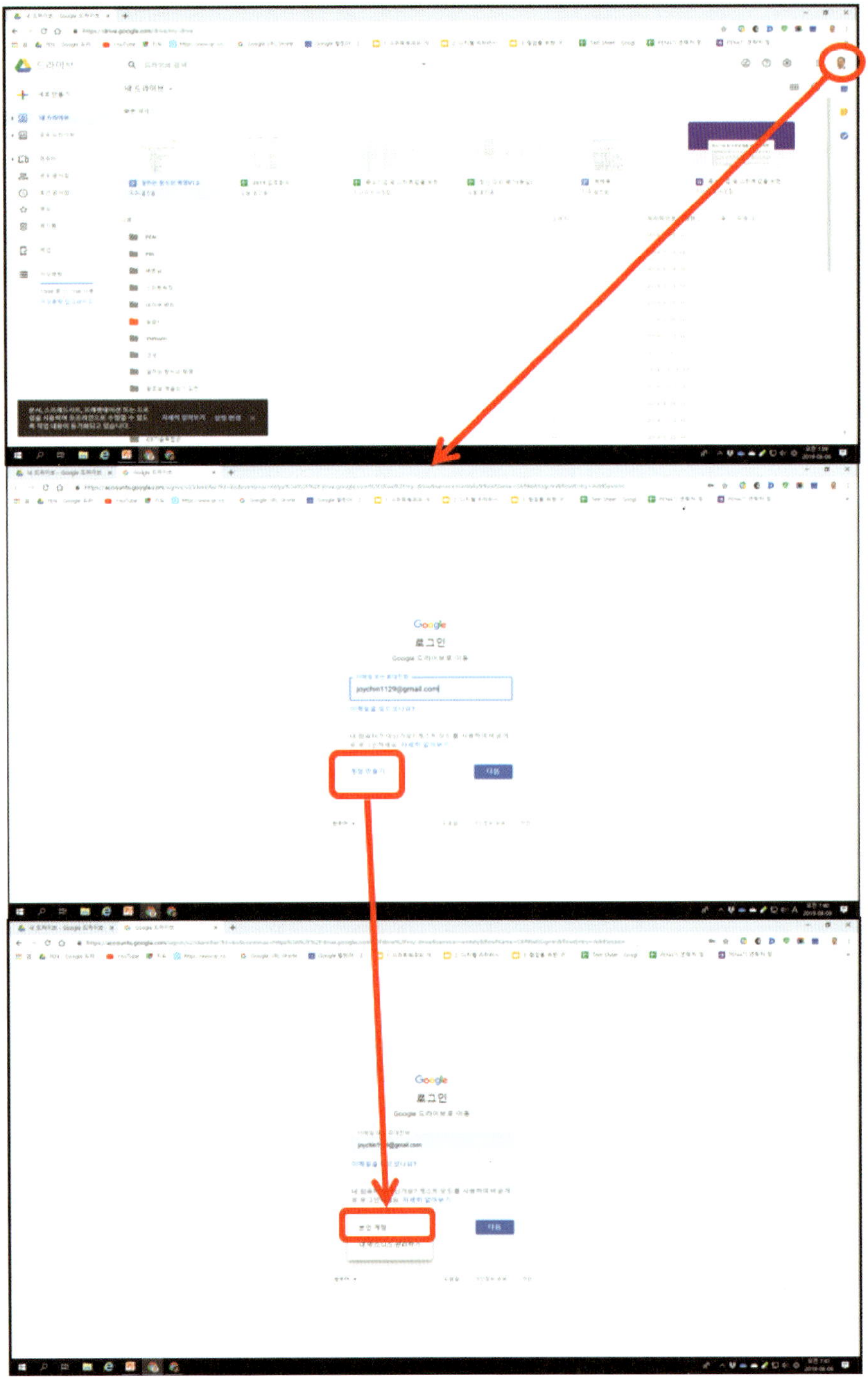

②다음, '대신 현재 이메일 주소 사용'을 선택, 다음에 나오는 화면에서 성과 이름, 자주 사용하는 이메일 주소, 비밀번호를 차례로 입력 후 '다음'을 누르면 계정 추가가 완료된다.

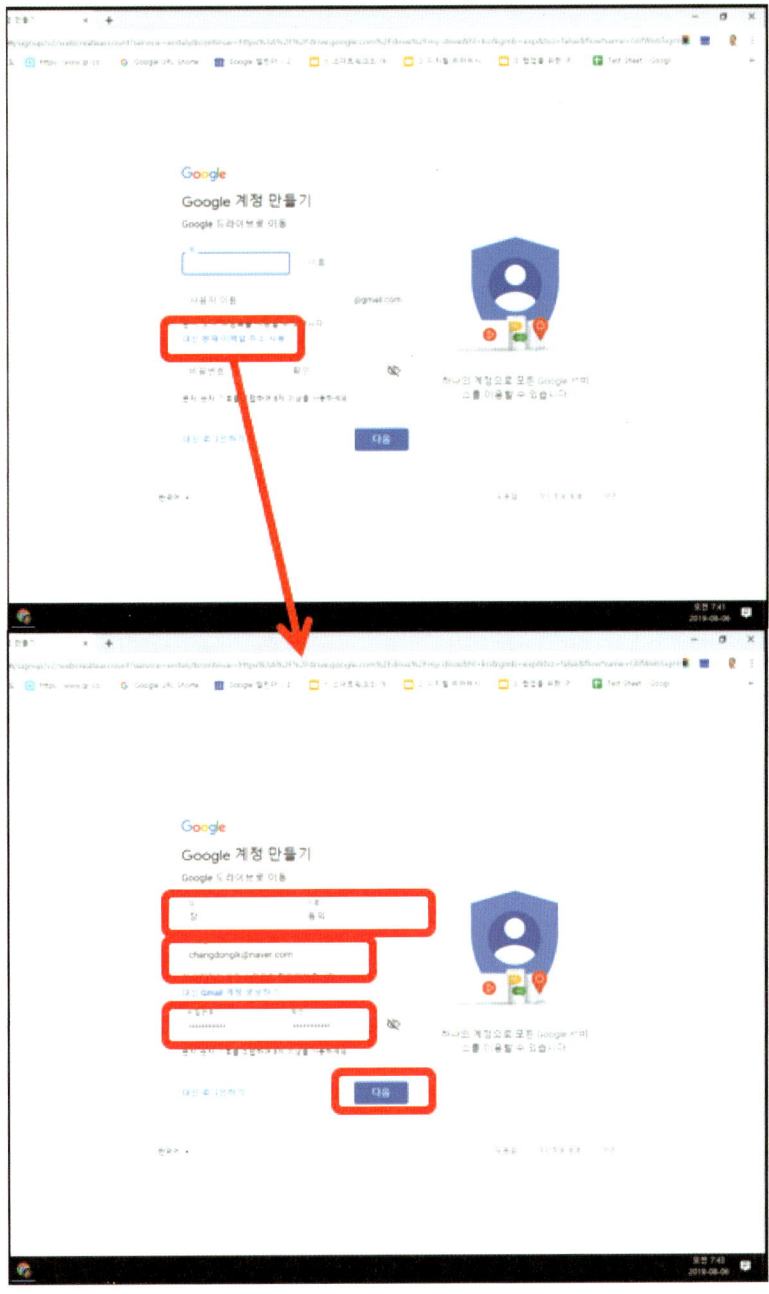

06 문서를 디지털 음성으로 듣기

우리는 일반적으로 읽을 때보다 들을 때, 또 그냥 들을 때보다는 읽으면서 들을 때 그 이해도는 더욱 커진다. 특히 눈이 침침한 시니어들은 단순히 읽을 때보다 읽으면서 들을 때 그 이해도가 30배가량이나 높아진다고 한다. 이 기능은 새로운 지식을 얻거나 또는 책이나 논문을 교정하는 데 탁월한 효과가 있다.

필자는 그동안 강의 중에 안드로이드폰용 TTS(Text to Speech) 툴로 TalkFREE를 소개했다. 그런데 최근 안드로이드폰용 Aloud(@Voice)의 기능이 무척 향상되어 TalkFREE보다 월등하게 좋아져 그 기능을 소개하고자 한다. 아이폰용도 명칭은 똑같이 'Aloud'인데, 기능은 안드로이드폰용에 비해 좀 떨어진다. 따라서 이 책에서는 안드로이드폰용 Aloud만 설명한다. 사용법은 비슷하므로 실제로 실행하면서 배우면 좋다.

TalkFREE는 읽으면서 듣기 원하는 문장을 옮겨 놓으면 읽어 주는 반면, Aloud는 사용자가 활용하고 있는 스마트폰 내 모든 클라우드 공간에 저장되어 있는 각종 구글 문서, 마이크로소프트 워드, PDF 파일까지도 모두 읽어 준다. Pitch나 Speed 모두 조절하여 들을 수 있다. 특히 PDF 파일을 읽어 준다는 것이 특징이다. 활용 방법은 다음과 같다.

① Play 스토어에서 검색창에 'Aloud'라고 입력하면 나오는 여러 앱 중 '@Voice aloud'를 선택하여 다운 받는다.

② '@Voice Aloud'를 열고 첫 화면의 상단 중앙부를 누르고, 새 화면에서 PDF를 선택한다. 현재 스마트폰이나 클라우드에 저장되어 있는 모든 PDF 파일 리스트가 나타난다.

③ 자신이 필요한 파일을 선택하면 그 화면을 어떻게 처리할 것인지 묻는 화면이 나오고, 'OPEN FILE'을 선택하면 원하는 파일이 열린다.

④ 새 문서 하단 중앙에 위치한 우방향 화살표를 누르면 PDF 파일을 읽어 주는데, 당시 읽고 있는 부분이 노란색으로 표기된다.

⑤ 들을 필요 없이 다음으로 넘어가고 싶다면 우방향 2개 화살표를 계속 눌러 주면 계속 다음 패러그래프로 넘어간다. 필요한 부분에서 정지한 후 '읽기' 버튼을 누른다.

⑥ 만일 먼 거리에 위치한 문장을 읽고 싶다면 그곳 단어 위를 지그시 누르면 노란색 표시가 나타나는데, 그때 '읽기' 버튼을 누르면 읽어 준다.

⑦ 화면 하단의 상향 화살표 ⬆를 누르면 나타나는 화면에서 'Rate'를 높여 주면 빠르게, 낮추면 천천히 읽어 준다. 'Pitch'를 높여 주면 톤이 날카로워지고, 낮추면 낮은 목소리로 읽어 준다.

⑧ 상단의 🔍를 눌러 원하는 키워드를 입력해 주면 그 단어를 포함하는 패러그래프를 찾아 읽어 준다.

⑨ 조정이 끝난 후 우중앙의 하향 화살표 ⬇를 누르면 조정 창이 닫힌다.

⑩ Aloud 화면 상단 중앙에 위치한 검색 표시를 누르면 나타나는 새 화면에서 폴더 모양을 선택하면 새 창이 나온다.

⑪ 화면의 좌상단 3줄을 누르면 내장 스토리지 아니면 자신의 모든 클라우드 공간이 나타나고, 그중 원하는 저장 공간을 선택해 필요한 서류를 찾을 수 있게 도와 준다.

07 스마트폰과 PC 자료 자유롭게 이동하기

무선으로 자료를 자유 자재로 이동하는 방법을 배우는데, 'Send Anywhere' 앱을 매우 유용하다. 우선 스마트폰 자료를 PC로 이전하는 방법을 보자. 대체로 저장 공간을 부족하게 만드는 주요인인 사진, 특히 동영상을 옮기고 나서 갤러리를 비울 때 자주 사용하게 된다.

① 스마트폰의 'Send Anywhere' 앱을 열고 하단에 나와 있는 '보내기'를 클릭한다.

② 다음, 상단에 나와 있는 사진이나 비디오를 클릭한다. 그러면 갤러리에 있는 모든 사진과 비디오 리스트가 날짜별로 나온다. 그중 PC로 이동하고자 하는 사진이나 비디오들을 선택한 다음, 아래에서 두 번째 단에 나타나는 '보내기'를 클릭한다.

③ '전송 대기 중'이라는 화면이 나타나고, 여섯 자리 숫자가 나타난다. 그러면 바로 PC로 가서 역시 'Send Anywhere' 어플리케이션을 열어 상단에 나와 있는 '파일 전송'을 누른다.

④ 받기 항목에 숫자를 입력할 수 있도록 입력창이 나오는데, 그곳에 스마트폰에 나타난 숫자 여섯 자리를 입력한 다음 '확인'을 누른다.

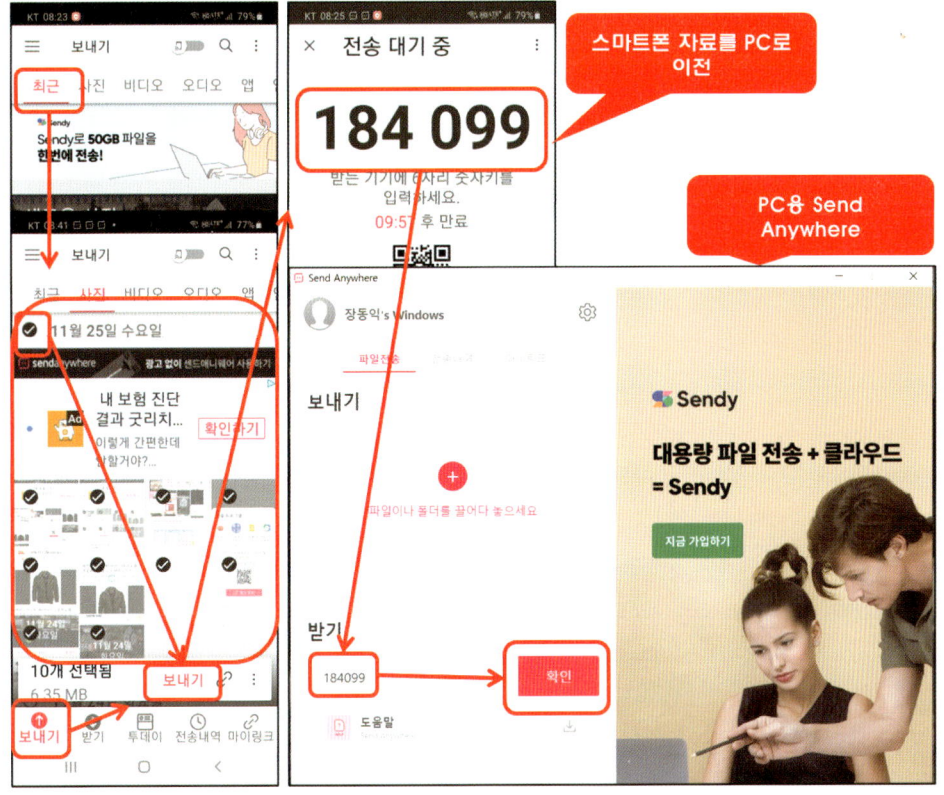

 **동영상 21**
스마트폰으로 자료 수집·편집 3
스마트폰과 PC 자료 이동

⑤ 스마트폰에서 방금 전송한 자료가 상부에 나타나면서 PC의 어느 폴더에 저장할 것인지 검색창이 뜬다. 창 바로 '우측 📁'을 클릭하면 윈도우 탐색기가 나타나고, 그곳에서 자료를 저장하고자 하는 위치를 선택한 다음 '폴더 선택' 버튼을 누른다.

⑥ 다음, '다운로드' 버튼을 누르면 '전송 내역' 화면에 저장한 자료 목록이 나타난다.

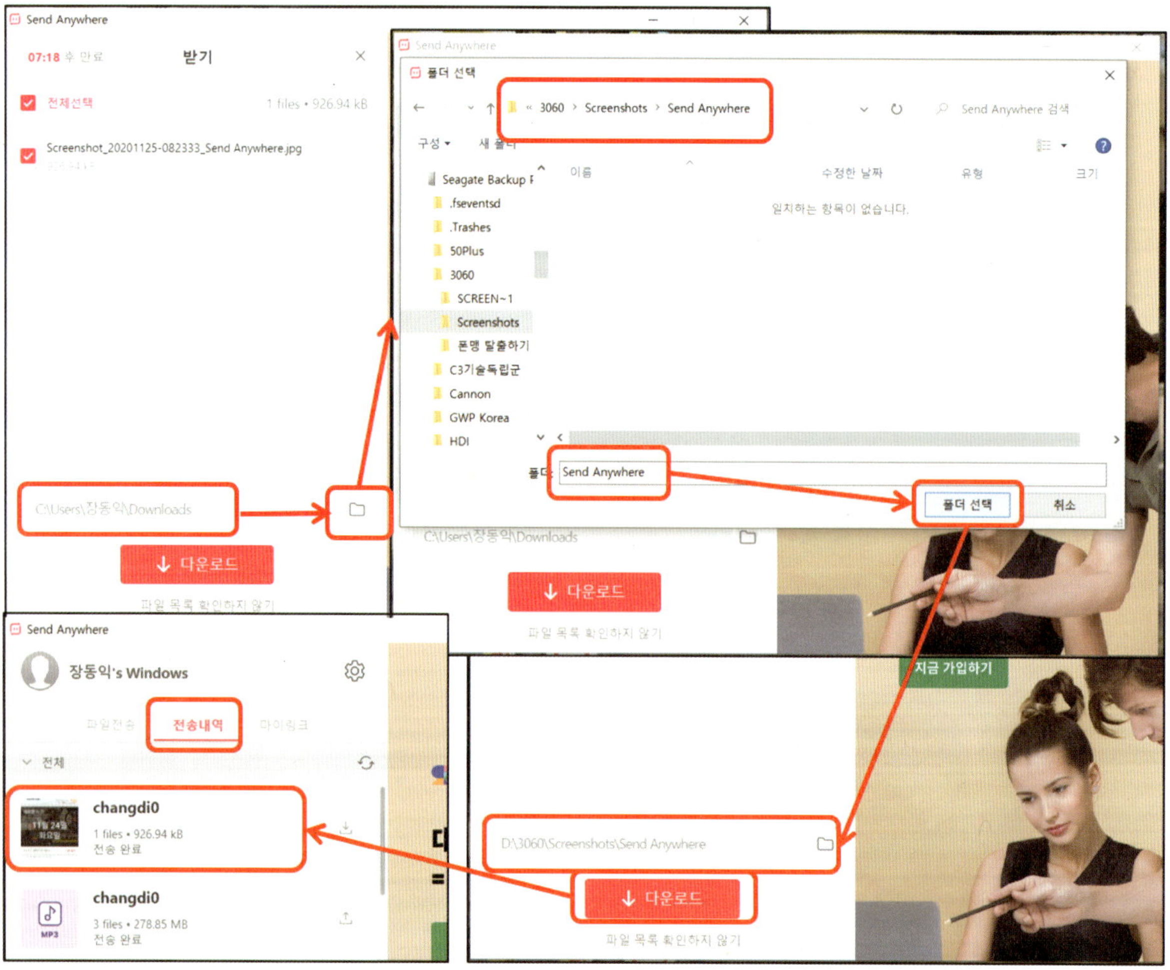

다음은 PC에 있는 자료를 스마트폰에 이전하는 방법을 보자. 보통 강의하는 사람들은 PC에서 작업한 파워포인트 자료를, 음악을 좋아하는 사람들은 PC나 외장 하드에 저장된 음악을 스마트폰으로 이전하는 데 많이 활용한다. 사용법은 스마트폰에서 PC로 이전하는 방법의 반대라고 보면 되는데, 다음과 같다.

① PC의 'Send Anywhere' 어플리케이션에서 '파일 전송'을 선택하면 보낼 파일을 끌어다 놓을 수 있는 공간이 나타난다. 이때 어플 바로 옆에 작은 크기의 탐색기를 열어 이동하고자 하는 파일들을 선택하여 끌어다 'Send Anywhere'의 보내기 항목에 내려 놓는다.

② 그러면 '전송 대기 중'이라는 새 창이 뜨면서 숫자 여섯 자리가 나타난다.

③ 스마트폰의 'Send Anywhere' 앱을 열어 아랫부분의 '받기'를 선택, 키 입력창에 여섯 자리 숫자를 입력하고, 'Enter' 키를 누르면 자료가 스마트폰으로 이동하게 된다.

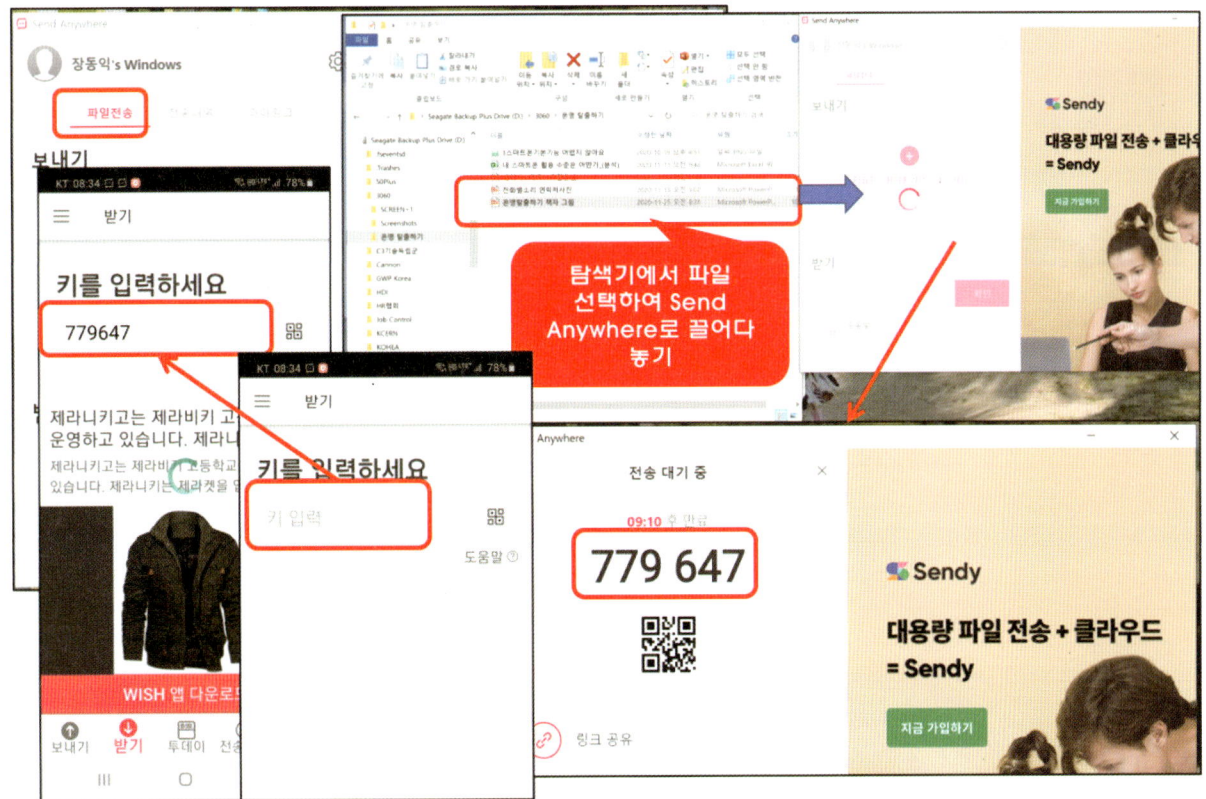

④ '전송 내역'이라는 화면에 방금 이동한 자료가 나타나는데, 아래 그림은 샘플로 파워포인트 자료를 이동시킨 사례다. 이때 그 자료를 누르면 '연결 프로그램'이 나타나고, 'PowerPoint'를 선택한 다음 '한 번만'을 선택하면 파워포인트 자료가 열리게 된다.

> **잠깐!** 파워포인트는 스마트폰에 앱을 미리 내려 놓은 상태에서만 열 수 있다. 그리고 일단 한 번 목록에 올라간 자료는 계속 시간 순서대로 축적되어 있어 별도로 저장하지 않더라도 나중에 필요할 때 바로 열어서 사용할 수 있어 매우 편리하다.

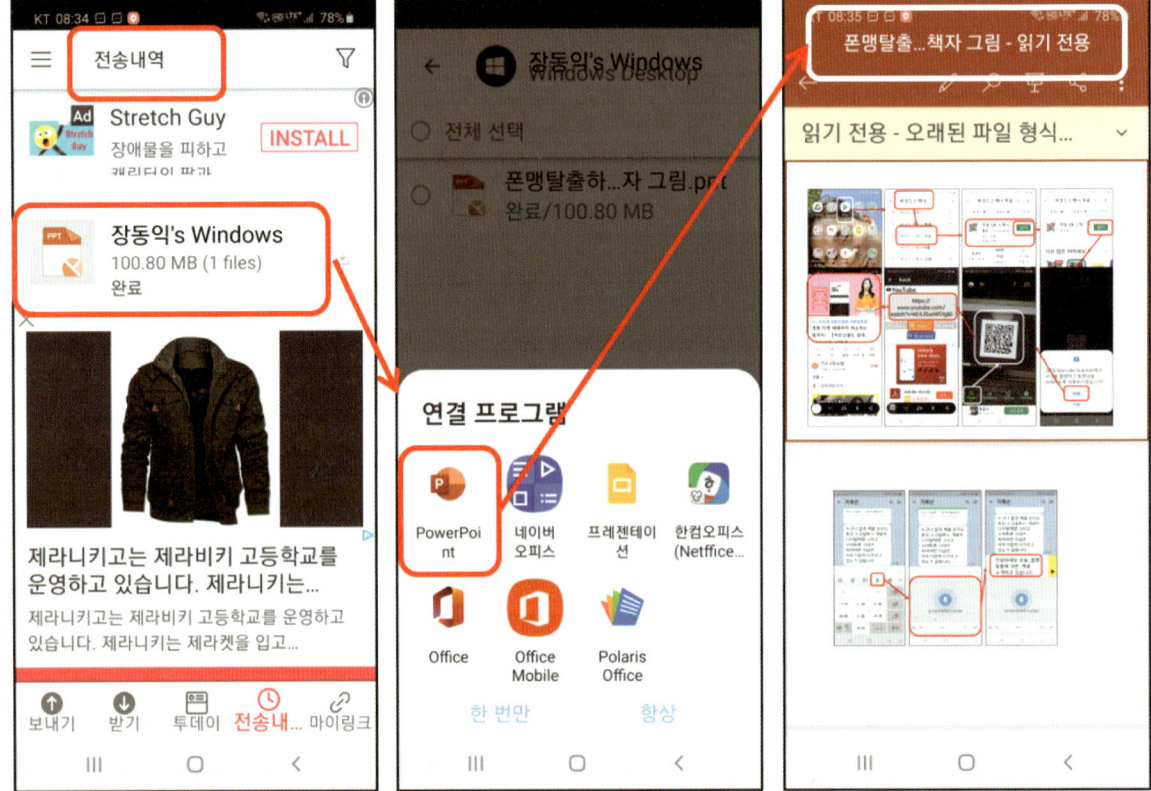

이제 스마트폰 하나로 강의할 수 있는 기능 중 하나를 배웠다. 스마트폰 화면을 대형 TV나 빔프로젝터에 연결해 보는 방법을 이해하게 되면 어디서든 스마트폰만 가지고도 강의할 수 있게 된다. 최신 TV나 빔프로젝터에서는 스마트폰의 'Smart View' 기능을 바로 연결할 수 있고, 예전 시설이라 할지라도 앞에서 배운대로 'MHL 동글'을 활용하면 된다.

08 제목, 내용에서 키워드가 포함된 자료 즉시 검색하기

　필요한 자료가 어디 있는지를 몰라 장시간 찾다가 결국 못 찾은 경험은 누구나 있을 것이다. 그러나 구글 드라이브 활용 기법을 잘 알기만 하면 그런 일은 발생하지 않는다. 구글 드라이브에 아무리 많은 자료가 저장되어 있다 할지라도, 검색란에 말로 필요한 키워드를 입력하는 즉시 문서 제목뿐 아니라 저장된 문서 내용까지 모두 훑어 같은 키워드가 들어가 있는 문서들은 모두 찾아 준다.

　예를 들면, 필자는 매월 1회 시행하는 정기 세미나에서 구글 드라이브 검색의 놀라운 기능을 소개하는데, 아래 그림과 같이 친구 중 한 명의 이름을 검색란에 말로 입력하면 그 이름을 담고 있는 문서들을 잠깐 사이에 모두 찾아 준다. 이를 보고 수강생들은 모두 '와우!' 하며 놀란다. 왜냐하면 필자의 구글 드라이브에 저장되어 있는 수백만 쪽에 달하는 자료 중 그 친구 이름이 포함된 모든 문서를 순식간에 찾아 주는데, 결국 축의금과 조의금 명단이 나온 문서들까지도 함께 보여 주기 때문이다. 친구의 이름을 포함하고 있는 제목의 자료는 없고, 결국 엄청난 분량의 내용 중에 그 친구의 이름을 포함하고 있는 자료까지도 찾아 주는 것이다.

　또 다른 예로, 필자는 여러 가지 구글 시트를 처와 함께 공유하기 때문에 처는 별도로 같은 정보를 준비할 필요가 없다. 구글 드라이브 검색란에 친구 이름을 말로 하면 내가 공유해 준 구글 시트에서 언제 어디서나 축의금 및 조의금을 낸 사람들 이름과 얼마를 냈는지를 금방 찾을 수 있기 때문이다.

　앞에서 설명했던 구글 자료 검색법이나 구글 알리미도 자료 수집에 있어 시간을 크게 절감시켜 준다. 그런데 그렇게 수집된 자료들을 모두 구글 드라이브에 저장해 놓으면 키워드 검색을 통해 필요한 자료를 언제, 어디서나 순식간에 찾을 수 있어 잘 활용하면 검색 시간을 평소보다 10분의 1 이하로 줄일 수 있다.

 SMART

03 축의금, 조의금 등 주요 자료 가족이나 친지들과 공유

01 구글 주소록 작성

구글 문서를 공유하기 위해서는 '구글 주소록'을 미리 작성해 두어야 한다. '구글 앱스'를 통해 자주 교류해야 하는 사람들의 이름과 지메일 주소는 별도로 구글 주소록으로 관리하는 것이 편리하다. 구글 드라이브 공유를 위한 주소록 작성은 상대방의 이름과 지메일 주소만 입력하여 관리하면 된다. 구글 앱들의 플랫폼이 지메일이기 때문에 모든 구글 앱을 활용하기 위해서는 자료를 서로 공유하고자 하는 사람들의 지메일 주소를 파악하여 구글 주소록에 기재해 두어야만 효과적으로 활용할 수 있다. 이 주소록은 구글 앱스에서 자료를 공유하거나 메시지를 주고 받을 때 콘택트 포인트 역할을 한다.

스마트폰으로 구글 주소록 기재하는 방법은 다음 그림을 참고한다.

> **잠깐!** 다른 주소록 앱과 동기화될 경우 회사나 개인의 이메일 주소를 갱신하지 않도록 지메일 주소를 '기타'로 분류하여 관리하면 좋다.

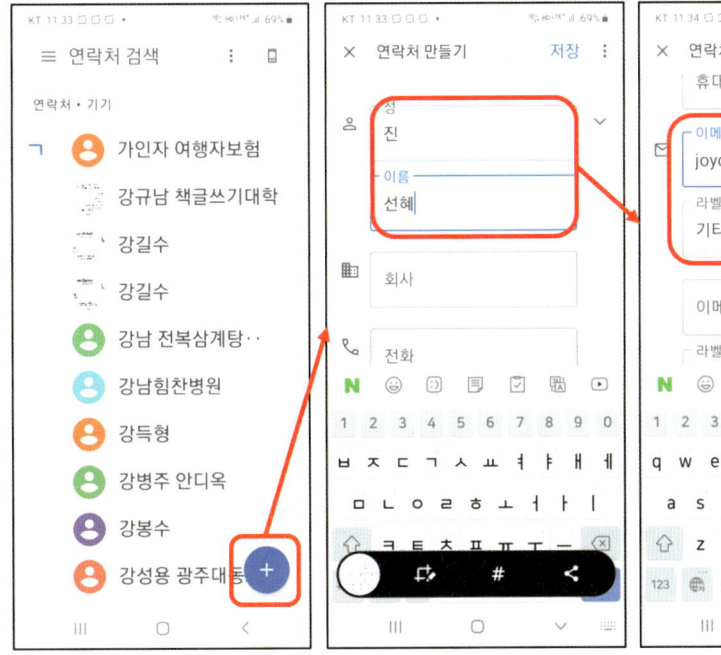

 SMART

동영상 22
주요 자료 가족·친지와 공유
구글 주소록 작성 / 관련되는 사람 모두 단번에 문서 공유 / 주요 자료 홈 화면에 추가

02 관련되는 사람들 모두의 스마트폰으로 단번에 문서 공유

　보통 자녀들 축의금, 부모 형제 조의금 등 기타 주요 자료들은 PC 마이크로소프트 엑셀을 활용하여 작성해 놓는다. 문서 공유 기법을 모른다면 그 자료가 필요할 때 저장되어 있는 PC에 들어가 직접 확인하거나 미리 인쇄해 놓은 자료를 일일이 찾아 확인한다. 그러나 이제는 간단하다. 이미 '무료 클라우드 저장 공간 무한대로 사용하기'에서 엑셀 자료를 구글 드라이브에 올리면서 구글 스프레드시트로 자동 변환하는 방법을 배웠다. 이 방법으로 관련되는 모든 사람들에게 한꺼번에 공유할 수 있는 준비가 다 된 것이다. 다시 말해 공유한 모든 사람들은 동 자료들을 스마트폰에서 언제 어디서든 즉시 확인할 수 있다. 구글 드라이브의 검색창에 친구 이름을 말로 입력하면 그 이름이 들어간 자료들을 모두 훑어 즉시 찾아 준다. 즉 축의금, 조의금 등을 누가 얼마를 냈는지 금방 찾을 수 있다. 자료 안에서도 검색창을 띄워 말로 이름을 입력해 검색하면 그 자료의 위치로 바로 안내해 준다. 구글 문서(구글 문서, 구글 스프레드시트, 구글 프레젠테이션) 공유 방법은 다음과 같다.

①공유할 문서 제목을 선택하고 우측 점 3개를 클릭, 새 창에서 '공유'를 선택한다.

②공유하는 사람의 이름 첫 자 정도 입력하면 리스트가 나와서 원하는 사람들을 선택할 수 있다. 단, 지메일 주소를 가진 사람만 공유할 수 있다.

> **잠깐!**
> **공유자의 문서에 대한 권한** ① '편집자'로서 문서를 작성자와 함께 수정할 수 있다. ② '댓글 작성자' 권한으로, 문서의 내용을 수정할 수는 없지만 특정 부위에 댓글을 달 수 있다. ③ '뷰어' 권한으로, 수정도 못 하고 댓글도 달 수 없으며 볼 수만 있다.
> 각 권한마다 100명까지 초대할 수 있으므로 이론상으로는 300명까지 초대할 수 있다.

③화면 하단의 '전송 사인 ▷'을 누르면 대상자 모두에게 동시에 공유된다.

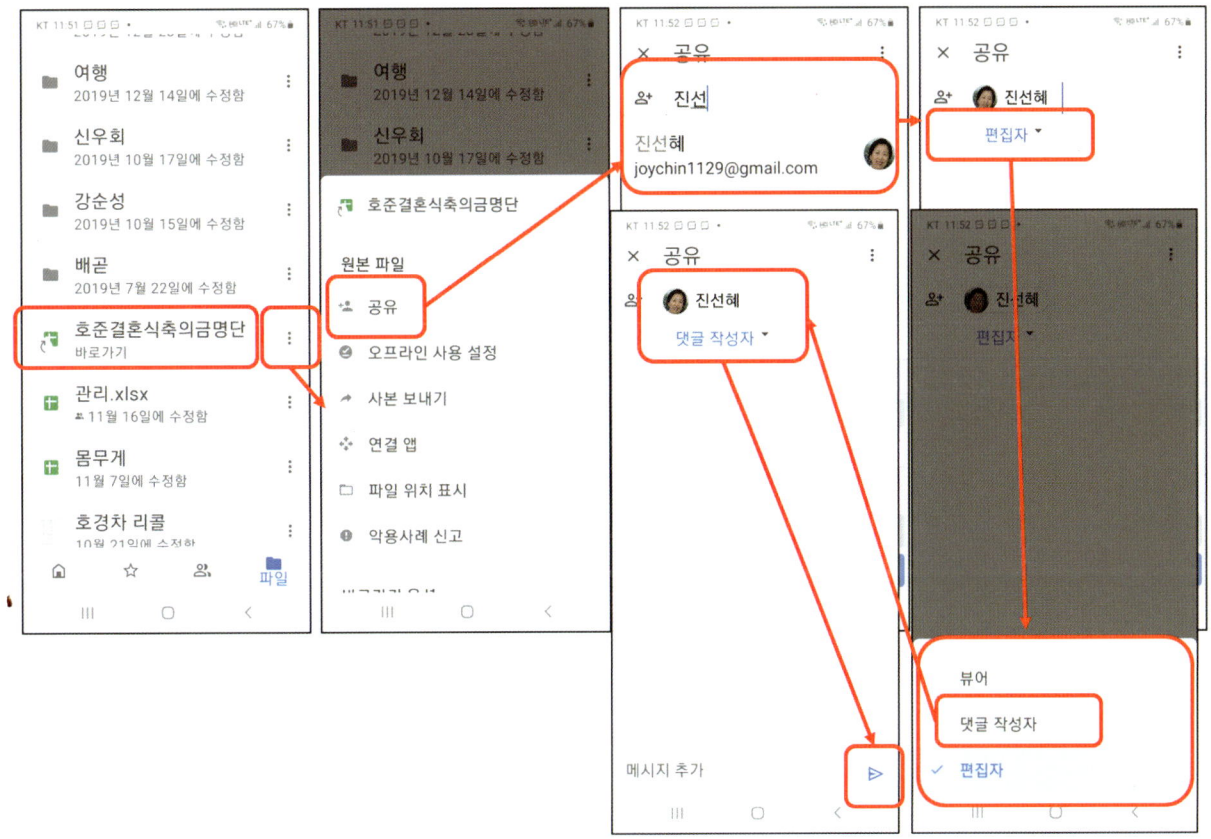

03 주요 자료 홈 화면에 추가

자주 보는 자료들은 구글 드라이브에 들어가 일일이 찾기보다는 스마트폰 홈 화면에 추가한 자료들을 모아 폴더를 별도로 관리하면 매우 편리하다.

① 홈 화면에 추가하고자 원하는 파일을 선택하고, 우측의 점 3개를 클릭한다.

② 새 창을 위로 계속 올려 아랫부분의 '홈 화면에 추가'라는 항목을 클릭해 준 다음, 나타나는 새 창에서 '추가'를 선택해 주면 스마트폰의 가장 뒤 화면에 추가 된다.

③ 홈 화면에 위치한 모든 주요 자료들 중 우선 1개를 선택하여 다른 자료 위에 위치시키면 폴더가 생성된다. 새로운 폴더에 '자료' 명칭을 입력한 다음, 추가 자료들을 모두

 SMART

그 폴더 위에 끌어다 놓으면 모두 '자료'라는 폴더에 모아지게 된다. 홈 화면에 위치시키면 아주 편리하게 자료를 확인할 수 있다.

04 고수들의 스마트폰 활용

동영상 23
고수들의 스마트폰 활용 1
손쉬운 명함 관리 / 스마트폰으로 대금 카드 결제 / 네이버 스마트보드 활용

01 손쉬운 명함 관리

일반인들이 주로 많이 사용하는 명함 관리 앱은 '리멤버'와 '캠카드(CamCard)'인데, 필자는 CamCard를 선호한다. 이 앱은 다른 앱에 연계되는 앱이 아니므로 기존에 사용하던 앱이 있다면 그대로 활용해도 좋다.

CamCard는 명함을 사진 찍으면 연락처가 자동으로 입력되는데, 빛이 밝은 곳에서 찍으면 문자 인식도가 매우 높은 편이다. 게다가 연락처가 새롭게 작성되는 대로 연락처에 동기화시켜 주기 때문에 이중 작업을 할 필요가 없다. 활용법은 다음과 같다.

① 어둡지 않은 곳에 명함을 두고, 카메라 사각 안에 잘 들어오도록 위치시킨 후 사진을 찍는다.
② 문자 인식된 곳을 누르면 윗부분의 사진 찍힌 것과 비교할 수 있어 오자를 수정할 수 있다.
③ 오자 수정이나 한자를 한글로 수정한 뒤 '다음'을 누르면 명함을 계속 찍을 수 있으며, 화면 우상단의 '저장'을 누르면 새로운 연락처가 생성된다.
④ 새로운 연락처 위를 살짝 2초 정도 누르면 선택이 되고, 만일 두 장 이상 생성했으면 계속 살짝 누르면 '모두 선택'이 된다.
⑤ 다음, '연락처에 저장하기'를 선택하고 나서 '완료'를 누르면 스마트폰 연락처에도 동기화되어 추가된다.

 SMART

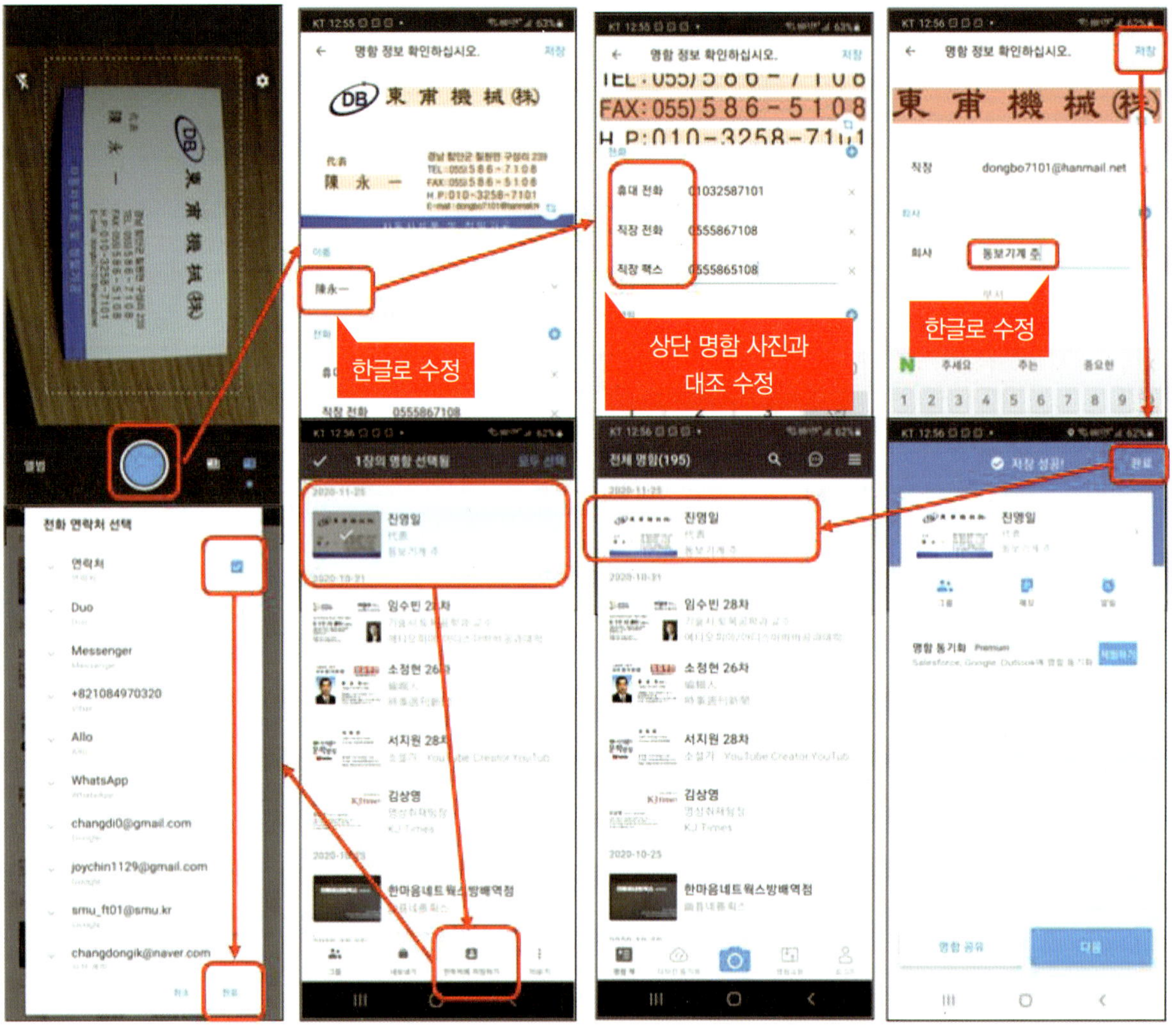

02 스마트폰으로 대금 카드 결제

플라스틱 카드를 보유한 사람은 스마트폰에서 모바일 카드 앱을 새롭게 등록하여 스마트폰만 있어도 카드 결제를 할 수 있다. 대표적인 사례로 '삼성페이(Samsung Pay)'에 대한 설명을 하고자 한다. 보안 관계로 인하여 스크린샷이 되지 않고, 또한 개인 정보의 예민한 부분이라 활용법을 설명으로만 한다. 'Samsung Pay'를 열면 여러 가지 기능이 나오지만,

198 스마트 시니어 폰맹 탈출하기

그중 카드 추가하는 방법만 대표적으로 살펴보자.

① '카드 추가'를 선택하면 등록하고자 하는 카드를 찍는 화면이 나오는데, 카드를 사진 찍어 등록하기도 하지만 대체로 '수동으로 기록'이라는 버튼을 눌러 카드의 상세 내역을 입력한다.

② 다음, 인증 방법으로 여섯 자리 비밀번호를 등록하고, 지문 역시 등록한다.

③ 실제 카드 결제를 할 때는 화면 하단에 있는 사각형 '홈 화면으로 가기' 버튼에서 시작하여 위로 쓸어올리면 Samsung Pay 앱이 열린다.

④ 등록된 카드 중 결제를 원하는 카드를 선택하고 지문을 인식하게 하든가 비밀번호 여섯 자리를 적어 준 다음, 스마트폰 뒷부분을 단말기 결제 칩 부분에 읽혀 주면 결제가 완료된다.

집에서 외출할 때 굳이 지갑을 가져가지 않아도 스마트폰만 있다면 어디 가든 걱정 없는 시대에 살고 있다.

03 네이버 스마트보드 활용

스마트폰에서 활용하는 자판으로, '네이버 스마트보드'를 활용하면 새로운 기능들을 손쉽게 사용할 수 있다.

우선, 다음 그림과 같이 안드로이드폰 Play 스토어나 애플의 앱 스토어에서 '네이버 스마트보드'를 다운 받은 다음 '설정'을 시행한다.

자주 쓰는 문구를 20개까지 미리 등록해 놓으면 같은 메시지를 보낼 때 계속 다시 입력할 필요가 없다. 자신의 메시지를 바로 번역할 수 있으며, 중요한 메시지의 경우 전체 내용의 맞춤법이나 띄어쓰기를 교정해 준다.

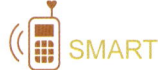

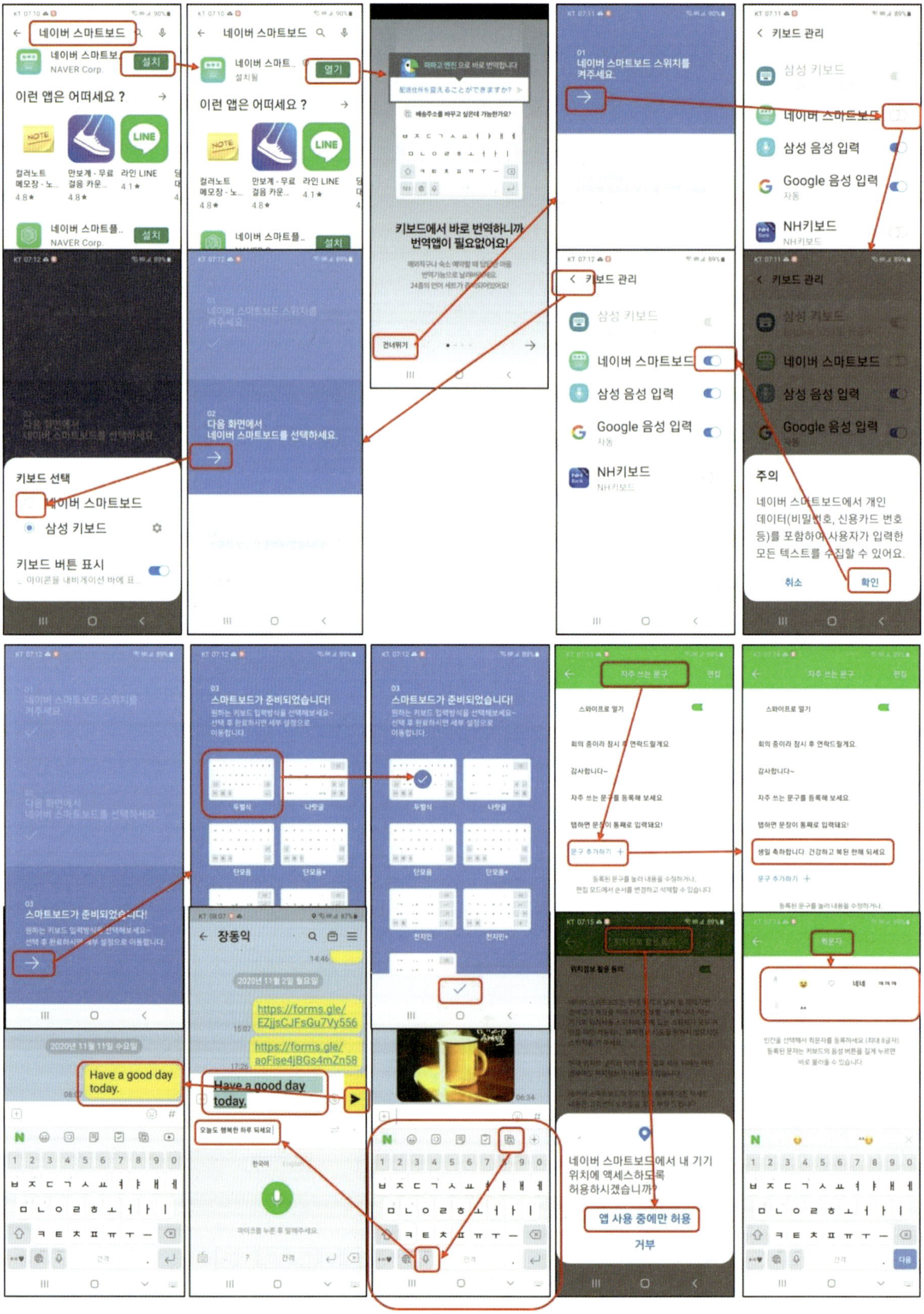
네이버 스마트보드
설치
열기
이런 앱은 어떠세요 ?
키보드에서 바로 번역하니까
번역앱이 필요없어요!
건너뛰기
네이버 스마트보드 스위치를
켜주세요.
키보드 관리
삼성 키보드
네이버 스마트보드
삼성 음성 입력
Google 음성 입력
NH키보드
키보드 선택
키보드 버튼 표시
다음 화면에서
네이버 스마트보드를 선택하세요.
주의
네이버 스마트보드에서 개인 데이터(비밀번호, 신용카드 번호 등)를 포함하여 사용자가 입력한 모든 텍스트를 수집할 수 있어요.
취소
확인
스마트보드가 준비되었습니다!
두벌식
나랏글
단모음
단모음+
천지인
천지인+
자주 쓰는 문구
편집
장동익
Have a good day today.
https://forms.gle/EZjjsCJFsGu7Vy556
https://forms.gle/aoFise4jBGs4mZn58
오늘도 행복한 하루 되세요
네이버 스마트보드에서 내 기기 위치에 액세스하도록 허용하시겠습니까?
앱 사용 중에만 허용
거부

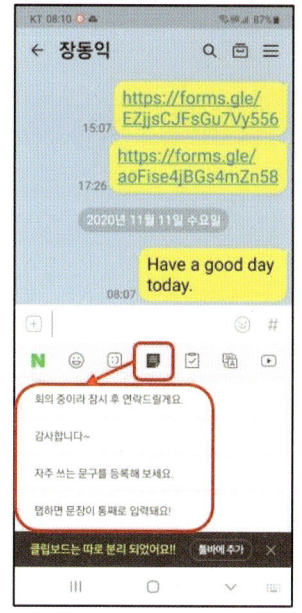 

　네이버 스마트보드를 스마트폰에 등록하고 나면 항시 키보드 화면 하단 우측에 '키보드 모양의 아이콘 '이 나타난다. 그 아이콘을 누르면 자신이 사용하고자 하는 키보드를 선택할 수 있도록 되어 있다. 일반적으로 활용하고 있는 키보드를 네이버 스마트보드로 활용하고자 한다면 키보드를 아래와 같은 방식으로 교체할 수 있다.

  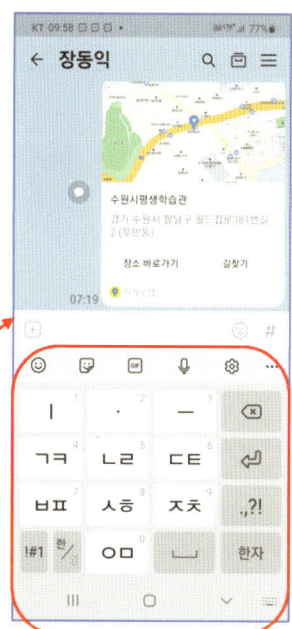

04 스마트폰에서 팩스 보내기

스마트폰으로 팩스를 보낼 때 '모바일 팩스' 앱을 사용한다. 사용법은 아주 간단하다.

① '모바일 팩스' 앱을 열어 화면 중앙에 있는 '사진/문서 첨부' 버튼을 누른다.

② 팩스 보낼 문서를 한 쪽씩 나누어 '포토 스캔' 앱 혹은 카메라로 사진을 찍어 둔다. '파일 선택'에서 '갤러리'를 선택, 거기에서 팩스 보내고자 하는 사진들을 모두 선택한다.

> **잠깐!** 문서를 보낼 경우에는 '문서'를 선택, 나타나는 화면에서 좌상단의 3줄을 누른다. 그러면 스마트폰에 저장되어 있거나 '구글 드라이브', 'OneDrive', 'Dropbox' 등 클라우드 공간들이 나타난다. 그중 필요한 서류를 찾아 선택한 다음 '완료' 버튼을 누른다.

③ 선택된 문서나 사진들이 나열되는데, 각 이미지마다 사각형 모양의 이미지 조정 줄이 나와 보내고자 하는 이미지의 크기를 조절한다.

④ 다음 화면에서 보낼 문서의 '미리 보기'를 한 다음, 상단 중앙에 팩스 번호를 입력하고, 하단의 '팩스 발송'을 누르면 전송된다. 모바일 팩스 홈 화면에서 그간 발송했던 팩스 내역을 확인할 수 있다.

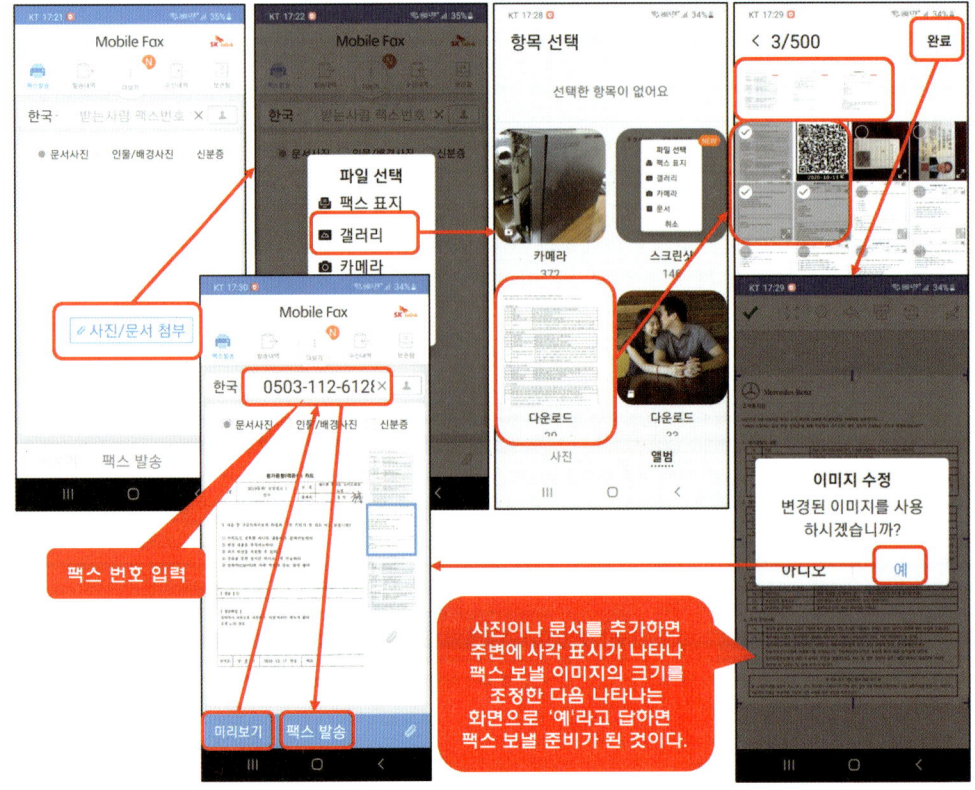

동영상 24
고수들의 스마트폰 활용 2
스마트폰에서 팩스 보내기 / 모바일 쇼핑하기

05 모바일 쇼핑하기

　코로나 이후 모바일 쇼핑 시장은 그야말로 격동기다. 대부분 업체들의 매출액이 매우 크게 늘었는데, 특히 식음료품 매출이 크게 늘었다. 모바일 쇼핑을 위한 앱은 매우 많다. 1, 2위를 달리는 쿠팡, 네이버 쇼핑을 비롯하여 11번가, 옥션, GS숍, NS홈쇼핑 등 매우 많다. 이제는 업체들이 모바일 쇼핑 앱을 함께 운영하고 있어서 PC를 활용하지 않더라도 언제 어디서나 스마트폰으로 쇼핑을 할 수 있다.

　모바일 쇼핑 앱들을 활용하기 위해서는 우선 회원 가입을 하는 것이 좋다. 비회원 구매도 있지만 회원들에게 주는 혜택들이 제법 있어 회원 가입을 추천한다.

　쇼핑 앱에는 회원들 주문의 편리한 결제를 위한 '간편 결제 시스템'이 있어 회원 가입 시나 첫 구매 시 이 시스템에 자신이 선호하는 신용 카드를 등록해 놓으면 결제가 매우 간단해진다.

　여기서는 옥션 앱 화면으로 설명을 하겠지만, 모든 모바일 쇼핑 앱 활용법은 거의 비슷하다. 간편 결제 등록 방법에 대한 설명은 보안 관계상 생략한다.

　모바일 쇼핑 앱 활용법은 다음과 같다.

① 옥션 앱 홈 화면에서 우상단에 있는 '마이페이지' 아이콘을 누르면 나오는 '로그인' 화면에서 '회원 가입'을 선택한다.

② 모든 정보를 입력하고 나면 새로이 '로그인' 화면이 나오므로 '아이디'와 '비밀번호'를 누른 다음 로그인한다. 이때 '자동 로그인'을 선택해 놓으면 향후 이 앱을 사용할 때 다시 로그인해야 하는 번거로움을 덜 수 있다.

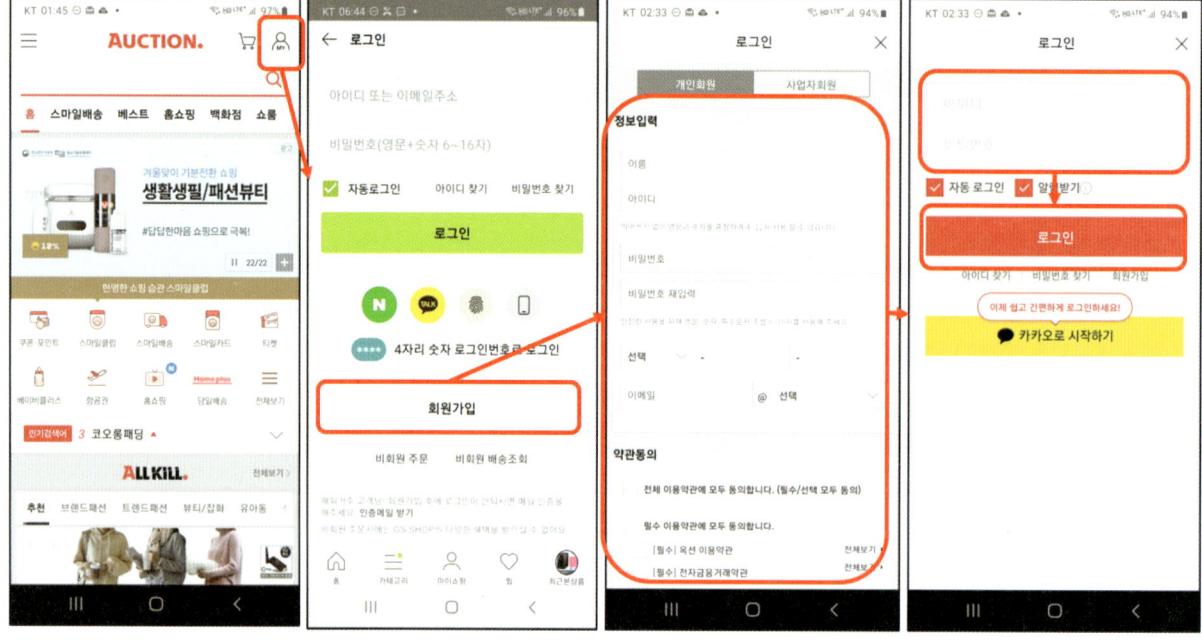

③ 홈 화면의 좌상단 3줄을 누르면 카테고리가 나타나는데, 대분류에서부터 점차 소분류로 찾아 들어가 자신이 원하는 상품을 찾을 수 있다.

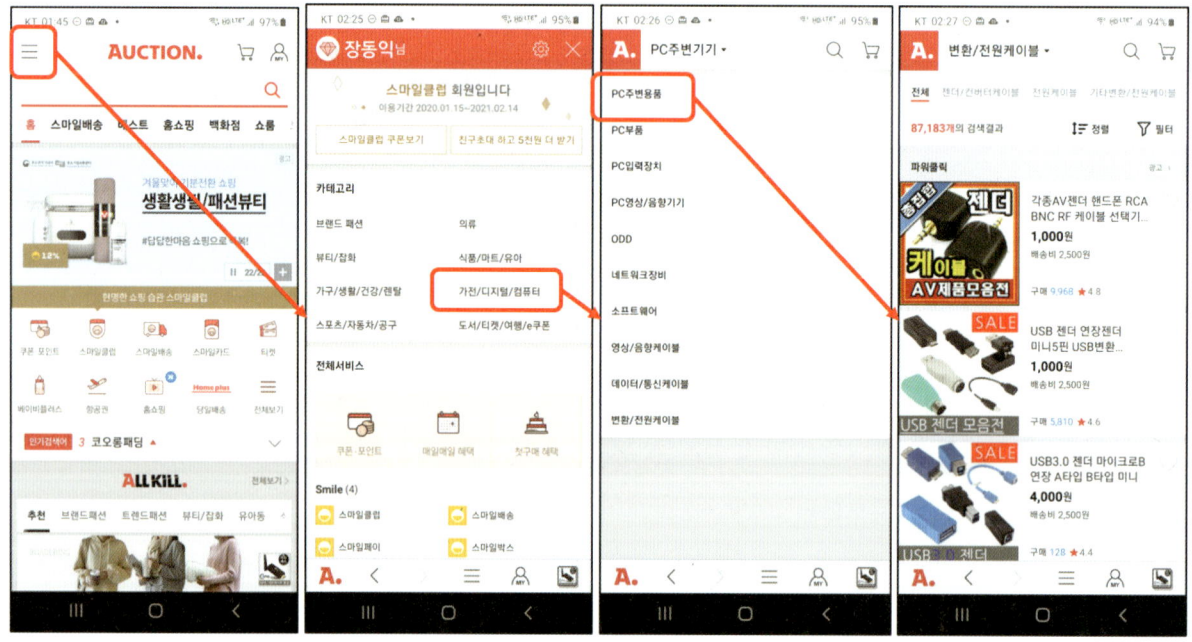

④ 화면 상단에 있는 검색창에 바로 원하는 상품명을 아는 대로 적으면 비슷한 제품들을 찾아 주어 보다 쉽게 찾을 수 있다.

⑤ 비슷한 상품들을 눌러 손가락으로 화면을 위로 계속 올려 주면 상세 안내가 나온다. 잘 살펴본 다음, 원하는 상품을 선택하여 수량을 결정하고 '구매하기' 버튼을 누른다.

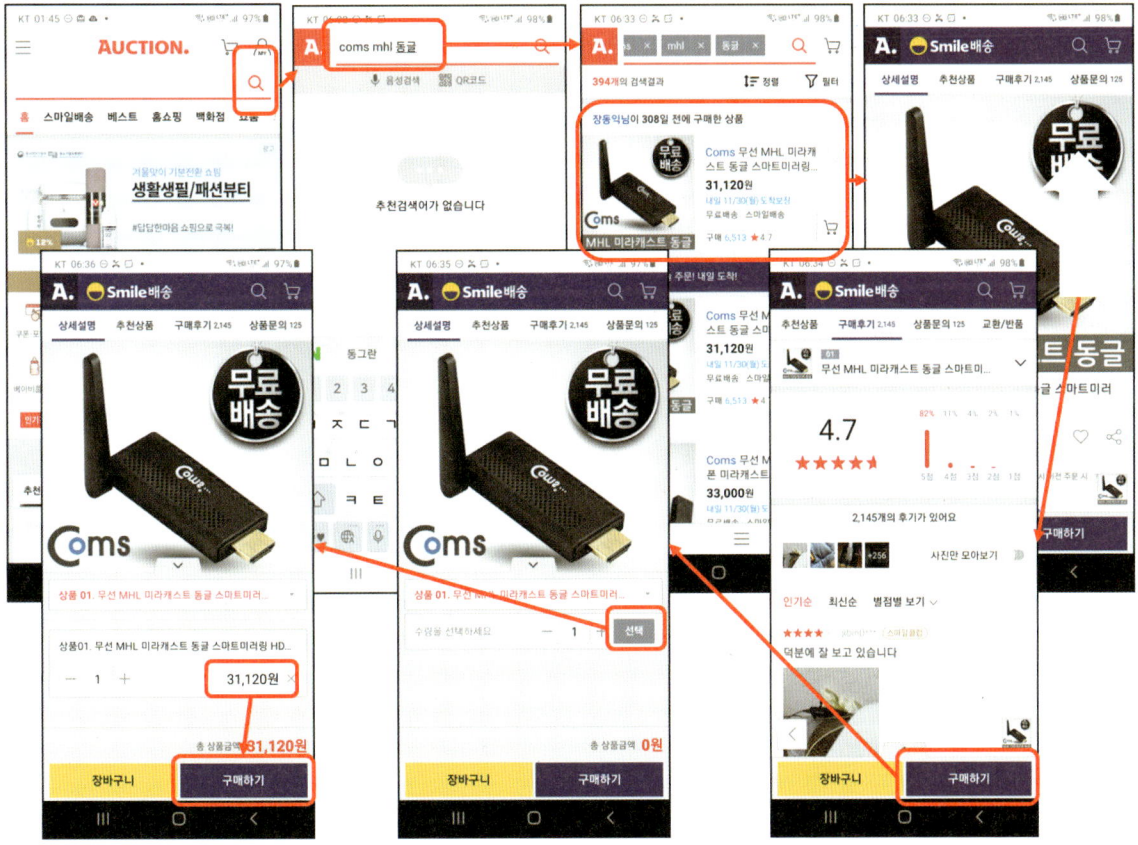

⑥ 주문서가 나오고 '결제하기' 버튼을 누르면, 화면에 앱에서 제공하는 쿠폰들이 있으므로 활용할 수 있는 것이 있는지 확인해 볼 수 있게 된다. 할인 쿠폰이 있으면 쿠폰을 적용한 다음 '적용하기'를 누른다.

⑦ 결제 화면에 '간편 결제'가 나타나고, 등록된 카드를 눌러 비밀번호 등 필요 정보를 입력하고 나면 구매가 완료된다.

 SMART

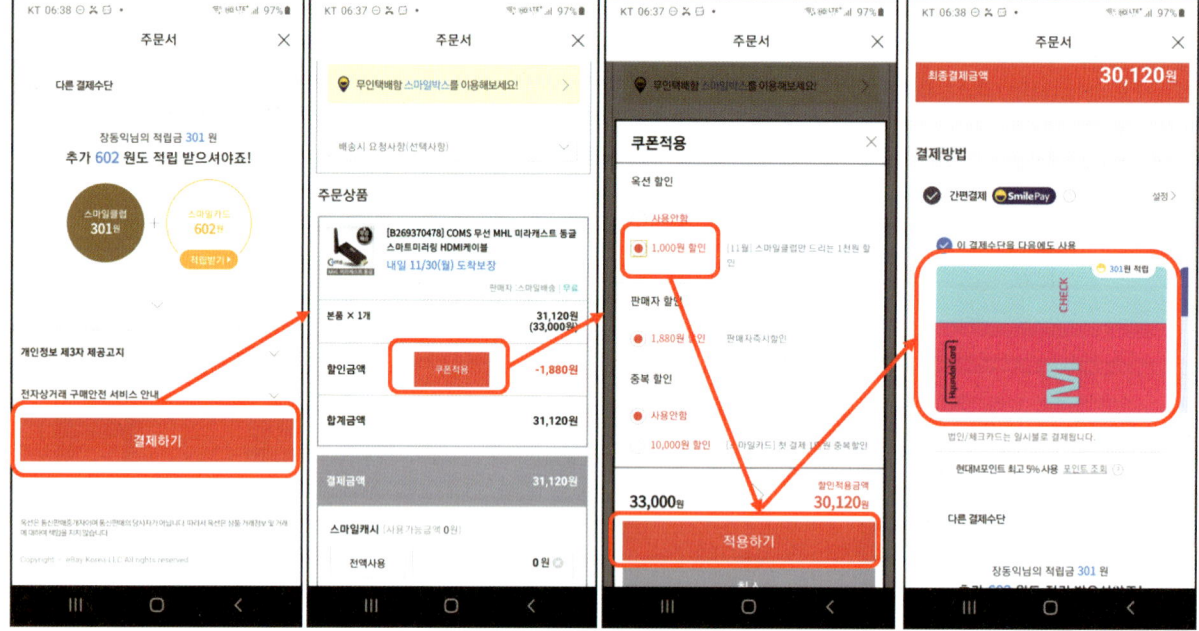

모바일 쇼핑은 젊은이들만의 전유물이 아니다. 한 번도 시도해 보지 않은 시니어들도 처음에는 좀 어렵게 느껴지지만 한번 시도해 보면 너무 쉽고 편리하다.

 **동영상 25**
고수들의 스마트폰 활용 3
줌(Zoom) 활용

06 비대면 화상 통화하기

줌(Zoom)은 비대면 화상 회의를 위한 단 하나의 앱으로, 개발된 지 10년도 채 되지 않아 총 자산 가치가 현대자동차의 5배까지 고도 성장할 만큼 전세계에서 애용되고 있다. 일반인들이 많이 활용하는 '줌 활용법'에 대해 설명한다.

줌이 이 책의 대미를 이루게 되는 데는 이유가 있다. 이제 시니어들도 비대면 시대를 맞아 화상 통화 기법을 모르면 소통하는 삶을 살기가 힘들 만큼 중요한 앱이기 때문이다. 또한 앞에서 설명한 여러 가지 기능들을 종합적으로 활용하게 되는 기능이기 때문이다.

줌을 처음 시작하는 방법은 다음과 같다.

① 줌은 다운로드 받을 때 회원 가입을 하게 되는데, 구글 계정으로 로그인하면 매우 편하다. 지메일 주소와 비밀번호를 적고 나면 본인 인증을 하게 된다.

② 스마트폰을 열면 본인 인증 화면이 나오고 '예', '아니오' 중 '예'를 선택하면 끝난다.

> **잠깐!** 무료로 활용하는 줌은 100명까지 참여할 수 있으며, 회의 참여자는 회원 가입을 별도로 하지 않아도 된다. 최장 사용 시간은 40분이다. 무료의 경우, 좀 시간이 걸리는 회의나 긴 통화일 때는 40분 이내에 1차를 끝내고 다시 초대하여 지속하면 된다.

줌 화상 회의(통화) 주최하는 방법은 다음과 같다. 아주 간단하다.

① 회의 주최자는 대체로 PC나 노트북에서 실행하는 것이 좋다. 단, 노트북은 마이크, 스피커, 카메라가 모두 설치되어 있지만 PC는 세 가지 모두 별도로 설치해야 한다. PC에서 '줌'을 선택하면 다음 첫 번째 그림이 나오는데, '새 회의 참여하기' 버튼을 누른다.

② 커서를 화면 위로 위치시키면 화면 하단에 여러 아이콘이 나오는데, 중앙쯤에 위치한 참여자 아이콘을 누른다. 새로 나타나는 화면에서 '초대 복사'를 누른다.

> **참고** 참여자를 초대하기에 가장 쉽고 효과적인 방법은, 참여 대상자들이 모두 모여 있는 카톡방에 복사된 초대장을 붙여 넣기 하여 전송하는 것이다.

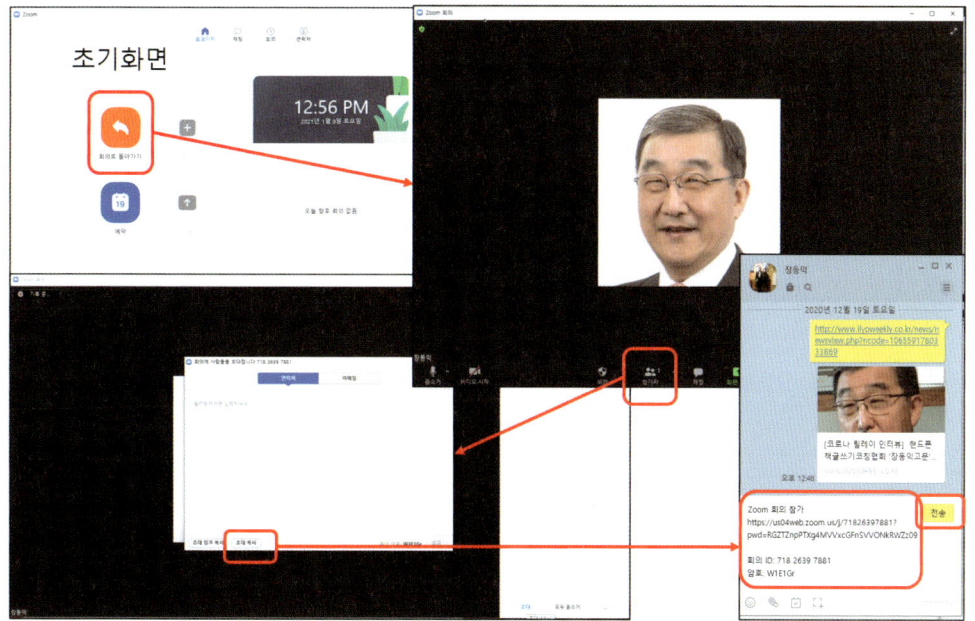

 SMART

줌 화상 회의(통화) 대상자들이 참여하는 방법 역시 매우 간단하다.

① 카톡방에서 정해진 시간에 전송받은 URL을 누른다.

② 새로 나타나는 화면에서 '비디오를 사용하여 참가'를 누른다. 그러면 호스트(줌 회의 주최자) 화면에 참여 대상자가 대기창에 나타난다. 주최자가 수락해 주면 줌 화상 회의 화면이 나타난다.

> **잠깐!** 화면에서 가장 먼저 배워야 할 것은 마이크 사용법이다. 여러 명이 참여하는 줌 회의에서 참여자 모두가 오디오를 사용하게 되면 하울링 현상뿐 아니라 주변의 소리들이 모두에게 들려 소리가 울리게 된다. 따라서 발언하지 않는 사람들은 마이크(오디오)를 끈 상태로 참여하는 것이 좋다.

③ 화면 좌하단의 오디오 위에는 '인터넷 전화'라는 문구가 떠 있다. 그것을 누르면 바로 '음소거'라는 항목이 나타나는데, 바로 마이크를 사용할 수 있다는 뜻이다.

④ '음소거'를 누르면 마이크에 적색 선이 나타나면서 꺼져 있음을 나타내고, 또다시 누르면 켜져서 자신의 음성이 참여자 모두에게 들리게 된다.

> **잠깐!** 두 번째 알아야 하는 것이 '마이크' 아이콘 바로 우측에 위치한 '비디오' 아이콘이다. 그것을 누르면 역시 적색 선이 나타나 스마트폰 앞면 카메라가 작동 중지되어 다른 참여자들에게 자신의 모습이 보이지 않게 된다. 이름과 사진을 별첨해 놓았다면 사진이 함께 나타나게 된다.

⑤ '참가자'를 누르게 되면 참여한 모든 사람들의 화면을 볼 수 있다. 한 화면에 6명까지 나타나기 때문에 많은 참여자가 있을 경우 손가락으로 화면을 좌측으로 밀면 계속 추가 인원의 모습이 나타난다.

> **참고** 모든 참여자들의 화면에는 현재 말을 하고 있는 참여자의 모습이 나타난다. 그런데 혹시 특정인의 모습을 보고 싶다면 바로 '참가자' 아이콘을 눌러 특정인을 찾은 뒤 '동영상'을 눌러 주면 그 사람의 화면으로 키워 준다.

　다음은 주최자 화면에 대해 먼저 배워 보자. 주최자로서 기본적으로 알아야 하는 내용만 설명하고자 한다. PC 바탕 화면에서 '줌' 아이콘을 누르면 나오는 초기 화면은 커서를 화면 위로 위치시키면 하단에 여러 아이콘들이 나타나는데, 그 내용을 먼저 이해할 필요가 있다. 아래 그림의 아이콘 기능을 알아 둔다.

　①모두 음소거 기능이 있고, 윗 부분에 나열되어 있는 참여자 각자의 '우측 🎤'을 누르면 선택한 참여자를 '호스트'로 지정하여 발표하도록 할 수 있다.

　②하단 우측에 있는 점 3개를 누르면 여러 항목들이 나타나는데, 각기 읽어 보고 이해하

기 바란다.

> 참고 여러 명이 참여하는 동화상 통화의 경우 발표자 이외의 사람들은 마이크를 껐다가 자신의 차례가 왔을 때 다시 켜 주는 것이 효과적이다.

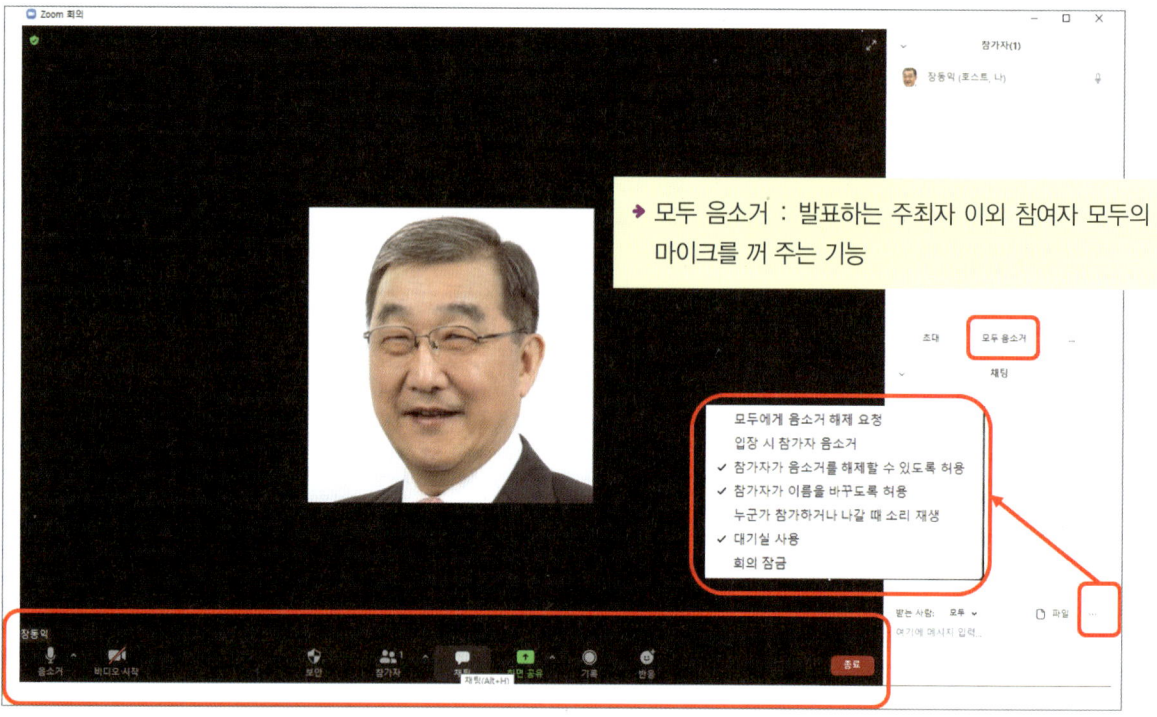

- ➤ 음소거 🎤 : 마이크를 껐다 켰다 할 수 있다.
- ➤ 비디오 시작 📹 : 노트북 앞면에 있는 카메라나 PC 모니터 옆에 별도 구매하여 부착한 카메라에 찍힌 자신의 동영상을 끄거나 켠다.
- ➤ 참가자 👥 : 이 아이콘을 누르면 화면 우측에 새로운 화면이 생겨 그곳 참가자들이 카메라에 찍힌 동영상, 채팅 내용 등을 확인할 수 있다.
- ➤ 채팅 💬 : 동화상 회의가 진행되는 동안 참가자들이 적어 놓은 채팅을 읽으면서 쌍방향으로 교신할 수 있게 된다. 채팅 내용은 우측 화면 하단에 누가, 언제, 어떤 내용을 썼는지 확인할 수 있다.
- ➤ 화면 공유 ⬆ : 자신의 PC나 노트북에 있는 화면을 참가자들 모두에게 보여 줄 수 있는 기능이다.
- ➤ 기록 ⏺ : 동화상 통화하는 내용을 녹음해 준다. 이 아이콘을 켜면 좌측 상단 부위에 녹화를 일시 중지하거나 다시 시작, 또는 중지할 수 있도록 해 주는 버튼들이 생긴다.
- ➤ 반응 😊 : 여러 가지 이모티콘으로, 통화 도중 사용할 수 있다.
- ➤ 종료 : 동화상 통화를 나갈 때 사용한다.

다음은 주최자가 자신이 발표하고자 하는 내용을 공유하는 방법이다.

① 참여 대상자가 참여를 신청한 경우 대기자 명단에서 그 사람 이름을 눌러 나오는 '수락' 버튼을 누르면 상대가 참여할 수 있게 된다.

② '화면 공유'를 누르면 PC나 노트북에 열어 놓은 모든 화면들이 나타나는데, 자신이 설명하고자 원하는 화면을 선택한 다음 '확인' 버튼을 눌러 주면 모든 참여자들이 그 화면을 보게 된다. 따라서 발표자는 자신이 발표하고자 하는 내용의 화면을 회의 이전에 미리 열어 놓은 다음 회의를 시작해야 한다. 만일 어떤 특정 화면 대신 전체 화면을 그대로 보여 주고자 원할 경우 좌측 상단의 화면을 선택한 다음 '공유' 버튼을 눌러 주어야 한다.

③ 공유 중지를 원할 경우 모니터 중앙 상단부 빨간색 네모 안의 '공유 중지'를 누른다.

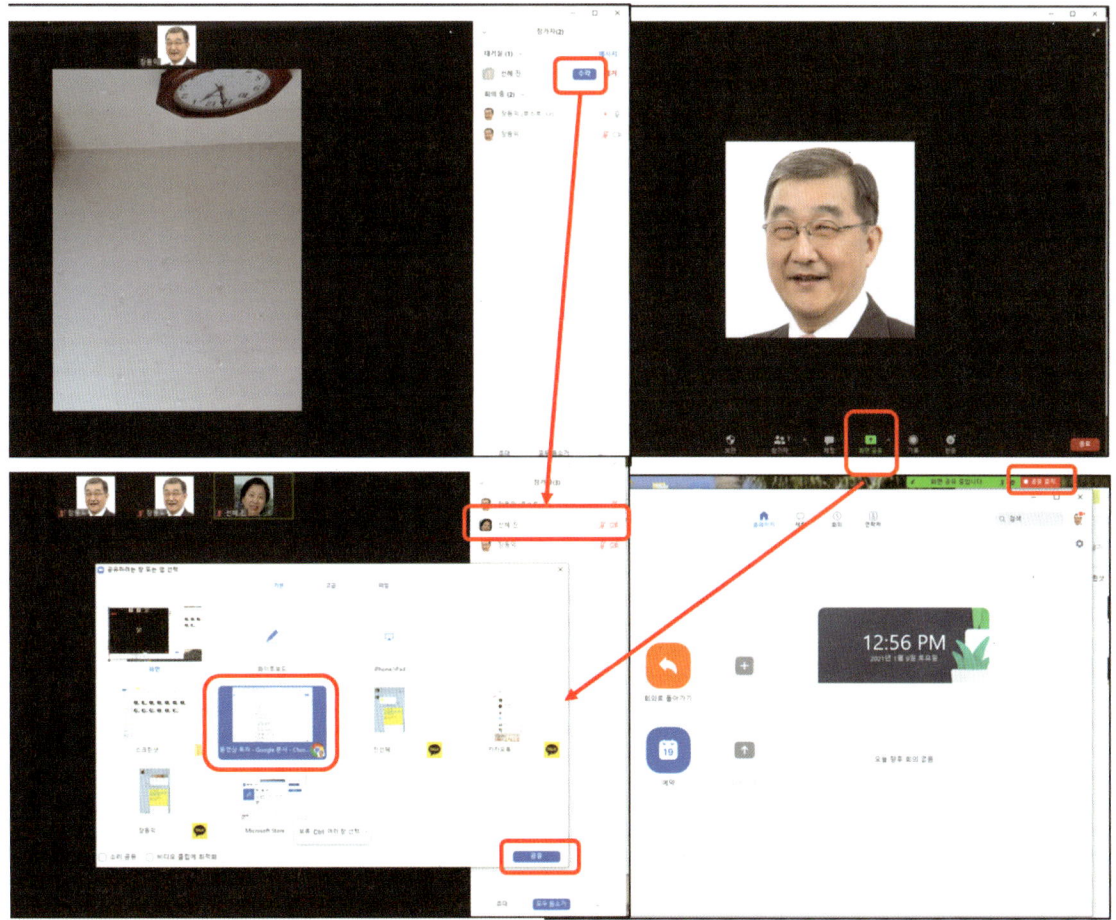

**SMART**

다음은 다른 참여자에게 발표를 맡기기 위한 방법 안내다.

① 주최자가 발표를 맡기고자 하는 참여자 이름을 누르고, 새 창에서 '더 보기'를 누른다. 다음 새 창에서 '호스트 만들기'를 누른다.

② 발표 요청을 받은 참여자 스마트폰 화면에 '호스트 요청'이 나오면 수락하고, 대상자는 자신의 스마트폰 중앙 하단에 있는 '공유' 버튼을 누른다.

③ 다음, 새 창에서 해당하는 항목을 선택하는데, 다음 그림은 파워포인트 화면을 여는 장면이다.

④ 자신의 발표가 끝나면 화면 하단 중앙에 위치한 '공유 중지'를 누른다.

⑤ 동화상 회의가 끝나면 화면 우상단에 위치한 '종료'를 누른다.

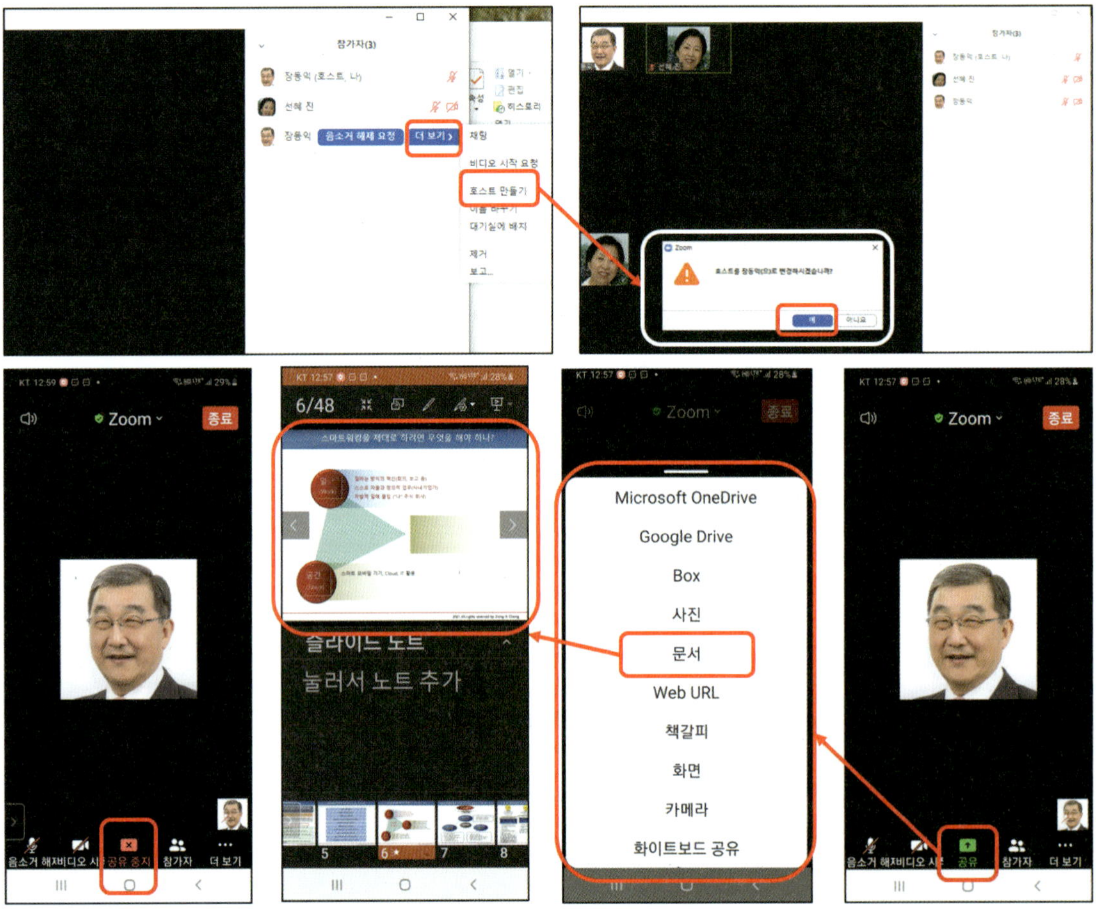

부록

부록 1　나는 폰맹? 내 스마트폰 활용 수준은?
부록 2　동영상 시청을 위한 QR 코드 모음
부록 3　폰맹 탈출 코칭 안내 및 교육 프로그램

부록 1   나는 폰맹?
　　　　　내 스마트폰 활용 수준은?

**나의 스마트폰 활용 점수
확인하기**

　위의 QR 코드를 스마트폰 'QR 코드 스캐너' 앱으로 찍으면 나타나는 설문서에 답해 보자. 항목이 제법 많아 시간은 좀 걸린다. 그러나 설문서 답신을 마치면 자신의 점수를 바로 확인할 수 있다.

　설문서 작성 결과 85점 이상이 되면 '나는 그래도 고수구나.' 하고 생각해도 된다. 그리고 자신이 잘 모르는 앱이 무엇인지 알고 나서 책을 읽으면 보다 큰 효과를 얻을 수 있다.

　설문서에서 어떤 기능에 대해 '사용할 줄 안다'고 답신한 사람도, 실제 자신이 그 기능을 다른 사람에게 가르칠 수 있는 정도가 아니라면, 이 책을 통해 그 기능을 보다 더 확실하게 숙달하는 것이 진정한 의미의 폰맹 탈출하기가 아닐까?

　예를 들어, 자신이 지하철 앱의 일부 기능을 이미 잘 활용하고 있다고 생각되더라도 이 책에 수록된 보다 깊은 내용을 잘 읽어보고 추가로 활용할 부분을 실생활에 적용하면 도움이 될 것이다.

만일 활용 수준 점수가 좀 낮은 독자들 중에서 당장 책 출간이나 회사의 스마트워킹 실행 등을 준비, 바로 곧 폰맹 탈출을 통해 삶의 질을 높이고자 좀 더 빠른 시간 내에 배우고 싶은 분들도 있을 것이다. 그런 분들은 〈부록 3〉에 간단하게 요약된 코치 및 주치의 제도를 검토해 보고, 빨리 배울 수 있는 방법을 택할 수 있다. 그런 독자들을 위한 적임 코치나 주치의가 소개될 것이다.

이 책을 읽은 많은 시니어들의 활용 수준이 40점도 안 되는 폰맹 수준이라 하더라도, 다른 사람들의 코치나 주치의 역할을 감당하겠다는 강한 의지를 가지고 전문가 과정 참여를 통해, 그 과정을 통해서도 부족하다고 판단되는 부분은 코치나 주치의의 도움으로 열심히 노력한다면 3~6개월 이내에 남들을 가르칠 수 있는 전문가로 성장할 수 있다.

부록 2   동영상 시청을 위한 QR 코드 모음

QR	동영상 13 삶의 품격 올리기 말로 명령하여 스마트폰 활용 / 항상 모자라는 스마트폰 저장 공간 확보 / 가족들과 필요한 일정 공유	QR	동영상 14 동영상, 이미지, 음악 다운 받기
QR	동영상 15 사진·동영상으로 자서전 만들기 1 사진으로 동영상 만들기	QR	동영상 16 사진·동영상으로 자서전 만들기 2 여러 개의 동영상 취합 및 편집
QR	동영상 17 사진·동영상으로 자서전 만들기 3 음성 파일, 유튜브 음성 문자화	QR	동영상 18 카톡의 효율적 활용 사다리 게임, 제비뽑기 / 오픈 채팅방 열기와 참여하기 / QR 코드 찍고 식당 입장 / 카톡에서 즉시 번역하고 번역된 메시지 발송
QR	동영상 19 스마트폰으로 자료 수집·편집 1 말로 하여 문서 작성 / 사진 찍어 문서 작성 / 무료 저장 공간 무한대 사용	QR	동영상 20 스마트폰으로 자료 수집·편집 2 관심 자료 자동으로 수집하여 자료로 작성 / 문서를 디지털 음성으로 듣기
QR	동영상 21 스마트폰으로 자료 수집·편집 3 스마트폰과 PC 자료 이동	QR	동영상 22 주요 자료 가족·친지와 공유 구글 주소록 작성 / 관련되는 사람 모두 단번에 문서 공유 / 주요 자료 홈 화면에 추가
QR	동영상 23 고수들의 스마트폰 활용 1 손쉬운 명함 관리 / 스마트폰으로 대금 카드 결제 / 네이버 스마트보드 활용	QR	동영상 24 고수들의 스마트폰 활용 2 스마트폰에서 팩스 보내기 / 모바일 쇼핑하기
QR	동영상 25 고수들의 스마트폰 활용 3 줌(Zoom) 활용	QR	나의 스마트폰 활용 점수 확인하기

부록 3   폰맹 탈출 코칭 안내 및 교육 프로그램

1천만 시니어 폰맹 탈출 프로젝트 및 활용 안내
새로움에 도전하는 액티브 시니어는 아름답다!

| 추진 배경 및 목적 | 스마트폰 지도사 코칭을 통해 왕초보 시니어도 스마트폰 활용 고수 될 기회 제공 |

➜ 시니어들은, 단순 교육으로는 한계가 있다. 폰맹 탈출을 위해 시니어에게 꼭 필요한 것은 '디지털 조력자(Digital Supporter)'다. 즉 1:1로 곁에서 도우미나 주치의 같은 밀착형 코칭 서비스로 스마트폰 고수가 되어 행복한 삶, 일자리 창출도 가능해진다.

| 프로젝트 특징과 주요 대상 | 티칭이 아닌 코칭으로 액티브 시니어와 골든 그레이가 주요 대상 |

➜ 수강자가 주체가 되는 자기주도 학습으로 실생활에 적용케 하는 게 목표다. 티칭이 아닌 맞춤식 코칭이다. 누구나 대상이 되지만 주대상은 액티브 시니어와 골든 그레이층이다. 즉 은퇴한 대학교수, 대기업 임원 출신, 은퇴 공무원, 교사 등으로 차별화된 수요자가 주요 타깃이다.

| 도우미식 개인 코칭 방식 | 활용 수준에 따라 1:1 개인별 원스톱(One-Stop) 서비스 |

➜ 시니어들의 스마트폰 활용 수준에 따라 코칭을 통해 스스로 스마트폰 활용법을 익히도록 곁에서 친절하게 돕고 안내해 주는 1:1 개인별 원스톱(One-Stop)서비스 방식이다.

유형	특 징	코칭 기간	코칭 방법
A형 (전문가 과정)	자서전 출간·유튜브 제작·온라인 마케팅 등에 상당 부분 관심 있고, 코칭이 필요	3~6개월	앱 활용은 물론 컴퓨터까지 적극 활용하여 전반적인 수준의 종합 실습
B형 (고급 과정)	일상 생활 및 취미 생활에 스마트폰 기술 보완에 외부의 도움이 필요한 경우	12~15회/ 주2회	기초 보완과 스마트폰을 생활 실전에 자유자재로 활용 가능한 코칭
C형 (기초과정)	비대면 시대에 스마트폰 사용을 원하나 도움이 절대적으로 필요한 왕초보의 경우	10~12회/ 주2회	스마트폰 기초 다지기 코칭 (비대면 수시 코칭 포함)

| 장기 서비스를 위한 주치의 제도 | 폰맹 탈출을 위한 눈높이에 따른 1:1 원스톱 맞춤식 코칭 방식 |

◆ 스마트폰 전문의 자격은 스마트폰 활용지도사 자격을 갖춘 자로 하며, 학습자가 알 때까지 코칭해 주는 것을 원칙으로 한다.

과정 구분	교육 시간	가능 인원	과정의 주요 특징
개인 주치의	6~12개월 될 때까지	1~2명	기본 강의+개인별 장기 지도에 의한 폰맹 탈출 역량 강화 1:1 맞춤으로 스마트폰 활용한 일상 생활 및 실용 부분 코칭, 전문가를 목표로 배운 스마트폰 기능을 숙달하고 능수능란하게 활용 수준을 목표로 될 때까지 반복 학습하며, 스마트폰 파먹기를 한다. 언택트 시대의 화상 수업, 전화 수업도 포함한다.
집단 주치의	6~12개월 될 때까지	20~50명	집단 주치의 과정도 개인 주치의 방식과 동일하다. 다른 점은 인원 차이이다. 집단으로 교육 받으며, 필요에 따라 1:1로 맞춤 코칭도 가능하다. 가령 어느 단체에서 집단으로 집단 주치의 스킬을 받길 원할 경우가 이에 속한다. 스마트폰 활용한 일상 생활 및 실용 부분 코칭, 화상 수업, 전화 수업도 포함한다.

| 폰맹 탈출 관련 교육 과정 | 스마트폰 글쓰기 기본 과정 및 스마트폰 앱 활용 기술 과정 |

〈과정1〉 코치 육성 전문가 과정
　　　　스마트폰 지도사 자격증 소유 전문가를 위한 코칭법 실습

◆ 도우미로 활동할 스마트폰 지도사 양성을 위한 인성 교육과 노인 심리 파악 및 교양 쌓기 등으로 코치 수준을 강화한다.

과정 구분	교육 시간	가능 인원	과정의 주요 특징
코치 육성 전문가 과정	5~8시간	20~30명	스마트폰 지도사 자격증(1~3급) 소지자 외 스마트폰 강사 대상이다. 코치 보충 교육, 노인 심리 코칭, 코칭 테크닉, 인성, 에티켓, 폰맹 탈출 전반 제도 이해 등

〈과정2〉 스마트폰 활용 도전 세미나(집합 과정)

◆ 코칭이나 주치의 서비스를 받기 전 필요한 교육으로 한 번에 많은 수강자들을 대상으로 한꺼번에 정해진 기간 동안 교육하는 집단 교육과 장기적인 집단 서비스를 목적으로 하는 교육 방식이다.

유형	인원	기간	교육 주요 내용
기본 과정	40명 이내	8시간	스마트폰 왕초보를 위한 기본과 생활에 필요한 앱 활용 기본 강의 및 실습 • 시니어들이 잘 모르는 스마트폰 기본 기능 • 인터넷의 효과적 활용 • 지하철, 전국 버스 노선 및 도착 시간, 카카오택시 호출, KTX, 고속버스 및 항공권 등 대중교통 • 항상 모자라는 스마트폰 저장 공간 대폭 확보(스마트폰 내 사진·동영상을 클라우드 공간으로 자동 저장시킨 다음, PC나 하드디스크로 이동)
고급 과정	20명 이내	16시간	앱 활용은 물론 컴퓨터와 연계해 실무 활용 가능 수준으로 교육 • 국내 여행 계획 직접 세우고 즐기기 • 여행사 따라다니지 않고 해외여행 계획 직접 세우고 즐기기 • 말로 명령하여 스마트폰 활용(비서 지능) / 대형 TV 보면서 각 지역 손주들과 모두 함께 동영상 통화 / 비대면 화상 회의 / 필요한 가족들과 일정 자동 공유 • 식당에서 QR 코드 찍어 바로 들어가는 등 카톡의 효율적 활용 • 축의금, 조의금, 가족 제반 정보 등 주요 자료를 가족들과 즉시 공유하고 각자의 핸드폰 홈 화면에 추가 / 무료 저장 공간 무한대 활용 • 손쉬운 명함 관리 / 스마트폰으로 대금 카드 결제 / 스마트폰에서 팩스 보내기 / 모바일 쇼핑하기 • 인터넷상의 각종 동영상, 각종 이미지 복사 및 활용 / 유튜브 등에서 좋아하는 음악 복사하여 자동차 안에서나 스마트폰으로 듣기 • 사진으로 좋아하는 음악 넣어 동영상 자서전 만들기 / 여러 개의 동영상 취합 및 편집 / 음성 녹음 파일과 유튜브, 영화 등의 소리를 자동 문자화
전문 과정	20명 이내	20시간	스마트폰으로 책 글쓰기, 사진으로 동영상·사진과 동영상으로 자서전 만들기 • 스마트 폰 최신 기술 • 핸드폰 하나로 책 글쓰기(왜 책을 쓰는가? / 책 출간하는 절차 / 책 기획서 쓰는 법 / 소제목 50개 정하기) • 핸드폰으로 자료 수집·관리 방법(말로 하여 문서 작성 / 유튜브, TED 등 동영상 소리를 자동 문자화하여 문서로 작성 / 사진 찍거나 가져와 문서 작성 / 젊은이들도 모르는 검색 기법 / 각종 문서 104개 언어로 번역 / PC나 외장 하드 자료를 클라우드로 이전, PC와 스마트폰 자료 유선·무선 이동) • 설문서 작성, 배포 및 분석 • 엄청나게 수집된 자료 중 필요한 자료 즉시 검색하여 원고 작성 및 원고를 디지털 음성으로 듣고 대형 화면의 큰 글씨로 읽으면서 최종 교정

| 폰맹 탈출 코칭 및 교육 신청 안내 | 1천만 시니어 폰맹탈출코칭협회 |

→ '1천만 시니어 폰맹탈출코칭협회'는 시니어들이 디지털 격차에 내몰리고 있는 현실에서 공개 교육으로 해결하지 못하는 단점을 보완하여 명실공히 교육과 코칭을 통해 스스로 전문가가 되도록 하는 '디지털 새마을 운동'을 해낼 것이다. 진행 방식도 젊은 시니어가 더 나이 든 어른을 돕는 '스마트폰 노노케어' 형태다. 1:1 밀착형 원스톱(One Stop) 서비스로 진행한다. 참고로, 여기서 나오는 수익금은 국내외 청소년 장학금과 교육에 기부하여 밝은 사회 건설에 기여한다.

코칭 및 교육 과정 참여 문의

이메일 : kyhi6832@naver.com

전화번호 : 010-3160-0025

블로그 : http//blog.naver.com/mbwcc

책을 마무리하며

　이제 인공 지능(AI)의 엄청난 발전에 힘입어 스마트폰은 PC나 노트북보다 훨씬 똘똘해졌다. PC나 노트북에서 할 수 없는 기능들을 스마트폰은 실행한다. 그것도 무료로 말이다. 스마트폰에 말을 하거나 문서를 사진 찍으면 문자화되며, 이렇게 작성된 문서를 아나운서 수준의 인공 지능 음성이 읽어 주니, 눈이 침침한 시니어들은 이제 책을 직접 읽지 않아도 된다. 외국어를 전혀 못하더라도 이 세상 어디에서든 우리나라 말로 가이드 없이 여행할 수 있게 되었다. 말로 명령하면 수많은 일들을 수행해 주는 등 일상 생활에 필요한 거의 모든 일들이 스마트폰으로 언제든지, 어디에서든지 실행에 옮길 수 있다. 스마트폰의 적극적인 활용은 언택트 시대에 사람들의 관계를 가속화하면서 삶의 질을 크게 높여 주고 있다.

　우리나라 시니어들은 청년기인 1970~1980년대에 고도 경제 성장기와 정치 민주화를 거쳤고, 이전 세대보다 높은 교육 수준을 바탕으로 배움에 대한 열의, 사회에 기여하려는 의지도 강하다. 이들이 각 분야에서 일군 전문성과 경험은 우리 사회의 중요한 자산이 되었다. 당시 우리나라 발전의 주역인 시니어들이 이 책에 수록된 기능들을 잘 활용하여 폰맹에서 탈출함으로써 은퇴 후에도 삶의 질을 높일 뿐 아니라, 자신의 풍부한 경험을 바탕으로 계속 활동하면서 사회에 기여할 수 있다면 얼마나 값진 일일까?

　필자는 2017년부터 '핸드폰 하나로 책과 글쓰기 도전', '핸드폰 하나로 스마트 워킹 도전'이라는 주제로 수많은 특강, 전문가 과정 및 컨설팅을 수행해 왔다. 연 인원 3천500여 명이 수강했다. 수강생들은 대학생들부터 시작해 80세가 넘는 시니어들까지 매우 다양하다. 물론 그들 중 많은 분들이 그토록 염원하던 생애 첫 책을 출간했고, 50명도 넘는 사람들이 공저로 기획한 지 2개월 만에 책을 출간하는 등 미증유의 일들이 이루어지기도 했다.

문제는 우리 시니어들이 근원적으로 폰맹을 탈출하지 못한 상태에서 보다 높은 기술을 요구하는 책 글쓰기나 스마트 워킹 등에 효과적으로 대응하기는 어렵다는 점이다. 그래서 시니어들을 위한 스마트폰 강의를 하는 우리나라의 각 교육기관들에 대한 자료나 조사 결과도 분석하여 문제점을 도출해 보았다. 그런 다음 내 자신이 실생활에서의 활용했던 경험과 강의 경험을 토대로 〈내 스마트폰 활용 수준은 어떤가?〉라는 설문서를 만들었다. 응답자들이 자신의 활용 수준을 점수로 확인할 수 있도록 하여 흥미를 끌었고, 500여 명의 답신을 세세히 분석한 결과를 활용하여 이 책을 구성하였다. 즉, 시니어들이 원하는 니즈를 사전에 파악해 꼭 필요하고 우선적으로 활용할 기능들을 중심으로 집필하였다.

이 책에 별첨된 동영상은 실습을 돕기 위한 보조물로, 틀림없이 그 역할을 톡톡히 해낼 것이라 자부한다. 따라서 책을 옆에 놓고 동영상을 보면서, 필요한 부분에서는 동영상을 일시 중지하고 책을 다시 읽으면서 무한 반복으로 학습을 할 수 있으니, 얼마나 친절하고 자상한 디지털 학습 조력자인가!

무엇보다 중요한 것은 배운 기능들을 실생활에서 지속적으로 활용하는 것이다. 독자들이 모든 기능을 한꺼번에 숙달하기는 어렵다. 그래서 이 책은, 실생활에서 어떤 기능이 필요할 때 즉시 관련된 부분을 찾아 다시 읽고 동영상을 들으면서 실행에 옮길 수 있도록 기획되었다. 나아가 향후 개설할 예정인 '전문가 과정'이나 특정 기능들에 대해 전문가들로부터 직접 배울 수 있는 '1:1 개인 코칭', 개인 또는 집단으로 시행 예정인 '주치의 제도'를 활용할 수 있도록 했다. 자세한 과정은 〈부록 3〉에 안내했다.

앞으로 많은 독자들이 스마트폰 활용 능력을 키워 코로나 이후 가속화되는 디지털 사회에 적응하여 삶의 질을 높이고, 기업에서는 스마트 워킹을 통한 생산성 향상을 진작시킴으로써 이 사회를 위해 기여함과 동시에, 자신의 삶의 보람도 함께 찾을 수 있기를 간절히 기원한다. 필자는 이제까지의 경험을 토대로 '천만 시니어들의 폰맹 탈출', '핸드폰 책 글쓰기', '스마트 워킹을 통한 생산성 향상'을 위한 시니어 전문가들을 양성하는 데 최선을 다할 생각이다.

마지막으로 이 책이 출간될 수 있도록 지원해 준 대원사에 감사의 말씀을 전한다. 아울러 공저자 3인은 고(故) 이민화 교수의 4차 산업혁명 전문강사 육성 과정에서 학습한 도반들이다. 벤처 신화의 대부이자 디지털 혁명의 기수셨던 이민화 교수님 영전에 이 책을 바친다.

2021년 5월

저자 장동익